«Charo tiene una voz honesta, una mente inquieta y unos valores que han hecho que defienda proyectos donde hacía falta ser visionario».

Adriana Domínguez, presidenta ejecutiva
de Adolfo Domínguez

«*(R)Evolution*. Con una sola palabra, el título de este libro nos revela uno de los enigmas del futuro de la moda, así como revela que su autora también es revolucionaria, creativa y visionaria; poderosas aptitudes que multiplican su potencial cuando confluyen en un mismo individuo, obra o espacio. Charo Izquierdo ha escrito un libro indispensable para reflexionar sobre los estigmas de la moda, mirar hacia el futuro y reconocer las oportunidades que nos encontraremos en el camino de la (R)Evolución. El futuro está lleno de nuevos retos y la moda tendrá que adaptarse a ellos para seguir activando emociones, conciencias individuales y llegar más allá de las necesidades que genera y, a la vez satisface, en un mundo cambiante y comprometido».

Hannibal Laguna, diseñador

«Comparto con Charo Izquierdo la pasión por la moda. He crecido con las publicaciones que ha dirigido y me he inspirado en sus editoriales, porque su visión del sector es contemporánea y muy innovadora. Es una suerte que narre en estas páginas su larguísima experiencia y el conocimiento de una industria que evoluciona tan rápido como nuestra sociedad».

Inés Domecq, diseñadora y marquesa
de Almenara

«Este libro tenía que ser escrito. Y que lo haya hecho alguien con la trayectoria de Charo Izquierdo, con su experiencia en la comunicación y los medios, en la pasarela y en la consultoría es, como poco, garantía de seriedad».

Isak Andic, presidente de Mango

«*Fashion (R)Evolution* es un libro de moda que cautivará a los amantes de la moda y a aquellos interesados en conocer su evolución. Es un emocionante paseo a través de su historia reciente hasta el presente, con una visión futurista que destaca la importancia de la moda como una fuerza positiva para el cambio social. Sin duda, es un libro imprescindible para comprender la evolución de la moda en el mundo actual».

Juan Vidal, diseñador

«Charo Izquierdo, desde su profundo conocimiento de la industria de la moda, utiliza la palabra como un bisturí y disecciona pieza a pieza, matiz a matiz, capa tras capa el, tan fascinante como laberíntico, mundo de la moda. Un análisis contundente y descarnado de un sector que, como fiel reflejo de la sociedad a la que viste, atraviesa un periodo de profundos cambios y transformaciones. Un libro valiente y necesario».

Lorenzo Caprile, modista

«*Fashion (R)Evolution* es un libro de moda, imprescindible para entender los cambios permanentes en la moda y sus consumidores.

Charo Izquierdo es un referente en la historia de la moda que, desde los años ochenta, se ha preocupado por apoyar, descubrir y ser el altavoz de marca emergentes. La moda, con sus permanentes cambios en sus tendencias, necesita personas que, con su pasión e intuición, descubra a los consumidores lo que viene por delante. Es un libro imprescindible para entender la moda y un privilegio tener su testimonio. Gracias, Charo».

Pepe Barroso, fundador de Don Algodón

«Charo Izquierdo es un referente en la moda de nuestro país, por eso es un privilegio que comparta con todos nosotros sus reflexiones y sus experiencias, para iluminarnos en unos tiempos tan cambiantes».

Rosa Clará, diseñadora

Charo Izquierdo

FASHION
(R)EVOLUTION

MADRID | CIUDAD DE MÉXICO | BUENOS AIRES | BOGOTÁ
LONDRES | SHANGHÁI

Comité Editorial: Santiago de Torres (presidente), Germán Castejón, Guillermo Cisneros, M.ª Teresa Corzo, Marcelino Elosua, Almudena García Calle, José Ignacio Goirigolzarri, Santiago Íñiguez de Onzoño, Luis Huete, Pilar López, Pedro Navarro, Manuel Pimentel y Carlos Rodríguez Braun.

Colección Acción Empresarial de LID Editorial
Editorial Almuzara S.L
Parque Logístico de Córdoba, Ctra. Palma del Río, Km 4, Oficina 3
14005 Córdoba.
www.LIDeditorial.com
www.almuzaralibros.com

A member of:

businesspublishersroundtable.com

EAN-ISBN13: 978-84-18578-59-5
Directora editorial: Laura Madrigal
Corrección: Cristina Matallana y Paloma Albarracín
Maquetación: produccioneditorial.com
Imagen de interior p. 9: stock.adobe.com/@Supermelon
Impresión: Cofás, S.A.
Depósito legal: CO-1037-2023

Impreso en España / Printed in Spain

Primera edición: junio de 2023

Te escuchamos. Escríbenos con tus sugerencias, dudas, errores que veas o lo que tú quieras. Te contestaremos, seguro: *info@lidbusinessmedia.com*

A mis hijas.

A mi madre, que me compró
mi primer vestido de diseñador.

«Lo que realmente hace grande a la moda es que siempre sabe mirar hacia adelante».

—Oscar de la Renta—

Índice

———

Primera parte
Conocer el pasado de la moda para entender el presente e intuir el futuro

Segunda parte
Surfear o morir

Tercera parte
¿Hacia dónde dirige sus pasos el universo *fashion*?

Agradecimientos

Agradezco el tiempo, las palabras, la inspiración de todas las personas e instituciones que, consciente e inconscientemente, me han ayudado a la elaboración de este libro.

Nacho Aguayo, Alma Aguilar, Minerva Alonso, Antonio Alvarado, Charo Álvarez, Odette Álvarez, Cristina de Alzaga, Águeda Amiano, Isak Andic, Mayte Ariza, Los Arys, Ángel Asensio, Eva Ballesté, Pepe Barroso, Lourdes Barroso, Natalia Bengoechea, Isabel Berz, Manuel Blanco, Marta Blanco, Sandra Bravo Durán, Myriam Buenaventura, Pepa Bueno, Leandro Cano, Lorenzo Caprile, Mateo Carrasco, Rosa Clará, Club Matador, Pablo Conde Díez del Corral, Lucía Cordeiro, Patricia Cruz, Gema Diaz Real, Araceli Díaz Santana, Inés Domecq, Adriana Domínguez, Josep Maria Donat, Carmen Echevarría, Pablo Erroz, María Jesús Escribano, Daniel Espejo, Alex Estil.les, Raúl Estradera, María Fernández-Miranda, Senén Ferreiro, Gisela Fortuna, Elena Fraguas, Susana Frouchtmann, Guillermo García-Badell, Esther García Capdevila, Jorge García Magariños, Paul García de Oteyza, Nacho Gasulla, Dimas Gimeno, Mercedes Goiz, Gema Gómez, José Luis González-Besada, Beatriz González-Cristóbal, Patricia Govea, Javier Goyeneche, Teresa Helbig, Carolina Herrera, Olga Iradier, Mayka Jiménez de Aranoa, Hanibal Laguna, Bolola Lana, Luis Lara, Silvia Leal, Modesto Lomba, Francisco López Navarrete, Isabel López-Rivadulla, Jesús Lorenzo, Pili Luna, Luxury.com, Dame Ellen

11

(@Ellen MacArthur Foundation), Alessandro Manetti, Pedro Mansilla, María Luisa Martínez, Imanol Martínez, Nacho Martínez, Eloy Martínez de la Pera, Juan Carlos Mesa, Mercedes de Miguel, Jaume Miquel, Álex Miralles, Jesús María Montes-Fernández, Pepe Monzonis, Coleen Murphy, Moisés Nieto, Claudia Ojeda, Juanjo Oliva, Adele Orcajada, Béatrice d'Orléans, Marta Ortiz, Rocío Ortiz de Bethencourt, Cristina Palomares, Alejandro Palomo, Kavita Parmar, Pilar Pasamontes, Juan Pares, Mónica Pedreira, Rafael Pérez Arroyo, Iria Pérez Gestal, Ton Pernas, Armando Pinedo, Regina Polanco, Sebastián Pons, María Raga, Tristán Ramírez Ruiz de la Prada, Fernando Rius, Maripi Robles, Margarita Ruyra de Andrade, Carmen Sáenz Varona, Alejandro Sáez, Gonzalo Sáez Escudero, Coro Saldaña, Natasha de Santis, María Sañudo, Andrés Saura, Marisa Selfa, Nacho Sierra, Cuca Solana (*in memoriam*), Sybilla Sorondo, Valentina Suárez-Zuloaga, Cecilie Thorsmark, Beatriz Ticali, María Torretta, Roberto Torretta, Rosa Tous, Pedro Trolez, Inmaculada Urrea, Leticia Valera, Cayetana Vela, Roberto Verino, Diego de Vicente, Juan Vidal, Miguel Villamizar, Women Action Sustainability (WAS) y Merche Zubiaga.

Muy especialmente tengo que agradecer a Susana Campuzano quien generosamente pensó en mí para escribir este libro; a Manuel Pimentel por decir sí a aquella idea, sellarla con rapidez y aguantar con estoicismo y humor su realización; y a Laura Madrigal, mi editora, por mejorar este libro.

A Javier, siempre, por el amor que pone en las fugas.

Introducción
Karma, Karma, Karma, Chameleon

No puedo remediarlo. Pienso en moda e inmediatamente viene a mi memoria la estrofa de una canción: «Karma, karma, karma, karma, karma, chameleon». Lo cantaba Boy George y su famoso grupo Culture Club en los ochenta. Ellos pertenecían a una de esas tribus que han marcado tendencias en su simbiosis con la música, los «nuevos románticos». Pero la denominación de origen me resulta un poco indiferente...yo me ciño al saurio y al karma de la moda. Porque si esta perteneciera al reino animal, podría compararse con un camaleón, por su peculiar sintonía *transformer* que la conduce a confundirse con los tiempos, con los movimientos sociales..., bueno, sí, y también por el karma, que vuelve y a veces se revuelve, de manera que quince o veinte años después de haberse producido una tendencia retorna para influir en sus distintas existencias y recordarnos que todos tenemos un pasado.

Como la fierecilla, la moda cambia de color y de formas, se cobija en la piel de otros para resultar nueva y diferente, siguiendo la dirección que marca el viento, léase dinero. La frase de Charles Darwin: «El factor más importante en la supervivencia no es la inteligencia ni la fuerza, sino la adaptabilidad» parece haber sido pensada y escrita para este mundo que se reinventa constantemente, no solo como una manera de sorprender, estimular el gusto y ofrecerse como objeto de deseo, sino con el objetivo de la supervivencia. Podríamos decir que el mundo de la moda no lo conoce ni la madre que lo parió y, además, la madre está constantemente pariendo o intentándolo.

La ropa habla de nosotros. Es de los primeros elementos aparentemente ajenos que hacemos nuestros. Es lo primero que aprendemos a elegir. Ha sido, es y siempre será una buena terapia. ¿Quién no ha ido de compras en un acto autoindulgente para ayudarse a pasar mejor un trago desagradable? Recuerdo que en una entrevista que me hicieron en 2021 establecí la diferencia entre felicidad y placer, e identifiqué la compra de ropa como un fenómeno productor de placer, ya que creo que la felicidad es algo más profundo, no la identifico con el consumo.

Pero ya sea felicidad o placer, el acto de salir a cazar o de conectarse para cazar un capricho ha producido y seguirá produciendo momentos felices, independientemente de cómo cambie el consumo. Eso sí, no hay que perder de vista que la moda es cultura, industria, negocio... y es un lenguaje, por lo que, si no encuentras el adecuado, la comunicación no existe, y si no existe, no se produce la seducción necesaria que requiere.

Lo pensaba antes de enfrentarme a la investigación y escritura de este libro, y después de meses de estudio exhaustivo y años de inmersión en este mundo, llego a una conclusión similar: es probable que nos estemos dirigiendo hacia un sector más reducido, de menor volumen, más personalizado y posiblemente de menor rentabilidad. Se siente, especialmente en términos de rentabilidad. Además, me pregunto constantemente sobre el papel de la moda en un mundo influenciado por la era de la COVID-19, que se centra cada vez más en la salud y el bienestar como vectores de vida y enfoque de consumo presente y futuro. La respuesta que encuentro es renacimiento, o *re-birth*. No hay otra opción. Y es una gran opción. Es una necesidad. Por eso hablo de evolución y revolución. Incluso me atrevería a decir que también es crucial reinventar las cuentas de explotación.

Es necesario cambiar las reglas y las instrucciones del juego en la industria de la moda, porque las empresas se han transformado y más que van a hacerlo en términos de negocio. En sus mapas de riesgo incluyen más aspectos que hace años, no solo porque el entorno ha cambiado y se han descubierto nuevos desafíos (y oportunidades), sino también porque los consumidores, que son parte importante del juego, están cada vez más informados y tienen una mayor capacidad de decisión. Los productos también han cambiado y deben seguir haciéndolo, adaptándose a atributos de sostenibilidad que antes eran inexistentes. La tecnología requiere mayores inversiones en la industria de la moda. Aunque la venta en línea se ha incrementado, no es la solución perfecta, ya que incluso la rapidez que se ha buscado y ofrecido al consumidor tiene un impacto negativo en el medio ambiente debido a la distribución no sostenible. Además, las temporadas tienen cada vez menos sentido, incluso escribir esa palabra me produce una especie de pereza asesina de la creatividad, sobre todo en términos de la realidad.

La moda no es ajena al cambio que nuestro planeta debe experimentar. Para la economía global suena permanentemente un tic-tac o mejor dicho el rumor de una bomba de relojería que va a estallar en menos de diez años. Queda muy poco tiempo, porque los procesos son largos para pasar de las musas a la música y realizar acciones más allá de buenas intenciones que ayuden a paliar el cambio climático y sus efectos. Y ahí la moda tiene un papel fundamental, en tanto en cuanto siga siendo, que lo es, la sexta industria más contaminante... Que yo sepa, no está escrito que deba seguir siéndolo. Es más, grandes y pequeñas empresas y consumidores están realizando un gran esfuerzo para cambiar el escenario. Y además es clave que así sea, por la capital influencia que detenta.

Según el informe sobre sostenibilidad, The BoF Sustainability Index, elaborado en 2021 por la publicación *The Business of Fashion*, la moda es vital en la lucha contra el cambio climático debido a su carácter global y su influencia cultural. Muchas empresas, tanto grandes como pequeñas, así como los consumidores, están realizando esfuerzos significativos para cambiar el panorama actual. De hecho, el 83 % de los operadores del sector en todo el mundo han impulsado un cambio hacia la creación de modelos de producción más sostenibles y circulares después de presenciar los desastres provocados por la crisis sanitaria mundial, según el informe *Shaking Sustainability in the Fashion Business*, elaborado por la publicación modaes.es y EY a mediados de 2021.

El camino hacia la sostenibilidad no es una moda más. Es una necesidad social. Pero no es la única. En cada generación ha habido elementos, acciones, objetos, que empezaron considerándose un lujo y que en las siguientes se han convertido en necesidad. Recuerdo cómo a principios de los noventa yo me escondía para hablar por teléfono... móvil; exhibirlo en algunos círculos resultaba un poco esnob y de mal gusto. Hoy hay casi más móviles que seres humanos sobre la capa de la tierra. Así llegará un momento en que la sostenibilidad será tan básica como hoy lo es un móvil. Con la moda, hay más que objetos, hay una especie de requerimiento de cambio imprescindible solo posible gracias a la innovación, facilitada por el uso de las tecnologías a nivel masivo. Sin ellas será complicado pasar del susto que nos dio el año 2020 a la oportunidad que supone la crisis. Hablamos de innovación, y en el futuro tal vez personalizaremos nuestra ropa y la reproduciremos en las mal llamadas impresoras 3D. ¿Falta mucho? Podría ser. Apostemos cuánto.

Es muy interesante lo que está sucediendo a nivel global. No ha sido un milagro, sino una realidad que ha estado gestándose durante años. Sin embargo, si no lo supiéramos, parecería que de repente la sociedad se ha quitado un velo para revelar una acción colectiva de Gobiernos, empresas y consumidores en torno al cambio necesario. De hecho, solo así se puede lograr la gran (R)evolución. Pero estamos en el principio del camino, queda mucho por recorrer y habrá caídas de las que levantarse. No es filosofía ni ideología, es la pura realidad, y afecta a todos los actores, desde la producción y distribución hasta la creación y los consumidores. Todavía queda por llevar a cabo el cambio sostenible y tecnológico, con todas las implicaciones que conlleva, incluso la reestructuración de negocios. Queda mucho por hacer para mejorar la imagen, lo cual afecta, por supuesto, a los cambios venideros, especialmente en lo relacionado con la sostenibilidad.

Recuerdo haber escuchado una vez a Cyndi Rhoades, fundadora de la empresa de reciclaje Worn Again, hablar sobre lo poco *sexy* que resultaba la palabra «reciclaje», y la mala imagen que tenía para muchas personas, que lo veían como algo feo y poco atractivo. Tiene toda la razón. Sin embargo, a medida que las grandes empresas, especialmente las de lujo, comienzan a trabajar con productos reciclados, todos podremos disfrutar de una vida mejor y nos sentiremos más satisfechos o complacidos.

Al mismo tiempo, estamos presenciando una revolución en los materiales, cada vez más necesaria y popularizada, como un símbolo de sostenibilidad y en alianza con la tecnología. Estos materiales son verdaderas estrellas, no solo porque facilitan una fórmula de compra universal, sino también porque actúan como mediadores en el desarrollo de mejores procesos. Es aquí donde entra en juego el uso de algoritmos por parte de las redes sociales para dirigirse al público objetivo, tanto en términos de información como de ventas y del incremento en el uso de *big data* para encontrar el mercado perdido. Estas herramientas permiten conocer mejor a los clientes y llegar a ellos, en un intento por mejorar el negocio, pero también por humanizar de alguna manera esa tecnología que transforma la tienda y la experiencia del cliente, que cada vez más debe centrarse en sus necesidades. En efecto, hablamos de *customer centricity*, el cliente está en el centro. Pero de verdad. Manda y manda mucho. Como nunca en la vida. Por mor de la tecnología, hoy sabemos al segundo lo que piensa. Sus respuestas son inmediatas. Y las que exige también. Y a través de los diferentes canales. Es decir que la omnicanalidad no es solo una frase más hecha, una palabra que queda bien en cualquier discurso. Es clave, no solo para vender sino para relacionarse con el público. Y aunque hay quien aventura que la tienda física no va a morir, sino que va a revivir en forma de lugar experiencial, la realidad es que la venta en línea no tiene marcha atrás. Las marcas buscan desesperadamente la relación directa con el consumidor, incluyendo vendedores en *streaming*. Porque lo cierto es que cada vez se profundiza más en el sentimiento de individuo, de individualidad, de diferenciación, de sentirnos, como consumidores, mimados y exclusivos; queremos el cariño de las marcas. Y se ha decretado el fin del café para todos. ¿Hay un valor añadido? Sí, siempre. Pero no el mismo. Hay un valor para cada uno, para todo y para todos. Y queremos conocerlo con transparencia, sin engaños ni ambages.

Transparencia, trazabilidad, *marketplaces*, circularidad... conceptos y servicios genuinos del siglo XXI que han llegado para quedarse. Al igual que el espíritu colaborativo. Es interesante ver cómo empresas españolas como el grupo Tendam, que controla marcas como Cortefiel, Pedro del Hierro, Springfield o Hoss Intropia, han abierto sus plataformas de venta en línea a otras marcas de diferentes grupos. Un ejemplo destacado. Lo mismo ocurrió cuando GUCCI y Balenciaga se unieron en un desfile conjunto en 2021. Después de todo, incluso los Objetivos de Desarrollo Sostenible para 2030 hacen hincapié en la importancia de las alianzas en el objetivo número 17. La circularidad, con el aumento de la venta de artículos de segunda mano y los servicios de alquiler de ropa, son claros indicadores de que el consumo se está transformando, al igual que la energía. Todo esto sin olvidar el negocio. Porque la moda como cualquier industria tiene que ser sostenible en los procesos, pero si no lo es en lo económico no sirve.

Según la consultora WSGN, en una época de grandes cambios, los directivos y ejecutivos de las compañías han apostado más que nunca por las cuatro C: conexión, conservación, comunicación y comunidad. En el caso que nos ocupa, yo añadiría una quinta: la C de cambio. Porque nada volverá a ser como antes. Desde hace ya muchos años, la moda está viviendo una especie de tsunami del que es protagonista y víctima a la vez. Está subida a una ola que todavía no sabe muy bien adónde caerá. Pero seguro que caerá, aterrizará en un cambio, uno de los grandes cambios de los que, repito, somos protagonistas y vivimos en directo. Consumidores, marcas, directivos, diseñadores, creativos son, somos, conscientes de que, tras mucho exprimir la moda y su concepto en sus múltiples declinaciones, hoy lo fundamental es convertirla de nuevo en la emoción que un día fue, para poder sobrevivir mañana. Lo tienen claro. Ya no se trata de invertir en una prenda hoy y otra mañana para hacerlas desaparecer pasado... Cada vez más mujeres y hombres piden prendas que sean en sí mismas una inversión. La emoción radica en ese subconsciente de la moda que nos hace sentir bien, incluso lo que yo llamo *la tendencia emocional*, esa ligada a los sentimientos, a los nuestros, esos que hablan del pasado o de un presente de amor que se catapultará a lo largo de los años, la tendencia que está detrás de una buena inversión.

Deberíamos apuntar en nuestras agendas tres palabras: repensar, reinventar, rediseñar. Son fundamentales para la nueva era. La moda avanza con los tiempos, y quiero pensar que hemos entrado en una era algo más espiritual en la que buscamos esa tendencia emocional.

¿Estamos asistiendo acaso al fin de la era de la codicia? Esta pregunta, que es la punta del *iceberg* de una reflexión mucho más profunda, me la planteé tras leer la frase del creador belga Raf J. Simons: «La moda debe aprender a ser menos codiciosa». Y me sedujo.

Creo que he esbozado razones suficientes que explican por qué escribo este libro, que aborda los cambios que ha experimentado, experimenta y experimentará uno de los sectores que más ha ocupado mi vida y que más me hace vibrar. Lo he vivido desde el periodismo de base, indagando con una curiosidad ambiciosa en sus intrincados detalles, adentrándome entre sus costuras, entrevistando a diseñadores y diseñadoras, conociéndolos, amándolos... a veces no. Lo he vivido también como ávida lectora y como consumidora de imágenes bellas. Lo he vivido como una obligación rodearme de la belleza que considero casi imperativa. También como colega, trabajando en estrecha colaboración, a veces brindando consejos, buscando formas de comunicar de manera más efectiva, desplegando las plumas de la seducción. Como responsable de eventos como las pasarelas Mercedes-Benz Fashion Week Madrid o Mercedes-Benz Fashion Weekend Ibiza. Como directora de ferias de moda, recorriendo polígonos industriales y fábricas. He escuchado a creadores y fabricantes. He conocido el *glamur* de los palacios y el ardor de algunos infiernos. He aprendido a distinguir materiales, adquiriendo conocimientos de historia sin estudiarla formalmente. He presenciado las disrupciones que provocó internet, el auge y la caída de los centros comerciales, el desarrollo de lo que solían ser boutiques para luego convertirse en tiendas multimarca y finalmente en *concept stores*. He sido testigo y protagonista del terremoto de las redes sociales, las transmisiones en vivo, las ventas a través de Instagram. He proclamado que España tenía talento. He instado a la modernización sabiendo que negarse a ella equivalía a morir. He asistido a desfiles internacionales, a los clásicos y a los menos convencionales, en San Petersburgo, Hong Kong, Edimburgo, Dakar... He acompañado la llegada de las principales cabeceras internacionales. He liderado la transición a las publicaciones en línea. Fui criticada y después elogiada por tuitear en los desfiles, antes de la explosión de Instagram. He comprado como si no hubiera un mañana, pensando que, si no me gustaba mucho algo, lo tiraría al día siguiente, total, para lo que me había costado... Sin embargo, también soy una ferviente detractora del uso único (o casi único). Compro en tiendas de segunda mano. No sé si crearé mi propio avatar, pero sí sé que las generaciones más jóvenes no tienen más opción que sumarse a la realidad virtual, la realidad aumentada y lo que esté por venir.

Por eso he escrito este libro. No es un libro de historia. Ni de teoría de la moda. Tampoco una autobiografía. Ni un tratado sesudo. Ni un cúmulo, espero, de verdades comunes, ni de verdades absolutas. Porque huyo de las primeras y reniego de las segundas. No me he subido a ningún púlpito; he entrevistado a más de cien personas, he leído, estudiado, escuchado y visto. Y he vivido. Por eso hay mucho de mí; de mi historia, de mi trabajo, algo de mi vida, de mis expectativas, de mis sensaciones. Así que hablo desde el punto de vista de la comunicación; desde dentro y desde fuera. También con la mirada de y hacia los medios.

Desde los diseñadores. Con ellos. Saliendo de España y volviendo a entrar. Mirando hacia la industria y hacia la artesanía, atravesando lujo y *fast fashion*.

Fashion (R)evolution está dividido en tres partes. En primer lugar, aquella que nos conecta con el pasado, aunque no sea un tratado de historia... y la que, desde mi punto de vista, ha influido en que estemos donde estamos y nos haya ido como nos ha ido en los últimos cuarenta años, cruciales en la evolución, a veces revolución, del sector. En la segunda parte, hablo del momento que vivimos, con todas sus incertidumbres, marcado por el cambio de era, de paradigma, por el fundamentalismo tecnológico y la sostenibilidad de la mano, por la digitalización y la internacionalización. Y en la tercera, se vislumbra el futuro, que no es que sea incierto, sino que es como de aprendiz de cartomancia, porque ni todas las cartas están echadas, ni podemos aferrarnos a convicciones inamovibles. Nunca.

Eso sí, es un libro lleno de datos, de personas que aportan información, de documentación, pero es muy personal, hecho a mi imagen y semejanza. Por ello, hay un cierto desorden dentro de un orden. A veces es necesario hablar del pasado cuando estamos en el futuro, o del presente cuando estamos en el pasado. Me salto el uno, dos, tres. Pero siempre con coherencia y con un espíritu crítico y de llamada a la acción constante.

Primera
parte

Conocer el pasado de la moda para entender el presente e intuir el futuro

Conocer la historia que enraíza

La moda es un signo de nuestro tiempo, como ha sido siempre. Desde luego, como dice Carolyn Mair, en el libro *Piscología de la moda* (Routlege, 2018), puede usarse de diversas maneras positivas para mejorar oportunidades de vida, nuestra autoestima y sensación de bienestar. No voy a recrearme en su historia porque sobre ella se han escrito magníficos libros. Sin embargo, hay algunos momentos de su pasado y evolución que conviene conocer para entender el presente. Durante el tiempo que escribí estas páginas, leí el libro *En las trincheras de la moda,* de André Leon Talley, que fue editor de la revista *Vogue América* y mano derecha de Anna Wintour, la mujer más poderosa del ecosistema de la moda contemporánea, y me encantó esta frase: «No es una industria que viva en el pasado; más bien lleva su pasado, como una sombra, a donde quiera que vaya». Parece que muchos creadores y marcas adoptan este enfoque para sobrevivir en el presente y construir el futuro. No me lo invento. Por ejemplo, la presentación de la colección Crucero 2022 de Christian Dior se llevó a cabo en Grecia en un escenario atípico: el estadio ateniense Panathinaikó. La directora creativa de la firma, la italiana Maria Grazia Chiuri, se basó en una producción fotográfica de la colección de alta costura de 1951 tomada en el Partenón. En su comunicado de prensa, decía que se trataba de

IOANNA GIKA durante su actuación en la presentación de la colección Crucero de Dior, en el estadio ateniense Panathinaikó, en 2022. Fuente: sargenthouse.com

Presentación de la colección Crucero 2022 de Dior en Atenas.

«reencontrar las raíces de nuestra civilización, no por nostalgia, sino por un deseo de recomponer en nuestro presente esta fragmentación necesaria para nuestra aprehensión del mundo».

Es solo un ejemplo, muy vistoso y revelador, de cómo las marcas se mueven entre archivos buscando inspiración en el pasado, incluso en su propia herencia. Cuando vi el desfile, intuí que la falda del vestido que llevaba la cantante Ioanna Gika, quien formaba parte del espectáculo, estaba basada en un estilo introducido por España al mundo en el siglo XV con una fórmula que se ha mantenido en la base hasta nuestros días. Me pareció reconocer en esa falda semitransparente, como un *voile,* la estructura del verdugo, un ahuecador de vestido que consistía en unos aros rígidos de mimbre, alambre o madera forrados que, al ser incrustados en las telas, creaban la típica forma de campana que nos ha acompañado desde entonces. Sin embargo, consulté con una experta en moda, Marta Blanco, doctora en Historia del Traje, quien me indicó que esa falda podría ser perfectamente mi interpretación del verdugado, pero ya existía una similar en la civilización cretomicénica, una especie de mezcla entre el verdugo y el miriñaque. Busqué imágenes y encontré efectivamente una falda bastante parecida a ese otro verdugado que se supone que puso de moda en España Isabel de Portugal (1503-1539), reina de España y emperatriz del Sacro Imperio Romano Germánico. Blanco no niega la influencia del verdugado, pero teniendo en cuenta que el desfile estaba inspirado en Grecia, no podemos descartar que en la base estuviera esa reminiscencia de una civilización anterior a la griega que se desarrolló entre los años 1600 y 1100 a. C.

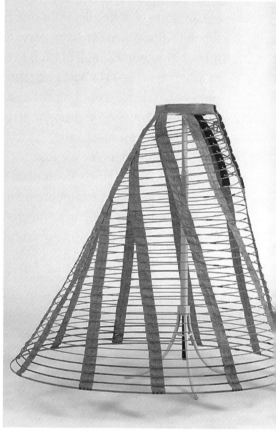

(1) Tienda de miriñaques de 1880.
Fotografía: The Crinoline shop, de Eugène Atget.

(2) Crinoline, 1860-1870. Colección Jacoba de Jonge.
MoMu, Fashion Museum Antwerp (www.momu.be).
Fotografía: Hugo Maertens, Bruges.

Moda de ida
y vuelta

¿Podemos afirmar que España ha sido un país líder en la generación de tendencias en la moda? Sin duda. España ha sido, y sigue siendo, en cierta medida una potencia de la moda, al igual que Francia, pero no solo por el uso del ahuecador que ha dado forma a la silueta de las mujeres hasta casi la actualidad, con faldas que se ciñen más o menos pero que en muchas épocas han tomado esa característica acampanada, especialmente para la fiesta, como el famoso vestido de gala *ballgown*.

También, durante la época de los Austrias, se difundió el modo de vestir «a la española», una indumentaria bastante completa y compleja. Más datos: siempre se habla del famoso color negro que difundió nuestra corte, símbolo del oscurantismo ideológico, pero también del luto, que en manos de las tendencias se convirtió en un tono *cool*. Gabrielle Chanel, más conocida como Coco Chanel, diseñadora francesa y fundadora de la firma, lo consagró como *chic;* incluso bautizó una de sus legendarias creaciones como la *petite robe noire* (PRN) en referencia a este color. Más tarde, los estadounidenses otorgaron a este vestido de cóctel negro de corte sutilmente clásico sus propias iniciales reconocidas en todo el mundo: *little black dress* (LBD). Después, Yves Saint Laurent lo elevaría a otros altares de elegancia con su icónica versión femenina del esmoquin.

Pero sigamos con la historia. Aquel color negro impuesto en la corte de Felipe II se extendió a la nobleza europea gracias al descubrimiento del árbol palo de Campeche, del que se extraía un tinte vegetal que daba a las prendas una luminosidad y una durabilidad desconocidas hasta entonces. El árbol que obró el milagro venía del otro milagro que fue el descubrimiento de América, ya que se usaba entonces en México para teñir ropajes, y fue traído por el conquistador Marcos de Ayala. Ese negro fue tan codiciado que generó luchas entre España, Francia e Inglaterra, tales que nuestro país se vio obligado a conceder una licencia a varias compañías inglesas.

Es evidente que nuestra nación tiene una rica historia en la creación de tendencias que no se limita a una sola, sino que ha sido moldeada por la fusión de las que fueron asentándose en la península ibérica. Cada una dejó su huella, sumándose a otras capas y formando opciones de moda únicas que luego se extendieron por el extranjero.

Entre las figuras históricas internacionales que han influido en la moda en nuestro país, me resultan especialmente interesantes dos: Eugenia de Montijo, como difusora exportadora, y Joaquín Sorolla, como importador. Seguro que hay más, pero no soy historiadora, solo una curiosa, y estas dos captaron mi atención. Pero antes de ahondar en la historia de estos dos personajes y su relación con la moda, quiero recordar a los grandes visionarios que sentaron las bases de esta industria en la actualidad para contextualizar en el tiempo y que no me pierda la pasión. No entraré en los detalles históricos, pero así se entenderá de quiénes hablo cuando los mencione:

- **Charles Frederick Worth** (1825-1895) fundó la firma que lleva su nombre. Sus hijos Gaston y Jean Philippe continuaron su labor desde 1874 y fueron tan visionarios que en 1897 ya se podían pedir sus creaciones por correo o por teléfono. Worth cerró en 1956 tras fusionarse con la casa Paquin.
- **Louise Chéruit** (1866-1955) fue la primera mujer directora de una casa de costura. De ella bebieron Vionnet, Chanel o Schiaparelli. En 1907 ya tenía departamento de peletería en su sede de la parisina plaza Vendôme, así como de moda infantil, ropa interior o vestidos de novia. Hizo la perfecta transición entre la estética victoriana hasta la *flapper*, pasando por *la belle époque*.

(1) Figurín de un vestido de Madeleine Vionnet visto por el delantero
     y la espalda, 1932-1934. Museo del Traje de Madrid.

(2) Traje de noche: vestido y sobrevestido de Cristóbal Balenciaga, 1951.
     Tafetán de seda con organza de seda plisada aplicada, piqué de algodón.
     Cedido por John Wanamaker al Philadelphia Museum of Art.

Maison Paquin, 3 Rue de La Paix, 1910.

- **Madeleine Vionnet** (1876-1975) luchó contra las siluetas rígidas que imperaban en la moda. Su reconocible estilo destaca por el uso del corte al bies, lo que permitió que sus vestidos se adaptaran al cuerpo siguiendo las líneas naturales de la anatomía, logrando una silueta de reminiscencia griega. Además, hizo una gran labor para mejorar las condiciones de la mujer trabajadora: a pesar de la dura realidad laboral de su tiempo, con salarios bajos y jornadas de trabajo extenuantes de hasta 18 h, ofrecía a sus empleadas medicamentos gratuitos, bajas pagadas y comida en el taller, práctica totalmente pionera. Estuvo activa hasta 1939.

- **Jeanne Paquin** (1869-1936), considerada precursora de Chanel, fue la primera en entender el negocio de la moda moderna e incorporó el poder del espectáculo y la música para promocionar sus vestidos. Ya en 1913 hacía impresionantes desfiles en Londres para presentar sus vestidos «tango» en lugares tan emblemáticos como el Palace Theatre. Tuvo un importante papel en el cambio de la silueta femenina e incorporó los plisados, que facilitaban la movilidad de las piernas. Se retiró en 1920.

- **Ana de Pombo** (1900-1985), mano derecha de Coco Chanel, de quien hizo incluso de modelo, dirigió la casa Paquin entre 1936 y 1941. Esta polifacética artista de la moda, la decoración y la danza también fue protagonista del despegue de la *jet set*.

- **Cristóbal Balenciaga, el Grande** (1895-1972), era un perfeccionista incansable. Tenía dominio absoluto de las técnicas y un excepcional talento creativo que le reportó la admiración de sus colegas y contemporáneos, como Dior, quien lo denominaba *el maestro de todos nosotros*. Dedicó su vida a depurar la creación de sus diseños e introdujo extraordinarias innovaciones que le permitieron evolucionar hacia una mayor simplicidad y pureza de formas hasta su retiro en 1968.

- **Paul Poiret** (1879-1944) pasó de la silueta *Belle Époque* a la *Art Nouveau*. Se le atribuye la frase: «Las he liberado del corsé, pero les he atado las piernas». Las contribuciones de este diseñador francés a la moda del siglo XX se han comparado con las de Picasso en el arte.

- **Jeanne Lanvin** (1867-1946), una de las primeras representantes de esta industria, fundó en 1876 la casa Lanvin, una de las más antiguas de París que todavía sigue abierta, aunque inició su andadura con una *boutique* de sombreros en 1889. El secreto de su permanencia es que supo adaptar el concepto inicial y crear ropa para cada momento de la vida. Su estilo se distingue por las prendas románticas inspiradas en tiempos pasados pero adaptadas perfectamente a la época y por sus colores. Se le atribuye la creación del llamado *robe de style*, un vestido de noche, tobillero de falda acampanada y cintura entallada que rompía con la estética rectilínea del Art Déco.

- **Gabrielle Chanel** (1883-1971) pasó de crecer en un orfanato a vestir a divas de la talla de Greta Garbo y a mujeres poderosas, como Jackie Kennedy. Convertida desde la década de 1920 en la gran dama de la moda francesa, su influencia se extendería después a prácticamente todos los ámbitos, desde el corte de pelo hasta los perfumes, pasando por los zapatos y complementos.

- **Jean Patou** (1887-1936), estilista y perfumero, supuestamente fue el gran competidor de Chanel. Su visión de la moda le hizo romper con lo establecido hasta el momento: acortó faldas y aligeró la silueta de la mujer en un alarde deportivo para favorecer su comodidad al vestir.

María Eugenia de Montijo, la primera *influencer* de la moda de su tiempo

Coincido con la historiadora de arte y periodista Ana Velasco Molpeceres, autora de *Historia de la moda en España: de la mantilla al bikini,* en mi fascinación por Eugenia de Montijo (1826-1920), una de las mujeres más influyentes del siglo XIX. Fue una *influencer avant la lettre* en una época en la que la fama no se medía por los «me gusta», los minutos de grandeza o los seguidores en redes sociales, muchas veces basados en una realidad falseada. Si hubiera existido Instagram en su tiempo, ella habría sido una de las grandes. Lo más curioso es que encontré un perfil suyo en esa red social en un artículo que estaba leyendo y comprobé que existía, @eugeniademontijo_emperatriz, promovido por la casa de Alba, a la que estaba emparentada; de hecho, falleció durante una visita que les hizo.

La influencia de esta emperatriz se reflejó tanto en la estética como en los negocios. Según explica Velasco Molpeceres, su papel resultó fundamental para difundir el sistema francés de la alta costura, vinculada al famoso modisto Worth. La española que ostentó el título de la última emperatriz de

Francia fue en realidad la primera reina de la alta costura. Y, si rizamos el rizo, podríamos afirmar que la alta costura francesa fue creada por un inglés y promocionada por una española haciendo referencia a las nacionalidades de Worth y de María Eugenia de Montijo, hija de los condes de Tebas, convertida en emperatriz tras su matrimonio con Napoleón III.

Sin lugar a duda, María Eugenia y su pasión por la moda contribuyeron a difundirla entre la nobleza y la burguesía continental durante el II Imperio, época de gran prosperidad para Francia. La emperatriz se movía con libertad en este escenario, donde impulsó el desarrollo del sector de la moda de una manera no muy diferente a como vemos hoy. Ella transformaba en tendencia lo que le llegaba como herencia cultural.

Gracias a su influencia, las mujeres empezaron a perder volumen en sus faldas —y, por tanto, peso— al sustituir las enaguas de telas rígidas por crinolinas, armazones de aros metálicos que nos recuerdan de nuevo a los ahuecadores verdugados, de los que se considera que fue gran precursora. También se le atribuye la posterior adopción del polisón, prenda más ligera que derivó de las crinolinas. Además de los trajes que popularizó, puso de moda el abrigo conocido como *paletó,* grande, con mangas acampanadas y un solo botón en el cuello, así como el «tocado emperatriz», hecho de fieltro y con una pluma en el lateral, que se usaba ligeramente ladeado. Según contó la periodista Nuria Luis en un fantástico artículo de la revista *Vogue* el 11 de julio de 2020, Eugenia de Montijo dejó una marca indeleble en la moda del siglo XIX, volviendo a poner la moda francesa en el punto de mira. «No es que sea una innovadora, pero a base de dar un toque particular a determinadas prendas fue una influencia más», comenta Mercedes Rodríguez Collado, del Museo del Romanticismo, en su publicación *Chaqueta de encaje de Eugenia de Montijo Sala XVI (Alcoba femenina).* Además, asegura que la emperatriz tomaba su vestuario como un elemento más de sus obligaciones: lo denominaba *toilettes politiques.*

También es importante recordar que la influencia del imperio de Eugenia de Montijo traspasó no solo fronteras, sino también océanos. Antes del nacimiento de las icónicas revistas femeninas, como *Vogue* (1892), ya existían otros medios interesantes relacionados con las tendencias de moda, como *Peterson's Magazine* y *Godey's Lady's Book,* también conocida como *Godey's Magazine and Lady's Book.* Esta última publicación era referencia para Mary Todd Lincoln, esposa del primer presidente de EE. UU., cuya costurera se fijaba en el estilo de Eugenia

(1) Abrigo y vestido Delphos con cinturón. Seda estampada.
Taller Fortuny (Venecia), 1920.

(2) *Elena vestida con túnica amarilla.* Joaquín Sorolla, 1909.
Vestido amarillo plisado de seda Delphos, de Mariano Fortuny.

para vestir a la primera dama. Ambas mujeres seguían de cerca lo que ocurría en Europa en términos de estilo, especialmente respecto al imperio francés y a su representante femenina. Sus influencias no solamente han dejado huella en la historia de la moda, sino que también han sido retomadas en el siglo XXI, como demostró la diseñadora Sarah Burton en 2013 cuando era directora artística de Alexander McQueen al presentar una colección de faldas florales que claramente mostraban la inspiración de la moda de Eugenia de Montijo.

Las cosas no eran tan diferentes a como son ahora, salvando todas las distancias posibles, que son muchas. Por ejemplo, en la relación profesional entre Eugenia y Worth medió una amiga de la emperatriz, una especie de asistente, *personal shopper* y estilista, la esposa del embajador austríaco en Francia Pauline de Metternich. La emperatriz, vanguardista adelantada a su tiempo; fue descubierta por Marie, la mujer de Worth, un día, mientras paseaba por el parisino parque Bois de Boulogne. A través de Pauline llegaron a establecer una fructífera relación con Palacio. La emperatriz contaba también con Josefa Ortega Pollet, otra asesora que se dedicaba a su guardarropa. Se cuenta que Eugenia le regalaba muchas de las prendas, que solo usaba una vez, como era la norma, y que luego ella solía venderlas.

Lo siento, iba a hablar de Eugenia de Montijo y me fui por las ramas de Worth, que me sabe a gloria, o mejor dicho me huele a gloria, porque era el perfume de mi madre, que usó *Je reviens* desde que se casó..., no porque ella fuera coetánea del creador..., a ver si vamos a liarla. En realidad, los perfumes se lanzaron con su nieto, Jacques, a partir de 1924, fecha en la que mi madre aún no había nacido..., por si acaso.

Eugenia de Montijo fue una visionaria dejándose vestir por Worth, primer sastre que puso una etiqueta con su nombre en el interior de una prenda. Cinco años después de que ella ascendiera al trono en 1853, él abriría su propio taller en la capital francesa. Sabía lo que hacía porque, entre otras cosas, Worth liberó a las mujeres de los incómodos miriñaques, lo que resultó muy beneficioso para Eugenia. Tanto, que para los fastos de la inauguración del canal de Suez, en Egipto, en 1869, le encargó 150 vestidos nuevos. Podemos asegurar que Eugenia le hizo una gran campaña de publicidad al creador, al igual que a Louis Vuitton, quien firmaba los baúles de la emperatriz.

Incluso me atrevería a afirmar que hizo publicidad a Francia, que supo entender muy bien desde el principio el valor que esta industria tenía en aquel presente y en su futuro. Y no solo por la ropa, sino también por el calzado, las joyas y, desde luego, el perfume. De hecho, Guerlain creó el agua de colonia *Eau Impériale* especialmente para la emperatriz y no la comercializó hasta que ella dio su visto bueno. El emperador también entendía la importancia del textil para el país, donde eran originarias las sedas de Lyon, los encajes de Alençon, Valenciennes y Chantilly o la gasa de Chambéry, como explica Rodríguez Collado en su publicación. Es más, en 1868 ya habían creado el término *alta costura (haute couture)* y establecieron unas reglas para todas aquellas firmas que ostentaran esta distinción, como presentar dos colecciones al año con cincuenta modelos de día y de noche, realizar desfiles con un mínimo de tres salidas en edificios emblemáticos parisinos, confeccionar los modelos a mano, tener al menos veinte empleados y utilizar telas exclusivas de origen francés.

Es importante comprender la historia para entender por qué algunos países están en la posición que están en la industria de la moda. En el siglo XIX los franceses fueron visionarios al reconocer que significaba cultura, negocios y una marca país. Esto se vio reflejado en la creación de la Chambre Syndicale de la Mode en 1880, que consolidó la influencia de la moda francesa en el mundo.

Sorolla, pinceladas que marcaban las tendencias

La historia del pintor Sorolla también es singular. Era un apasionado de la moda y las tendencias, lo que veía materializado en su querida esposa Clotilde García del Castillo, a quien adoraba. Desde ciudades como París o Nueva York le enviaba cartas en las que le decía: «Mándame las medidas de tu cuerpo saleroso y de tu pie pues he visto zapatos muy bonitos». A través de Clotilde y de sus cuadros, Sorolla contribuyó a difundir las tendencias. Sus retratos en particular destacaban por la moda que se veía en ellos. En su obra se encuentran tanto amor como negocio, ya que vendía todo lo que producía.

Eloy Martínez de la Pera, comisario de la exposición «Sorolla y la moda», que se exhibió en Madrid en 2018 en el museo Nacional Thyssen-Bornemisza y en la Casa museo de Sorolla, se refiere al pintor valenciano como *el primer personal shopper de la historia*. Clotilde también tiene otro apodo en nuestros tiempos: la primera creadora de tendencias *(trendsetter)*. «Todas las mujeres ricas querían los retratos de Sorolla», explica. Ellas tenían que decidir con

Exposición *Sorolla y la Moda*, febrero 2018

qué ropa posaban, lo que permitió al pintor conocer los guardarropas de las damas más sofisticadas de Europa y de EE. UU.».

El Comisario de exposiciones de Arte y Moda también destaca de Sorolla su enfoque feminista, como se deduce de su obra al empoderar a las mujeres, especialmente a su esposa y a su hija Elena. Un ejemplo es el retrato *Elena con túnica amarilla,* en el que esta viste el que seguramente fue el atuendo más fabuloso, novedoso y rupturista de comienzos del siglo XX y que ha influido hasta nuestros días: un vestido Delphos, la famosa creación de Mariano Fortuny inspirada en los chitones jónicos de la antigua Grecia. Se trata de una sencilla túnica de tela plisada que cae libremente a ambos lados del cuerpo adaptándose a la anatomía de la mujer y que se lleva sin ropa interior, según Martínez de la Pera. Esta túnica sedujo a mujeres tan vanguardistas como la bailarina Isadora Duncan, la coleccionista Peggy Guggenheim o la compositora Alma Mahler. El comisario pone en valor otro aspecto del cuadro: las primeras creaciones del Delphos, obra no solo de Fortuny, sino de su esposa, Henriette Negrin, datan de 1907, y la pintura es de 1909. «Por tanto, tuvo que encontrar un sitio en París donde comprarlo. Probablemente en los almacenes donde Poiret vendía sus colecciones. Y con esa compra, Sorolla nos demuestra su conocimiento de lo más puntero en moda».

Martínez de la Pera, que muestra su entusiasmo al descubrir que ya en la Exposición Universal de París de 1900 existía un pabellón dedicado a la moda, comisariado por la gran creadora Paquin, insiste en cómo se puede comprender la evolución de esta en unos años cruciales, entre finales del siglo XIX y mediados del XX, simplemente apreciando dos retratos de la reina Victoria Eugenia, a la que califica como *muy moderna.* El primero, de 1909, plasma a la soberana con capa de armiño y traje de Worth; el segundo, de la década de 1920, la muestra vestida por la diseñadora de alta costura Vionnet, una de las grandes liberadoras de la mujer con su idea de que los vestidos tenían que ser una segunda piel.

También explica cómo a principios de siglo las aristocracias española y francesa solían encontrarse en el norte de España y el sur de Francia, lo que generaba interesantes sinergias fronterizas. Las costas del mar Cantábrico en España y del Atlántico en Francia eran destinos populares para las mujeres que buscaban baños de mar, balnearios y el descanso yodado. Lugares como San Sebastián, Biarritz o Santander, donde la reina Victoria Eugenia exhibía sus elegantes *toiles,* eran puntos de moda de ida y vuelta. La sofisticada aristocracia española, por ejemplo, solía hacer compras en Biarritz durante las populares ventas especiales de Chanel, una especie de modernas *pop-up*, tal como las define Martínez de la Pera.

En 1915 Balenciaga abrió su primera casa de costura en la costa vasco-francesa en plena guerra mundial. A pesar de las dificultades de la contienda, aquel lugar se convirtió en un refugio, especialmente por su cercanía con España, país neutral del que llegaban pedidos de la realeza y la aristocracia. El mismo año en el que finalizaba la guerra, Balenciaga abrió su primera tienda, Eisa —en honor al apellido materno—, en San Sebastián. Vionnet, con quien tuvo mucha amistad, como se cuenta en el libro *Balenciaga: mi jefe,* de Mariu Emilas, se convirtió en una clienta habitual casi hasta su fallecimiento.

Irrupción del
prêt-à-porter

El historiador Miquel Martínez i Almero cuenta en 2018 en *El vestido del mes,* su sección para la publicación del Museo del Traje, que Ana de Pombo (tía del famoso escritor Álvaro Pombo) abrió su propia casa de costura en plena guerra mundial, en 1942, en París, en el n.º 23 de la *rue Quentin-Bauchart,* aunque también tenía una sede en Madrid en la calle Hermosilla n.º 12, que presuntamente utilizaba para pasar información a los nazis, lo que provocó que la diseñadora fuera encarcelada durante unos días en La Conciergerie.

En 1937, durante la guerra civil española, Jacques Fath presentó su primera colección en el país vecino, al igual que Cristóbal Balenciaga, quien se había refugiado en París, donde abrió tienda en el número 10 de la *avenue* Georges V. Ese mismo año, en agosto, este hijo de un pescador y una modista vascos realizó su primera pasarela en París. También salió al mercado en Francia la revista *Marie Claire*, con formato semanal. Mientras en España el negro y el blanco fotográfico se imponían en un mundo más bien gris provocado por el humo de las bombas, en Francia, el amarillo, el malva y el violeta imperaban en los trajes de noche. En 1938, Hermès celebraba su centenario con el lanzamiento de su mítico *carré*.

Pronto llegaría la oscuridad también a Francia, a Europa, al mundo, mientras España pasaba su posguerra. Aunque como hemos aprendido muchos años después, hay que abrazar los problemas porque de ellos suelen salir oportunidades. Y la oportunidad en la forma de vestir será el gran cambio que proporcione a las mujeres la necesidad: la imposibilidad de comprar ropa, más la falta de dinero, más la de sus hombres llevaron a las mujeres a vestir sus pantalones y a mostrar sus piernas desnudas a falta de medias e, incluso, a pintarse la famosa raya negra que solían mostrar los *panties* para simular que los llevaban, según cuentan Jacques Lanzmann y Pierre Ripert en el libro *Cent ans de prêt-à-porter.*

Después de la Segunda Guerra Mundial llegó el *new look,* de Christian Dior, quien creó su *maison* en 1946 e impuso una mayor feminidad en la silueta. La crisis se codeó con un ansia consumista y con un existencialismo que había nacido justo después de la primera gran contienda. Mientras la población francesa vivía mayoritariamente bajo el racionamiento, en EE. UU. el Plan Marshall permitía cierto desarrollo a todos los niveles de consumo y una evolución de la publicidad. Este Plan influyó en cierta medida en la industria de la moda francesa y europea; tanto, que una delegación de empresarios galos viajó por diferentes lugares de EE. UU., donde descubrieron los métodos del listo para llevar *(ready to wear).*

Aunque se comenzó a hablar del *prêt-à-porter* en la época posterior a la Segunda Guerra Mundial, el deseo de extender la moda y las tendencias al mayor número de personas posible se remonta a mucho antes, a finales del siglo XIX, coincidiendo con la Revolución industrial. Esto fue posible, además, gracias a la opulencia de grandes almacenes como Le Bon Marché (que ya admitía devoluciones y reembolsos desde 1852), Printemps (inaugurado en 1865) y las famosas Galeries Lafayette (abiertas en 1899) en París. No obstante, fueron los británicos quienes lideraron esta tendencia con la apertura de Harrod's (en 1843).

Pero hay que recordar que la fabricación de ropa actual proviene de la invención las máquinas textiles que utilizaban el agua como fuerza motriz. En 1771 un barbero y artesano de pelucas, Arkwright, abrió la primera fábrica textil en Cromford, Derbyshire, usando estos métodos. Esto permitió una mayor producción y una reducción en el coste por unidad, lo que hizo imposible la venta de productos no fabricados en masa. Para entender el origen del *prêt-à-porter* es necesario destacar la importancia de Worth, primer diseñador que, desde su tienda en la *rue de la Paix,* proponía —y a veces imponía— sus propios modelos a sus clientas. Antes de él, las mujeres acudían a los creadores para que les hicieran su ropa a medida.

Sin embargo, fue después de la Primera Guerra Mundial cuando se produjo un desarrollo fabril y comercial que equiparó el mundo textil con la revolución de Ford en la industria automotriz. Lanzmann y Ripert describen en su citado libro cómo «la confección entra en el tailorismo». De hecho, en 1922 la casa francesa Albert Weill Jeune adquirió maquinaria de producción moderna que permitía el ensamblaje y acabado de prendas de ropa de manera eficiente.

Es importante tener en cuenta que la invención de la máquina de coser en 1830 y la Revolución industrial son las raíces del *prêt-à-porter,* ya que posibilitaron la producción en masa de ropa. Con el tiempo, este modelo creció en popularidad y la alta costura comenzó a disminuir en importancia. El crac de 1929 en EE. UU. también contribuyó a la disminución de la alta costura, ya que las casas de moda perdieron su principal mercado de exportación. Fue entonces cuando EE. UU. estableció altísimos impuestos arancelarios a la importación, lo que obligó a los costureros franceses a enviar patrones de sus prendas para su reproducción a escala industrial. Además, en Francia hubo una gran crisis económica debido a la falta de capacidad de consumo y al aumento del desempleo, y la producción manual no pudo adaptarse a la producción industrial, en parte debido al alto coste de las máquinas importadas del extranjero. También cabe resaltar la relevancia de la incorporación de las mujeres al trabajo fuera del hogar, pues contribuyó a la demanda de ropa más cómoda y práctica.

El *prêt-à-porter* llegó para quedarse y se convirtió en una fuerza imparable en la moda. Tres elementos fueron necesarios para su éxito: la creación de las marcas, el reconocimiento de estas (a través, por ejemplo, de las etiquetas) y la publicidad. Históricamente, el mérito de este movimiento se ha atribuido a Pierre Cardin (1922-2020); el creador, que por cierto no era francés sino italiano, fue el primero que industrializó el patronaje, con el que creaba diferentes tallas sobre las que trabajar las prendas, y tuvo el honor de ver cómo se vendían sus colecciones en los grandes almacenes parisinos Printemps. Enseguida le siguieron otros nombres como Yves Saint Laurent, quien por cierto ganó un premio *ex aequo* con Karl Lagerfeld otorgado por International Wool Secretariat (secretariado internacional de la lana) en 1954. Los franceses difundían las novedades con un sistema de arriba abajo; tal y como lo cuenta Ana Velasco Molpeceres en su libro ya citado: «De los diseñadores de alta costura a las élites a través de sus casas de moda y, de ahí, con copias más baratas e inspiraciones sacadas de la prensa y de los grandes almacenes, a las clases más populares».

Este sistema no tardó en extenderse a España. Además, en los años cincuenta se puede decir que a la fabricación pura y dura de ropa le siguió un fenómeno de mayor trascendencia como es dotar de valor al diseño. Según se fue añadiendo este y, por tanto, mejorando el *prêt-à-porter*, esa propia democratización hizo temblar a muchos grandes costureros, quienes temían ser copiados y perder la unicidad de sus prendas. La sociedad estaba lista para el cambio y todo el mundo se apuntó. Hasta el punto de que ya en 1951 en la revista *Jardin des Modes*, por supuesto francesa, la periodista Maïmé Arnodin escribía sobre *prêt-à-porter*, sin que perdieran protagonismo las páginas de alta costura o las de patrones.

España tuvo su propia alta costura y modistos excepcionales que pocas veces se han valorado. De hecho, en 2018 el centro de estudios ISEM Fashion Business School de la Universidad de Navarra organizó la muestra «La Cooperativa de la Alta Costura Española», que resultó ser un «descubrimiento» para muchos. Esta cooperativa fundada en 1940 por el modisto Pedro Rodríguez (1895-1990), entre otros, siguiendo el modelo de la Chambre Syndicale francesa, organizaba desfiles cada seis meses, llegaba a acuerdos con proveedores y tuvo tanto éxito, que en ocasiones trajo a España para desfilar a colegas internacionales, como Saint Laurent.

Los cinco grandes de la alta costura española eran el mismo Rodríguez, Asunción Bastida, Manuel Pertegaz y las firmas Dique flotante y Santa Eulalia. Balenciaga no estuvo presente desde el principio, pero se unió más tarde y llegó a ser el presidente, según contó Lydia García, comisaria de aquella exposición junto a Amalia Descalzo y propietaria de la colección López-Trabado, lo que no se sabe es las funciones que desempeñó y si solo prestó su nombre para ayudar a la cooperativa.

La crisis de la década de 1970 se llevó por delante la cooperativa. Es una lástima que a nivel oficial no se entendiera la importancia de este sector para la marca España como ya vieron los franceses en el siglo XIX. Si se hubiese valorado adecuadamente, no solo habría sobrevivido nuestra alta costura, sino que habría sido el germen de una gran industria de moda. En Francia la alta costura ayudó precisamente a impulsar el desarrollo del *prêt-à-porter,* los accesorios y la cosmética, un modelo que podría haberse replicado aquí.

Además de estos cinco icónicos creadores, me gusta citar a dos más, a los que creo que no se les ha hecho justicia y que también fueron míticos: Carmen Mir, quien abrió una tienda en Madrid en 1969 después de haber conocido a figuras como Dior y Valentino y a la que me gustó ver glosada en el libro de Luis Sala *Vestir es soñar,* y Elio Berhanyer, cuyo legado no fue continuado después de haber escrito algunos de los capítulos más hermosos de la moda española.

Pedro Mansilla, sociólogo, periodista y crítico de moda, siempre defiende esta época porque cree que no ha recibido tanta atención al desarrollarse durante el franquismo. Piensa que debería realizarse una revisión crítica «porque con independencia de las conexiones políticas, había muchas mujeres que vestían muy bien y muchas manos trabajando. Éramos copia de París, pero como también se podía considerar Italia. En esos años existía una burguesía con muchos franquistas, pero también otra que quería pactar una transición sin tiros. Aterrizaban en Madrid aviones de norteamericanas para comprar trajes de Pedro Rodríguez porque estaban bordados y costaban un cero menos que en París. Hacíamos alta costura. Venían las revistas internacionales a realizar reportajes con moda española. Éramos uno de los cinco países que tenía posibilidades en el sector, pero había que desplazar a otros y eso no es tan sencillo».

Justo en la década de 1950 empezaban a convivir con toda normalidad la ropa que se compraba ya hecha y la encargada a la modista. A quienes empezamos a seguir las tendencias de moda en la década de 1980 nos resultaba extraño que no hubiera sido así hasta el momento, así que aprendimos a lidiar con la falta de espacio en nuestros armarios. Éramos los herederos de las revoluciones de la década de 1960, la guerra de Vietnam, el hippismo, la minifalda y Quant (1930-2023), quien falleció mientras se terminaba de editar este libro. Nosotras, las mujeres, habíamos cambiado. No considerábamos que ir a la universidad o usar pantalones fuera una reivindicación, pues nuestras madres ya habían luchado por estos derechos.

(1) Mary Quant con un minivestido de diseño propio, abrigo de piel
de oveja y botas go-go, 1966. Fotografía de Jack de Nijs para Anefo.

(2) Vestido mini Diabolo llevado con zapatos y medias transparentes
pop. Imagen de un desfile de Mary Quant en Utrecht en 1969.
Fotografía: Jack de Nijs para Anefo

Los felices ochenta y los ricos noventa

En la década de 1980 en España la moda «se puso de moda». Recuerdo que mi madre me compró un traje blanco de Juanjo Rocafort (1943-2020), una especie de túnica griega con un cinturón trenzado de colores, para la boda de una de mis primas mayores. Creo que fue mi primer contacto con un diseñador. Lo compramos en la *boutique* que el creador tenía en un pasadizo del entonces cine Carlos III, ubicado al principio de la calle Goya, en Madrid. Ya digo, un hábito. Pero *fashion*. Desde entonces me interesé por la moda y comencé a descubrir a otros diseñadores españoles, como Francis Montesinos, Manuel Piña, Paco Casado o Nacho Ruiz. Todo ello por mor de los fastos del diseño español en los años ochenta, *corners* incluidos en las entonces Galerías Preciados. ¿Y todo gracias a quién? A la mujer que me pasaría el testigo al frente de la pasarela madrileña en el siguiente siglo: Leonor Pérez Pita (1940-2019), conocida como Cuca Solana. En 1983, Cuca, tras ser profesora de inglés en el colegio Estudio, sustituyó a María Vidaurreta, primera esposa del expolítico y politólogo español Jorge Verstrynge, al frente del área de nuevos creadores en los almacenes Galerías Preciados, que habían llegado a España en 1943 y fueron absorbidos en 1995 por su eterno competidor, El Corte Inglés, nacido en 1940.

En la década de 1990 comenzaron a llegar a España en cascada marcas internacionales como Hermès, Louis Vuitton, Prada, Tod's y Bvlgari, pero

¿existía alguna marca patria de lujo? Podíamos presumir de LOEWE, fundada en 1846 y proveedora de la Corona Real Española desde 1905, y de la joyería Suárez, originaria de Bilbao y abierta en Madrid en 1982. Pero al menos una parte del país estaba ávida de tiendas internacionales de lujo, con todo lo que ello significaba. Y detrás de esta eclosión había una razón poderosísima: en 1986 se había producido nuestra entrada efectiva en la Comunidad Económica Europea (CEE).

No es que antes de esa fecha no se entendiera el lujo en España o no hubiera mujeres que lo lucieran, pero era otro nivel. Antes de la implosión de las grandes marcas y medios, existía alguna *boutique* multimarca en España donde adquirir esa ropa, como Ascot en La Moraleja, en Madrid, cuya primera dueña, María Teresa de Vega, no solo vendía Chanel, Dior o Lacroix, sino que organizaba desfiles que eran todo un acontecimiento social. O Tres Zetas, llamada así por el apellido de sus fundadoras, las hermanas Zunzunegui —Begoña, Amalia y Carmen— auténticas embajadoras de la moda internacional en España, ya que con ellas llegó Erreuno, diseñado por Giorgio Armani, o Cacharel; su primera gran apuesta fue Kenzo y más tarde Armani. Y la pionera, Dafnis, abierta en 1965 por la visionaria María Rosa Salvador, quien traía la ropa que veía en los desfiles de Milán y París. La *petite espagnole,* como la conocían en Francia, fue de talla pequeña pero gigante en su trabajo. En 1981 creó el premio La Aguja de Oro, en cuyo jurado se encontraban directoras de medios y *socialités* como Isabel Preysler y Carmen Martínez-Bordiú. Este premio galardonaba a diseñadores internacionales, como al gran creador dominicano Oscar de la Renta (1932-2014), quienes venían a recoger su aguja. En 1995, cuando yo trabajaba como directora adjunta en *Vogue,* tuve la suerte de asistir a la entrega al creador japonés Issey Miyake y a la comida que se organizó en su honor. Silvia Saenger Alexandrowitch, veterana del periodismo de moda, dice en su libro *Antes de que os olvidéis* que «devolvió a la costura la construcción plana y el espacio de respeto entre tejido y cuerpo». Fue brutal escucharle hablar sobre el universo y la influencia de la luna y los planetas en lugar de centrarse solo en la moda. Si hubiera sabido que algún día escribiría este libro, habría tomado notas.

También recibieron su aguja diseñadores españoles como Jesús del Pozo (1946-2011) o Elena Benarroch, cuyos maravillosos abrigos de piel la hicieron destacar en el mundo de la moda y abrirse camino en el mercado internacional con su propia *concept store.*

En Barcelona es imprescindible mencionar a Santa Eulalia, que ya he nombrado como parte de la Cooperativa de la Alta Costura. Este oasis de lujo que hoy dirigen Luis Sans y su esposa Sandra Domínguez en cuarta generación existe desde 1843, primero como tienda y desde 1901 como una especie de gran almacén. Actualmente se trata de uno de los privilegiados lugares de España donde se pueden encontrar auténticas piezas de lujo. Solo por dar un dato, ya en 1926 emuló a París realizando un desfile en la primera planta del establecimiento gracias, entre otros, al que fue director creativo de la casa hasta 1970, Pedro Formosa, quien siempre ha sido calificado como un genio.

En 1980 nació Cabasse en Madrid, un concepto más vanguardista que se dedicó a la venta de ropa de diseñadores españoles y descubrió a estrellas mundiales como Jean Paul Gaultier (1952) o el tunecino Azzedine Alaïa (1935-2017). Uno de sus fundadores, Fernando Rius, me contó que recordaba una colección de chaquetas del creador tunecino eran tan rígidas que se mantenían de pie en el mostrador y en esa época costaban 225 000 pesetas (1350 euros aproximadamente). También, y muy emocionado, me contó que había descubierto la existencia de Alaïa en la portada de la edición británica de *Vogue*. Por algo es uno de los españoles que más sabe de moda; fue jefe de compras en LOEWE, director de moda de *Vogue* y más tarde fundador de la empresa Área con sede en Madrid, Portugal y México, desde la que gestionan la comunicación de marcas de estilo de vida.

Mención aparte merece Berlín, el epicentro de la moda de la movida madrileña desde 1978 gracias a la asturiana Carmen Echevarría, quien se casó con el diseñador bonaerense Roberto Torretta (1950). Antes de su paso por Ibiza y Barcelona, Torretta ya había participado en la apertura de aquel templo de tendencias que destacaba por el cartel del escaparate creado por el gran artista Javier Mariscal. Cuando cerró en 2020, el coleccionista Adolfo Autric compró el cartel (en realidad eran tres unidos y pintados en la propia tienda). Tanto Echevarría como Torretta eran muy populares y juntos formaban una pareja que destacaba por su ojo para lo más moderno, y siempre con clase; de hecho, las fotos de su boda las realizó el célebre fotógrafo Javier Vallhonrat, quien también fotografiaba los catálogos de Snif, la marca de ropa de Torretta. En la calle Almirante, donde estaba Berlín, también había otros lugares de moda, como el *atelier* y la tienda de Jesús del Pozo y Ararat, un templo de moda más cañero. Todo muy almodovariano.

En la década de 1980, la moda minimalista se transformó en un estilo más recargado gracias a diseñadores internacionales galácticos como Claude

Montana (1947) —de padre español— y Manfred Thierry Mugler (1945-2022), quienes buscaban empoderar, al menos, formalmente a las mujeres mediante sus formas, hombreras y proporciones. La *maison* Montana quebró tres años antes del cambio de siglo y Mugler dejó el diseño al llegar el siglo XXI, aunque su nombre siguió vinculado a las tendencias, desde su creación del vestuario del Circo del Sol hasta algunas piezas para Rihanna, además de sus perfumes, que pertenecen desde 2019 a la multinacional L'Oréal.

En esta década refulgieron los colores brillantes que caracterizaron la moda de la última década del siglo y triunfó no solo el *sportswear*, sino la estética aeróbica, con mujeres que no se sabía si iban o volvían del gimnasio, luciendo *leggins* y —horror— calentadores. Olivia Newton John y Madonna fueron una gran influencia dentro de esta moda que convivía con la minifalda y el pelo cardado. Esta última catapultó a la fama a un diseñador que las revistas francesas calificaron como el nuevo chico malo, *l'enfant terrible* Jean Paul Gaultier (1952). ¿Alguien se acuerda de aquel *body* con los pechos en punta? Lo lució la cantante en su gira Blond Ambition de 1990, pero en una versión menos musical ya había salido a la pasarela en 1985, aunque Gaultier además puso en tendencia la camiseta marinera o la falda en el hombre (a finales de los años ochenta, Francis Montesinos en España también la hizo ¡y la vistió Miguel Bosé para cantar!).

La década tuvo una cara B mucho más estricta, la de los llamados belgas, con diseñadores como Dries van Noten, Ann Demeulemeester, Dirk van Saene, Walter van Beirendonck y Dirk Bikkembergs, todos graduados entre 1980 y 1981, en el Departamento de Moda de la Real Academia de Bellas Artes de Amberes. Su visión era muy diferente, a pesar de ser grupal; como Van Noten que era más exótico o Van Beirendonck, más teatral. Pero todos coincidían, entre otras, cosas en el deseo de salir de sus feudos y en la vocación comercial. De hecho, en 1988 el grupo alquiló un camión y se marchó con la música o, mejor dicho, con sus colecciones a otra parte, concretamente hacia uno de los lugares nodales de la moda a mediados de los años ochenta, Londres y su Fashion Week.

La década tuvo otra cara J, de japoneses, liderada por Miyake, Rei Kawakubo y Yohji Yamamoto. En un mundo de poshippismo e incipiente punkismo, con excentricidades como las humorísticas de Moschino o las callejeras de Vivienne Westwood, estos diseñadores imponían una estética simple y monacal, de mujeres saco frente a las envasadas al vacío que podían encontrarse en cualquier discoteca, con modelos de dimensiones mínimas, frente a la opulencia que empezaba a vislumbrarse y que se sublimaría en la década de 1990 y, desde luego, sin tacones. Miyake fue el primero en desfilar en París en 1979, pero le siguieron Kawakubo, directora creativa de Comme des Garçons, y Yamamoto. La estética *japo* era lo más y fue muy influyente durante mucho tiempo.

Hablar de la octava década del siglo XX en España equivale a hacerlo de una verdadera eclosión de la moda. Durante aquellos años la pregunta recurrente era «¿estudias o diseñas?». La vanguardia de la movida no conectaba con el lujo y, por tanto, lo rechazaba por completo debido a su desconocimiento. Por eso, fue muy importante el ejercicio de LOEWE de llegar a un público más amplio y variado que no entraba en sus tiendas e identificada la marca solo con perfumes. Para lograrlo implementó estrategias para que no solo escribieran sobre ella los periodistas de revistas especializadas e importantes de la época, sino también los columnistas de diarios, como Manuel Vicent en *El País* o Raúl del Pozo en *El Mundo*. Además, invitó a los periodistas más reconocidos de todos los medios para que conocieran la fabricación y entendieran los procesos y el trabajo que había detrás de la firma, de manera que también pudieran entender los precios elevados. Según Carmen Valiño, directora de comunicación de LOEWE en aquellos años, «esta era una fórmula eficaz de hacer sentir el mundo LOEWE a la prensa, conectándola a la marca a través de un mundo de sensibilidad y cultura». También comenzó a mezclar en las primeras filas de sus desfiles a personajes tan dispares como Pedro Almodóvar e Isabel Preysler. De esa manera se aseguraba la entrada de varios mundos en un mismo universo, y la presencia de la *socialité* era un seguro de publicación (¿era?).

La periodista, quien en la actualidad dirige su propia empresa de comunicación y trabaja con la marca de lujo TOT-HOM, afirma que LOEWE realizó un papel de mecenazgo con la moda española. La firma organizaba desfiles a los que invitaba, con todos los gastos pagados, a importantes periodistas internacionales que también acudían a otros desfiles en la pasarela Cibeles. La empresa se fundó en 1892 y, tras pasar por diversos avatares, el grupo Rumasa la adquirió en 1980. Después de la expropiación de este grupo, en 1984 Urvois y Gianluca Spinola la adquirieron, junto con un 57 % de accionistas españoles, incluyendo a Enrique Loewe Lynch, nieto del fundador.

En este frenesí del diseño en España destacaron varios creadores. Aunque muchos no consiguieron mantenerse, se recuerdan como grandes figuras de la moda: Montesinos, Antonio Alvarado, el fallecido Piña o Sybilla, quien llegó a enamorar en la pasarela milanesa en un desfile organizado por Spain Fashion Moda Española en 1986.

Montesinos (1950) sigue diseñando en su Valencia natal y todavía realiza algunas colecciones excepcionalmente. Muy lejos queda, aunque sigue siendo mítico, aquel desfile que organizó en 1986 en la plaza de toros de Las Ventas, en Madrid, para más de mil personas y con un coste estratosférico en ese momento, 16 millones de pesetas (88 060 euros, aproximadamente). En una mudanza encontré mi invitación como redactora de *Dunia*. Aún noto un nudo en la garganta cuando recuerdo que se la regalé a Cuca Solana en una comida que le ofrecimos desde la dirección de IFEMA (cuando yo dirigía la pasarela madrileña) en el club Matador en Madrid el mismo día que recibió el Premio Nacional de la Industria de la Moda. Era el 19 de diciembre de 2018. Sabíamos que la perdíamos, pero no que sería tan pronto, el 13 de marzo de 2019. El caso es que Montesinos sigue con su negocio, basado en licencias, a través de su empresa Arte Povera Valencia, desde la que lo mismo hace calzado que trajes de primera comunión.

También hablaba de Sybilla, de nombre Sybilla Mielżyńska (1963), y me gusta decir que ha sido una de las más grandes diseñadoras de la era contemporánea. Empezó su carrera en el *atelier* de Saint Laurent y en 1983 realizó su primer desfile, de manera muy privada, en casa de otros intelectuales, como Jacobo Siruela y María Eugenia Fernández de Castro. A lo largo de su carrera ha abierto y cerrado su negocio en repetidas ocasiones con diferentes grupos inversores hasta cerrar ¿definitivamente? en 2019. Las interrogaciones no son casuales, ya que si bien la marca nunca ha dejado de estar activa en Japón, donde tiene una cuarentena de puntos de venta de la mano del grupo Itokin, a principios de 2023 se supo que tanto la marca como los archivos habían sido adquiridos por la sociedad chilena Tauro Alonso.

Guardo momentos muy enternecedores con ella. No me olvido de la inauguración de su tienda en Madrid en 2018 una vez cerrado el concurso de acreedores de la sociedad Programas Exteriores, propietaria de las marcas Sybilla y Jocomomola, ambas diseñadas por ella, y tres años después de recibir el Premio Nacional de la Moda.

Parecía que siempre vivía en un cuento de hadas. Era todo ilusión e ilusiones. En 2022, con motivo de la inauguración de la exposición retrospectiva

«El hilo invisible», organizada por la Comunidad Autónoma de Madrid y comisariada por Laura Cerrato, volví a reunirme con ella. Fue una suerte que el Club Matador decidiera nombrarla socia de honor y me pidiera una charla con ella. Frente al pronóstico generalizado de que me costaría la vida arrancarle frases, mantuvimos una conversación de una hora rica y enriquecedora en la que acabó abriéndose con generosidad inusitada. Siendo un acto privado, no puedo contar lo que allí se dijo, pero sí mis percepciones, entre otras que estuvo mal asesorada, que probablemente algunos se aprovecharon de su talento y que confió mucho en el entorno que la rodeaba porque estaba en su carácter. Aun así, Sybilla seguía teniendo sueños: acababa de conocerse que iba a crear un taller de medida y los japoneses apostaban por ella. Todavía recuerdo sus desfiles con modelos diversas *avant la lettre,* como era toda ella, incluso en su entusiasmo por la sostenibilidad cuando a pocos les interesaba.

Me he dejado llevar por la pasión y me he trasladado del pasado casi al presente, pero continúo recordando aquella maravillosa década de 1990: entre los diseñadores más destacados de épocas posteriores se encuentran Victorio & Lucchino, Amaya Arzuaga (1970), Lydia Delgado (década de 1950; ha sido imposible encontrar su fecha de nacimiento) y Hannibal Laguna (1967). La pareja sevillana formada por José Víctor Rodríguez Caro (1950) y José Luis Medina (1954) logró crear un pequeño imperio gracias a sus colecciones muy identificativas y a su asociación con el grupo Puig, que le permitió crear grandes y exitosos perfumes, como Carmen o Abril. Sin embargo, en algún momento se comercializaron accesorios bajo su nombre en hipermercados, lo que no benefició su imagen. Las licencias han sido la principal fuente de ingresos y publicidad de la marca. Victorio & Lucchino ha sabido rentabilizar su historia en la moda española a través de la creación de su fundación y lo que ellos denominan su *museo,* ubicado en el monasterio de Santa Clara de Palma del Río. Desde junio de 2022 el museo exhibe más de cuatro mil piezas, valoradas en 40 millones de euros.

Arzuaga, tras una espectacular carrera internacional, con desfiles en Londres y París, decidió regresar a su Burgos natal, y colaborar en el negocio de hostelería y vinos de la familia. Lydia sigue trabajando y vendiendo sus colecciones, y abrió una tienda en Barcelona desde la que apoya y recibe apoyo de su hija Miranda Makaroff.

Hannibal Laguna es el único que desfila habitualmente en MBFWMadrid y vende varias licencias aparte de sus colecciones desde su tienda *showroom* madrileña. Más que activo, en 2023 ha celebrado los 35 años de creación de su marca, incluso con una exposición y una publicación titulada *El secreto del glamour*, con 35 piezas recuperadas de sus colecciones.

Toni Miró (1947-2022) tuvo su propia marca desde 1986, pero en mayo de 2021 se declaró en concurso de acreedores.

Otras firmas siguen muy presentes. Como Custo Barcelona, fundada a principios de la década de 1980 por los hermanos Custodio y David Dalmau, que rápidamente se convirtió en un *boom,* especialmente en EE. UU., donde sus camisetas y su estilo hicieron furor. Tanto, que en 1997 la New York Fashion Week les invitó a desfilar y desde entonces no se han bajado de esa pasarela.

O como Roberto Verino, con marca establecida en 1982, que ha logrado una empresa de gran tamaño y éxito, aunque en la segunda década del siglo XXI ha notado un retroceso en penetración, pues como opinan algunos expertos no conecta con un público joven. Desde su sede central de San Cibrao das Viñas, en Ourense, ha ido profesionalizando la compañía, con la contratación de una directora general, Dora Casal, quien venía de Adolfo Domínguez. Desgraciadamente, en el verano de 2022, poco después de designar a su hija Cristina Mariño como sucesora, esta falleció víctima de una leucemia fulminante. Recuerdo que cuando se anunció el relevo le envié un wasap y me contestó que jamás dejaría ese maravilloso oficio. Espero que no se enoje si desvelo el contenido de aquel mensaje que miro de vez en cuando para renovar mis votos de optimista irredenta. A sus 76 años me decía: «Estoy comprometido a seguir trabajando hasta los 98; luego me cogeré un año sabático para valorar qué haré después. La moda me dejará a mí cuando me toque ir con los pies por delante». Nacido Manuel Roberto Mariño nacido, en 1945, en Verín, Ourense es, además, un magnífico representante de las empresas gallegas que desde finales de los ochenta marcaron lo que se ha conocido como «edad de oro de la moda gallega». Hay que contar entre ellos a Antonio Pernas, Gene Cabaleiro, Florentino y, por supuesto, a Adolfo Domínguez, que ha sido y es pieza fundamental. El grupo fue tan fuerte que realizó desfiles en Madrid y en París y editó su propia revista, *Galicia moda*.

Si he destacado a Verino, es justo hacerlo también con Adolfo Domínguez (1950), hoy retirado. Con su hija primogénita Adriana como presidenta de la firma (Tziana, la segunda, dejó su actividad en 2022, tras unos años como directora creativa) y Valeria, la tercera, en el consejo de administración, la marca sigue siendo un referente internacional en la moda. Adolfo Domínguez fue la vanguardia de casi todo. En realizar desfiles de moda en París. En lanzar el primer perfume de diseñador español en 1990. En salir a bolsa en 1997. En adoptar prácticas sostenibles, a través de sus materiales y su filosofía de vida y marca; de hecho, en 2009 en *Yo Dona* publicamos una portada con su hija Tiziana defendiendo la sostenibilidad. Además, fue uno de los diseñadores españoles que se sumó a la corriente del minimalismo que había iniciado Armani en el ámbito internacional a principios de la década de 1990. Junto con otros diseñadores, como Verino, Ángel Schlesser —su marca está controlada desde 2016 por el exdirectivo de El Corte Inglés, Óscar Areces—, Torretta y Pernas —otro genio con muy mala fortuna empresarial—, el minimalismo se convirtió en una tendencia básica en la moda.

Si hay una figura destacada que no puedo pasar por alto es Ágatha Ruiz de la Prada, una *baby boomer* nacida en 1960 que ya era famosa en la década de 1980, al menos dentro del gremio, y que en la de 1990 recibía a lo más moderno en sus famosos «jueves de Ágatha» en su estudio de Marqués de Riscal. Su estilo propio, reconocible a kilómetros e inamovible en lo básico en cuatro décadas, es digno de reconocimiento, pero también lo es su habilidad en el negocio. A pesar de la crisis de 2007 y de sus propias dificultades personales, ha mantenido una presencia exitosa en el mercado, siendo la reina de las licencias, creatividad aparte. Aunque ha cerrado todas sus tiendas, sus productos se venden en puntos de venta seleccionados, como El Corte Inglés y en línea.

El sociólogo Mansilla afirma que, además de revisar la época tardofranquista, es necesario examinar históricamente lo sucedido entre la crisis del petróleo de la década de 1990 y la financiera de 2008. Reivindica aquellos momentos de buen trabajo del Ministerio de Industria de apoyo al diseño español, pero también a creadores que supieron hacerse fuertes, como Verino, Adolfo Domínguez o Purificación García. Sin embargo, se lamenta de que justamente «Italia protegiera lo primero de lo que España se desprendió: el tejido productivo». Además, señala la confusión entre moda y política, cómo, tras los años de los primeros Gobiernos del PSOE, cuando se crearon las pasarelas, había cierto hartazgo y el PP no supo entender el carácter de marca país de la moda.

Desfile primavera-verano de Ágatha Ruiz de la Prada
en la pasarela MBFWMADRID, 2017.

Desfile de Adolfo Domínguez en Ourense en 2019 con personas de todas las tallas, edades y cuerpos, para mostrar la diversidad de la belleza humana.

Fotografía: Instagram @adolfodominguezofficial

La moda y los
medios de comunicación

Venga, un poco de curiosidad histórica allende los siglos, con un par de datos, o un par de pares, aunque este no sea un libro de historia. Antes de que el mundo fuera *Vogue,* existió un principio, y en él fueron las láminas de moda, hechas medio de comunicación por los británicos, quienes crearon *The Lady's Magazine* en 1770. Antes de que se «popularizaran» estas ilustraciones, en el siglo XVII se vestía a dos muñecas, una con traje de fiesta y otra con ropa de día, y se enviaban de Londres a París a razón de dos al mes. Las llamaban *Pandora* y viajaron hasta el siglo XIX. Esta forma de dar a conocer las tendencias fue sustituida por los maniquíes de talla real de Worth.

La primera publicación de moda propiamente dicha se editó en Francia con un título algo pomposo, *Mercure Galant* (1672), obra de Jean Donneau de Visé. De actualidad y entretenimiento, seis años después de su nacimiento se editó un suplemento trimestral en el que se hablaba de temporadas, y en 1714 contaba con suplementos extraordinarios. En España hubo que esperar a 1821 para que apareciera la primera revista de estilo, *El periódico de las damas,* como cuentan María Prego de Lis y Ana Cabrera Lafuente en ¡*Extra, moda! El nacimiento de la prensa de moda en España*. Esto sucedió en pleno trienio liberal, oasis en el absolutismo de Fernando VII. Conclusión: duró poco. Apareció algo más tarde *El Correo de las Damas* (1833), especializado en tendencias, del que curiosamente

Mariano José Larra, autor prolífico y articulista magnífico, fue redactor jefe. Cuando lo leí no pude evitar un paralelismo con mi propia historia —perdón por el salto histórico; se lo merece— porque algo más de un siglo después José Hierro, el poeta, madrileño de nacimiento, pero cántabro adoptado de la generación de la posguerra, fue corrector de estilo en *Dunia,* cabecera de estilo de vida. Lo cito porque tuve la inmensa suerte de coincidir con él en la década de 1980, cuando yo estaba estudiando todavía la carrera de Periodismo, y siempre he presumido de haber aprendido la corrección de estilo férrea de Hierro.

Pero volvamos al siglo XIX. Los diarios comenzaron a incluir algunas informaciones para las mujeres ilustradas. Por ejemplo, mediada la centuria, en Sevilla *El Porvenir* ofrecía *Revista de Modas.* Sin embargo, lo realmente trascendente sucedía en EE. UU. con *Harper's Bazaar* y *Vogue: Harper's Bazaar,* que dio un vuelco a todo lo que existía anteriormente, nació en 1867 de la mano de Mary Louise Booth, primero como publicación semanal y desde 1901 mensual; Hearst la adquiriría en 1912. Por su parte, *Vogue,* fundada en 1892 por Arthur Balwin, fue adquirida por Condé Nast en 1909 y pasó también de revista semanal a mensual, pero en este caso con un paréntesis quincenal entre los dos formatos. Felicidades. Del siglo XIX al XXI. Vivas. Con su tiempo. Evolucionadas. Revolucionadas. Hoy se encuentran en todas las plataformas y cuentan con 26 ediciones en todo el mundo.

Y no hay que olvidar la que yo diría que es la segunda gran edición de *Vogue, Vogue Paris* —no Italia o Francia—, que en 2020 celebró cien años de vida. Esta publicación, muy ligada a las vanguardias artísticas desde el comienzo, fue en un principio una mera traducción de la estadounidense, pero en 1929 tomó cierta independencia de contenidos que la fueron haciendo cada vez más diferente. Es poco conocido en la historia de las publicaciones que antes que *Vogue Paris* hubo otra edición bizarra y efímera, *Vogue Havana,* publicada entre 1918 y 1923. Si la versión estadounidense es y ha sido siempre la más comercial y la francesa la más transgresora, la menos comercial es la italiana.

La otra gran publicación internacional, *ELLE,* tardó mucho más en nacer: llegó a los quioscos franceses recién acabada la Segunda Guerra Mundial, el 21 de noviembre de 1945, en edición semanal, como sigue siendo, de la mano de Pierre Lazareff y su esposa Hélène Gordon, si bien siempre que se habla de la revista se cuenta que su fundadora fue *Hélène Lazareff* —para una vez que se atribuye una creación a una mujer, vale la pena destacarlo—. Título perteneciente al grupo francés Lagardère, se publica en más de cuarenta países y está comercializada en la mayoría por Hearst. Suele olvidarse, pero yo no lo haré, que hay una publicación semanal italiana también temprana anterior a *ELLE*, *GRAZIA*, creada en 1938 y presente en su país de origen pero también en China, Australia y EE. UU., con una edición para México y Latinoamérica y una web en España (la edición impresa en nuestro país nació en febrero de 2013 y duró poco más de un año y medio).

A tenor de lo expuesto hasta ahora, podría pensarse que poco ha hecho nuestro país por la moda. Sin embargo, en el siglo XVI el Imperio español no solo era el más poderoso del mundo en extensión e influencia, sino que se hablaba de *vestir a la española* como un *must*. Los tejidos patrios fueron reputados ya desde la Edad Media, como la lana merina negra española entre los siglos XV y XVII. Raza autóctona hispana, probablemente descendiente de las traídas por los árabes, tan de lujo, llegó a conocerse como *oro textil* y fue muy preciada hasta que en el siglo XVIII se prohibió su exportación. Dejó de tener interés en el siglo XX cuando se impuso el uso del color, dado que no podía teñirse. La merino suele acompañarse hoy de los adjetivos *australiana* o *neozelandesa* obviando su procedencia. En el Renacimiento, como escribe Velasco Molpeceres en su libro, nuestras prendas tradicionales «se reconvirtieron en modas que cambiaron el aspecto de hombres y mujeres, con elementos como el verdugo, los chapones y el jubón». España podía haber sido una gran potencia de la moda por la influencia de nuestra corte en las extranjeras, por cultura, por artesanía y desde luego mucho después por haber tenido un Balenciaga, de quien Hubert de Givenchy dijo que era su religión y del que aún siguen bebiendo los creadores internacionales. Descubro leyendo el libro ya citado *Historia de la moda en España* que muchas de las portadas de *Vogue* y *Vanity Fair* en EE. UU. entre 1921 y 1940 las dibujó un español, el vallisoletano Eduardo García Benito (1891-1981). Teníamos muchos mimbres.

Como empecé a esbozar, en la década de 1980 comenzó a bullir nuestra sociedad. Se establecieron aquí las revistas especializadas más internacionales. Existían *Telva,* desde 1963, y *Dunia,* desde 1978, esta última se decía que nacida para la mujer inteligente y progresista, competencia de la otra, más conservadora, pero algo menos que otra publicación de la época, *Ama,* dirigida al ama de casa más convencional. En la década de 1980 la mayoría de las marcas de lujo no contaban con tiendas propias en España y por tanto no existían gabinetes de comunicación que trabajaran con ellas. Algunas, cuando empezaron a tenerlo, lo ponían en manos de mujeres pertenecientes a la alta sociedad cuyo universo era más esa clientela que el de los propios medios, si bien dos, Melinda d'Eliassy (1942-2004; Ruspoli, por su matrimonio con Luis Ruspoli, conde de Boadilla del Monte) desde la dirección de comunicación de Chanel y Beatrice Pasquier de Franclieu (1941; d'Orléans, por su matrimonio con Michel d'Orléans) en la de Dior, supieron labrar estrechas relaciones, sobre todo con las revistas. No tenían la especialización requerida actualmente para estos trabajos, las herramientas ni los argumentos imprescindibles para profesionalizar el contacto entre marcas y medios haciéndolo trascender más allá de lo que podríamos calificar de *relación de buenos amigos,* pero tampoco los medios eran lo que son hoy ni lo que fueron antes de la digitalización.

En 1986, 1987 y 1988, las grandes revistas internacionales aterrizaron en nuestros quioscos. La primera fue *Elle,* en otoño de 1986, de la mano del grupo francés Hachette (hoy pertenece a Hearst); meses después, *Marie Claire,* con el Grupo 16 (actualmente en manos de Zinet Media Global), y en la primavera de 1988, *Vogue,* de Condé Nast, que había intentado introducirse entre 1980 y 1981 en España, pero realizada desde Francia, sin buen resultado. Si dichas publicaciones pudieron llegar en esas fechas al país fue gracias a la aparición del Reglamento de 1986, que regulaba las inversiones extranjeras en editoriales. Coincidieron con la apertura de las grandes *boutiques* internacionales. Pero aunque marcas y revistas hicieron un amago de convertir nuestro paisaje en similar al de las grandes capitales continentales, su infraestructura no se correspondía con la europea en los medios y en su relación con las marcas de alta gama. De hecho, estas enviaban las prendas requeridas para los reportajes de las revistas desde sus oficinas internacionales de prensa. Por ejemplo, *Telva* aprovechaba sus viajes a los desfiles en París o Milán para fotografiar algunos de sus reportajes, más sencillo y barato, puesto que ya tenían la ropa ahí. Unos años después y durante mucho tiempo, la directora de moda de *Elle* vivió en París, donde se hacían bastantes de los reportajes y la relación con modelos, agencias y fotógrafos era más cercana. Así era cuando yo llegué a la dirección, y se mantuvo, aunque en principio yo lo sentí como una esnobada.

Y a todo esto, ¿cómo había caído yo en aquel mundo? Yo, que me había soñado reportera de guerra o entrevistadora famosa al estilo de Oriana Fallaci, me encontré trabajando dos años antes de acabar la carrera de Periodismo en *Dunia,* revista que pertenecía al grupo alemán G+J y que fue semilla de lo que serían las revistas femeninas en nuestro país. He nombrado a *Telva,* que no tenía el carácter internacional que dimos a *Dunia* un equipo muy joven capitaneado por una redactora jefe también muy joven, de ascendencia francoitaliana , con muchas ganas de comerse el mundo, como nosotras, y que acabaría siendo directora de la publicación, María Eugenia Alberti (1945). Nosotras contábamos con un almacén de moda, siempre lleno de prendas que recibíamos para las fotografías de los reportajes. Era un pequeño detalle con gran significado: jugábamos en otra liga. Asistimos a la efervescencia de la creación española, aunque emulábamos la francesa, siguiendo muy de cerca lo que hacían y publicaban sus revistas. Por eso, cuando las originales comenzaron a llegar a nuestro país y con la fuerza de tradición, mensaje y prestigio con las marcas, las nacionales empezaron a languidecer; por ello y porque nuestra periodicidad era quincenal, frente a la mensual de las internacionales. *Telva* supo actualizarse, convirtiéndose en mensual en cuanto oteó el movimiento. Y por mucho que las *dunias* fuésemos las modernas, ellas ganaron la partida. Lo de la modernidad era el signo de los tiempos. Recuerdo cómo el periodista Manuel Hidalgo escribió en el entonces influyente *Diario 16* que «la chica Dunia era como la chica Telva pero con la píldora en el bolso». Allí conocí a mujeres que sabían de moda más de lo que yo he acabado sabiendo. Además de la propia María Eugenia, María Vela Zanetti y Silvia Alexandrowitch. La primera siempre me siguió en mis aventuras posteriores en *Elle, Vogue* y *Yo Dona*. Era la más abierta, a veces extravagante y culta... y escribía como una diosa. La segunda, tan brillante como la primera, pero en la competencia, era apreciada y respetada. No me resisto a relatar una anécdota relativa a María que aún me hace reír y que sucedió en *Elle*. La enviamos a cubrir los desfiles en París. Ella solo podía pensar en sentarse en el prestigioso *front-row*. Y efectivamente vio el nombre de la publicación escrito en un cartel de una de esas sillas de la primera fila y la ocupó. Llegó una de las redactoras de *Elle* (EE. UU.) y le preguntó por qué estaba sentada allí, a lo que María respondió que trabajaba en *Elle*. La estupenda experta contestó: «*Elle Espagne... c'est à côté de la toilette*» («*Elle* España... está junto a los aseos»).

Desde nuestra plataforma no solo descubrimos, sino que acompañamos, el crecimiento de Adolfo Domínguez. Admirábamos que vistiera a Don Johnson en la serie *Corrupción en Miami* y nos reíamos con sorpresa casi infantil con aquella histórica campaña que proclamaba la belleza de la arruga; aquello fue un hito. Pero también acompañamos el nacimiento y crecimiento de marcas como Armand Basi o Snif —del diseñador Torretta, quien decidió cambiar el nombre por el suyo propio para desfilar en la pasarela Cibeles en 1996, aunque su desfile debutante fue uno organizado por *Dunia* en el Círculo de Bellas Artes en 1984— y de Miró o de Ruiz de la Prada. También internacionalmente nos enamoraba Armani y su manera de interpretar a la mujer trabajadora que se incorporaba como ejecutiva de grandes empresas. Fuimos testigo del *boom* Llongueras. Asistimos al nacimiento de las primeras tiendas de Zara (1983) en Madrid y de Mango (1984) en Barcelona. Y recuerdo como si fuera ayer el día en el que Alberti, como llamábamos cariñosamente a nuestra directora, nos reunió en círculo en la redacción para hablarnos de Amancio Ortega (1936). Desde entonces fue mi ídolo y me conquistó como la había conquistado a ella en aquella conversación que en justicia fue la primera —y diría que la única— con un medio de comunicación. Muchos años después habló con Covadonga O'Shea (1938) para la escritura del libro *Así es Amancio Ortega*. María Eugenia nos explicó los pormenores de su charla y sus mandamientos de la moda, que se resumían en uno: «Todo el mundo tiene derecho a vestir bien, aunque no tenga mucho dinero». Aquello me emocionó.

Hago un inciso para rendir mi particular homenaje a estas dos mujeres que fueron grandes impulsoras de las revistas y la moda española: María Eugenia y Covadonga (esta última dirigió *Telva* entre 1970 y 1997). A ellas uno a Elvira Aguilar, directora de *Ama* y subdirectora de *Elle*. Recuerdo que me entrevistó para trabajar en esta publicación y lo que vestí para aquella reunión fue premonitorio: un camisero de Jesús del Pozo que aún guardo en mi armario. No me incorporé al equipo porque ella salió de la publicación; sin embargo, lo haría unos años después como directora.

La llegada de los
desfiles «a la española»

En aquellos años también asistimos a la aparición de los desfiles en nuestro país. Si en París existían como Semana de la Moda desde 1973, en Milán desde 1958 o en Nueva York desde 1943 (la llamada Press Week), en España fueron más tardíos, y también en Londres, donde la London Fashion Week no comenzó hasta 1984, tras la creación un año antes del British Fashion Council. Sin embargo, en nuestro país, como ocurría con París y su alta costura, ya existía un precedente, pues en 1940 se inauguró el Salón de la Moda Española en Barcelona, en la cúpula del edificio Coliseum, muy en línea con el régimen del momento, con una base absolutamente nacionalista y controlado por el sindicato de la confección. Pero al menos eran desfiles. Según cuenta la periodista Aurora Segura en uno de los capítulos del libro *España de moda,* desde entonces no se dejaron de celebrar desfiles en Barcelona, de una manera u otra, con periodicidad semestral, si bien no hay testimonios escritos, pues hasta 1957 no dejaron entrar a los periodistas, y «entonces se les permitía tomar notas escritas, pero el mínimo indicio de que estuvieran dibujando un boceto suponía la expulsión inmediata del infractor y la declaración de "persona *non grata*" para siguientes ediciones».

En la década de 1980 nacieron la pasarela Gaudí —hoy 080 Barcelona Fashion— y Cibeles —hoy Mercedes Benz Fashion Week Madrid

(MBFWMadrid)—, con unos nombres preciosos, pero, como suele ocurrir en España, sin pensar en la venta internacional. ¡En el sector en todo el globo se habla de Fashion Week! Surgieron muy en precario, pero con mucha ilusión. Ya desde el principio descubrí lo absurdo que era la existencia de dos pasarelas compitiendo prácticamente por los mismos mercados, un despropósito que en sus diferentes formatos ha seguido vivo. Yo habría dado algo de mi vida (profesional) por conseguir no sé si la unión, pero al menos una definición diferente. Hubo un tiempo en el que podría haberse logrado que Barcelona se dedicara, por ejemplo, a hombre y Madrid, a mujer. También podría haber sido la potencia de la pasarela de baño, que finalmente se decantó por las islas Canarias. Pero no pudo ser.

En Barcelona los desfiles se celebraban en el mítico Montjuic; en Madrid, sin un espacio interesante, se eligió un enclave céntrico, la plaza de Colón, alquilando la carpa de un circo, el de Teresa Rabal. Escuché contar a Jesús del Pozo, uno de los participantes de la primera edición, que el día anterior al desfile había llovido, el suelo era de barro y las modelos salían con los bajos de los pantalones manchados. Era un momento en el que el Estado había decidido invertir en el diseño español. Además de Jesús, desfilaron en aquella primera ocasión María Moreira, Jorge Gonsalves, Domingo Córdoba, Piña y Alvarado. De hecho, fue este último quien me proporcionó la lista. Yo le había llamado para preguntarle y dio la casualidad de que el ministro de Cultura acababa de comunicarle su Premio Nacional de Moda 2021, lo que nos dio ocasión de rememorar y comentar. En realidad, solo podía hacerlo con él y con María, ya que el resto había fallecido. Además de hablar de la ilusión de haber participado de aquel volcán —esto lo digo yo—, Antonio se lamentaba de lo poco que se había desarrollado el negocio. En otoño de 2022 se inauguró en el Museo del Traje de Madrid su exposición «Baja costura», que fue un éxito y un reconocimiento como diseñador más allá de la movida, comisariada por su hijo, pero él no había vuelto a diseñar desde 2015. Me dijo: «Me extraña que con lo buenos copiadores que somos los españoles no hayamos emulado el modelo francés o italiano; había diseñadores, gente que sabía coser, buenas fábricas de tejidos, cooperativas... y todo eso, salvo en la década de 1980, no se ha sabido mantener. No entiendo por qué los Gobiernos no han sabido o no han querido desarrollarlo».

En la década de 1980 todo era ilusión —ilusionismo a veces—. Me lo contó de primera mano María Jesús Escribano (1943), la mujer que puso a España en el mapa de la moda en aquellos momentos en los que la movida era un clamor, con un cambio político histórico. La que fuera directora del Centro de Promoción de Moda y Diseño del Ministerio de Industria era socióloga de formación y fue interiorista durante un tiempo. En septiembre de 2021, fecha en la que hablé por última vez con ella, todavía reivindicaba el gran episodio *fashion* que vivió España a finales del siglo pasado. De hecho, en una entrevista en el diario *El País* en 1986 hablaba del «miedo de que no sepamos aprovechar el momento, de que no lleguemos a atrapar este reto».

Pudo y no pudo ser. No se puso foco en el futuro y al final quedó un arreglo descafeinado, a pesar de haber provocado muy malas noches. En aquella conversación le expresé mi frustración ante el hecho de que no hubieran podido unirse Madrid y Barcelona en una gran pasarela española, sin que en mi reivindicación el peso de la balanza se decantara por una u otra ciudad. A ella también le habría gustado, pero «el separatismo estaba ya presente. El Centro de Promoción de Diseño y Moda se volcó en apoyar todas las pasarelas. Las de niño en Valencia, las de hombre en Barcelona, la Cibeles... Teníamos una actitud abierta. Apoyábamos un cambio de imagen y de criterio. Éramos conscientes de que en España se hacía muy buen diseño, pero no se trabajaba la imagen, no se sabía lo que eran las relaciones públicas, los *attachés de presse* —dijo con una perfecta pronunciación francesa—, la comunicación, en general».

Escribano aún recuerda cómo, siendo gerente de Artespaña, fue casi reclutada por el grupo Lauder para trabajar como formadora. Digo «casi» y digo bien, porque en un gesto elegante llamó al que había sido su presidente, quien entonces era el director general de política de directivos del Instituto Nacional de Industria (INI), para explicarle su futuro cambio profesional, rumbo a la multinacional cosmética: «Me invitó a comer, pero no solo, sino con Miguel Ángel Feito, secretario de Estado de Comercio. Me pidió que le acompañara al ministerio, me entregó un librito con el plan de intangibles textiles para que me lo estudiara bien de cara a otra reunión al día siguiente». El resultado fue que nunca pisó las oficinas de Lauder, sino que montó la suya propia de aquel nuevo centro que pretendía convertirse en una promoción global del diseño patrio. «Dimos becas. Creamos escuela de diseño. Hicimos campaña de escaparatismo con creación española. Instituimos los Premios Balenciaga e involucramos a la Casa Real». E introduzco aquí la gran desilusión que sentí ya en aquel momento en el que yo era una joven periodista y que sufrí luego en mis carnes cuando muchos años después, entre 2016 y 2019, fui directora de

MBFWMadrid y de las ferias de Moda y Estilo de Vida en IFEMA: la desconexión entre industria y creadores. «Se apoyó muchísimo a la primera pero la empresa no creía en los diseñadores. Los empresarios fueron muy lentos y los creadores no iban con mucha humildad. De las acciones que dependían del Centro estoy orgullosa, no, muy orgullosa. Contribuimos al cambio de imagen, fuimos un escaparate del diseño español. Y no solo para creadores, como Sybilla, que fue un fenómeno, sino también para fotógrafos, como Javier Vallhonrat. Nunca hubo catálogos como los suyos... Pero, en efecto, no logramos la unión entre diseñadores y empresa. Y tú puedes entenderlo muy bien porque has estado al otro lado de la mesa».

Puedo entenderlo, aunque no justificarlo, porque no me complace. Yo también hice algunos intentos, muchos años después, y puedo asegurar que no era fácil que las marcas que contaban con una producción más industrial quisieran incluir a diseñadores españoles como directores creativos. Siempre ponía el ejemplo de la empresa española Perfumes y Diseño que adquirió la marca Jesús del Pozo, convirtiéndola en Del Pozo tras el fallecimiento del creador y contratando a Josep Font como director creativo. Luego tuve que morderme la lengua cuando la marca cerró por no poder soportar la carga económica. También hablé repetidas veces con Óscar Areces, quien compró Schlesser al diseñador del mismo nombre. No se entendieron; de hecho, acabaron en los tribunales, y yo como directora de la pasarela pedía al nuevo dueño que dignificara la enseña con un buen director creativo. Así acabó haciéndolo: contrató a Daniel Rabaneda. Me consta que no fui la única que dio ese nombre, y tras un par de años lo sustituyó por Juan Carlos Mesa, con quien en 2021 siguió trabajando tras el cierre de todas las tiendas de la marca, que abandonó discretamente a principios de 2022. Podría hablar de más intentos, pero este ya me frustra bastante. Además, me he saltado casi cuarenta años de historia...

Como Escribano reivindica, España tenía una mirada diferente —y creo que sigue teniéndola—, pero le faltaba mucho que aprender: «No había más que mirar lo que hizo Italia». Es muy fácil ser capitán *a posteriori*. Pero no se hizo. Desde el Ministerio de Industria «se apoyó a locomotoras». Ella sigue orgullosa de aquel trabajo, de haber tenido la oportunidad de conocer a grandes como Armani: «En una cena tras uno de sus grandes desfiles, me contó lo importante que era España para él, el significado que tenía Balenciaga, lo que le había marcado su paso por LOEWE» (trabajó, como Lagerfeld, para la marca española, si bien siempre se ha mantenido medio secreto).

La responsable de los desfiles madrileños de la pasarela Cibeles fue Pérez Pita. Las veces que hablé con ella, quien siguió en la dirección hasta mi llegada a IFEMA en 2016, es decir, la friolera de 31 años y de 62 ediciones, no fue muy crítica; más bien era entusiasta relatando aquellos primeros años de emoción, en los que se pusieron unas bases, desde mi punto de vista, algo débiles, que dejaron fuera de las grandes a la pasarela madrileña, aunque en todas las comunicaciones se ha sacado pecho al decir que tras las cuatro grandes (París, Milán, Nueva York y Londres) ocupábamos el quinto lugar…, así, «porque yo lo valgo». La vida tiene casualidades o caprichos, y quiso uno de ellos que, en de 2016, una semana antes de que se inaugurara su edición n.º 62, yo misma publicara una entrevista en *El País Semanal* con la entonces directora. Ni ella ni yo imaginábamos —para mí era un sueño— que la entrevistadora sería su sustituta. En aquella conversación, Cuca se lamentaba de «no haber logrado la conexión de creadores e industria». También contaba que «en 1985 la Comunidad de Madrid decidió apoyar la feria Imagen y Moda, dependiente del Ministerio de Industria y Energía, en un momento en el que existía la campaña Moda de España, "quiérela, ámala", en la que se daba un millón de pesetas [6000 €, aproximadamente] a cada diseñador que desfilaba; le buscaban un nombre y a mí se me ocurrió Cibeles». En aquel momento, el director de la pasarela era Epifanio Mayo; Cuca solo formaba parte del comité organizador por deseo explícito del entonces presidente de la Comunidad de Madrid, Joaquín Leguina. Después de aquel debut circense, la pasarela se trasladó al Museo del Ferrocarril, y en abril de 1986, cuando ella asumió la dirección *de facto,* pasó a celebrarse en el pabellón de cristal de la Casa de Campo, antes de trasladarse a IFEMA.

Si en Madrid la comunidad ejerció el «mando» de la pasarela en sus principios, Barcelona no fue menos, siendo Gaudí un feudo de la Generalitat, muy ligada, eso sí, a un ritmo ferial superior por aquel entonces en la capital catalana, donde la actividad había empezado antes, de la mano del certamen Salón Moda del Mediterráneo, en las Reales Atarazanas del puerto de Barcelona, creado por Juan Antonio Comín (1930-1989), quien no era catalán, sino aragonés, y tan visionario que había registrado la marca Asociación Gaudí años antes de que se pusieran en pie sus salones. Moderno *avant la lettre,* había creado con otros «locos» la Coordinadora de Moda Española (COME). A la plataforma se uniría Paco Flaqué (1933-2012). El primer salón se celebró en 1978. En 1984 ambos crearon la Asociación Gaudí como germen de los salones y pasarela Gaudí Hombre y Mujer. E invitaron a desfilar a una muy joven promesa, Sybilla. Esta plataforma e Ibermoda Hombre, que se celebraba en Madrid, y en la que participaban Miró, Del Pozo o Montesinos, fueron los cimientos de Gaudí, que años más tarde, tras ser dirigida por Comín, tendría al mando a Paco Flaqué y contaría con una periodista —siempre los plumillas—, Susana Frouchtmann, como directora de los primeros salones.

Susana, también diplomada en Diseño en la escuela catalana Felicidad Duce (Feli), empezó a trabajar en las ferias. Me dijo: «me llamó la persona que llevaba la comunicación, Nuria Gené. La primera vez que pisé un salón escribí un artículo bastante crítico porque me pareció un horror. Era 1983 y pensaba que iba a entrar el producto europeo y que España no iba a rascar bola. Al cabo de unos meses fui a una feria de tejidos y me encontré con José Miguel Abad, el director de Fira de Barcelona. Quiso hablar conmigo. Yo entendía que para conseguir una buena feria debía albergar los mejores contenidos, que para mí los tenían Comín y Flaqué». Por cierto, según la gran Pilar Pasamontes, directora científica del área de moda del Istituto Europeo di Design de Barcelona, el sector debería hacerles un homenaje a ambos.

«Hice un proyecto y Abad me preguntó si me sentía capaz de dirigirlo, y dije que sí con una inconsciencia total. Tampoco pensé que me encontraría con lobos. Había que desmontar el comité del textil de la moda y en febrero del 84 empezamos con Gaudí Hombre. Mujer llegaría dos años después; era más débil y además copiaban como locos. Mi propuesta y mi proyecto era la unión con la industria. Flaqué siguió con pequeños salones, montó una feria de piel. Yo entré para dirigir salones de moda. Había que crear un comité nuevo, convencer a Comín, que despreciaba la feria... Pero cuando Figueras —se refiere a José María Figueras, el presidente de la Cámara de Comercio de Barcelona— y Abad decidieron ir adelante y que yo lo dirigiera, hicieron dimitir al comité y me encontré con que trabajábamos una secretaria y yo. Comín era amigo personal y, cuando escuchó el rumor de que yo dirigiría Gaudí, lo consideró una traición. En realidad, yo lo que quería era que él entrara con nosotros. Abad me apoyó, y por eso pudimos abrir tan pronto la feria Gaudí Hombre. Y lo hicimos en Atarazanas porque su pretensión era emular Pitti Uomo. Desde entonces, los desfiles en Barcelona no han faltado dos veces al año a su cita. En diferentes formatos, con distintos nombres.»

«A Frouchtmann le sucedió Canals, después tomó la dirección Flaqué, y a Flaqué le sustituí yo. Coincidió con un cambio político y nos hicieron cambiar el nombre por pasarela BCN, al que siguió 080 Barcelona Fashion», me cuenta

Josep María Donat, quien dirigió durante unos años esa transición y que sabía de lo que hablaba porque venía de dentro. Era entonces socio y marido de Toton Comella, directora creativa de la marca de baño TCN, que había fundado en 1984. Llevaba años desfilando en la pasarela y había encontrado una manera de unir diseño e industria. A Donat lo sustituyó Miquel Rodríguez, y a este, Marta Coca. Siempre han buscado la exhibición en los lugares más emblemáticos de la ciudad, incluso cuando la realizaron de manera virtual entre septiembre de 2020 y abril de 2021 en La Pedrera; han ido cambiando el objetivo, desde la pasarela más masculina hasta la más afín a Catalunya, pasando por la más dedicada a los diseñadores vanguardistas, recuperando a algunos pesos pesados, pero siempre con vocación de gran exhibición y con pretensiones internacionales, dependiente de la Generalitat.

Cada autonomía, cada ciudad, quería celebrar sus propios desfiles y durante unos años, básicamente en la década de 1990, lo hicieron en sus respectivos lugares, aunque la mayor parte de las veces no dejaron de ser acontecimientos propios de centro comercial. Lo más importante de los desfiles acababan siendo los asistentes, la primera fila. Eso se trasladó a los medios de comunicación. Si en países como Francia o Italia, y desde luego en EE. UU., diarios y medios audiovisuales contaban con periodistas especializados, capaces de escribir críticas de los desfiles, aquí esa figura no ha existido. Ha habido y hay grandes especialistas, como el periodista de televisión Jesús María Montes-Fernández, quien ha dirigido desde 2011 el programa de televisión *Flash Moda,* el único dedicado solamente al estilo de vida —que ha tenido que pelear permanentemente por su posición en la parrilla—. pero pocos críticos. El diario *El País* ha sido un poco más osado —solo un poco— a la hora de hacer crítica, pero las revistas pocas veces han dedicado ese tipo de líneas a diseñadores o marcas, probablemente por su implicación comercial.

En opinión de Donat, quien siempre me ha gustado por subir un punto ácido a los sueños de los que él mismo participaba, «ni en Madrid ni en Barcelona se ha logrado poner una marca impresionante en el mercado. Y creo que para eso debería servir una pasarela. Para ello o para conseguir sacar a jóvenes diseñadores capaces de atraer la atención de una marca internacional como directores creativos. Y desde luego para generar riqueza y beneficio para la ciudad. Fueron años bonitos, pero se organizó una especie de liga de fútbol entre las dos ciudades y ninguna consiguió internacionalizar sus pasarelas. En realidad, estas tendrían que financiar a empresas dispuestas a crear un negocio de moda y ser capaces de demostrar que lo han creado o están en vías de hacerlo. De los setenta desfiles de Madrid y Barcelona, no destacan más de seis o siete marcas... y en eso se invierte alrededor de 6 millones... Dicho esto —yo siempre soy muy crítico—, hay que reconocer que fueron dos buenos revulsivos en un momento de gran cambio. Luego, el mercado ha evolucionado mucho, y ya no tiene tanto sentido eso de enseñar colecciones seis meses antes de ponerlas a la venta».

Pero volvamos a nuestra historia retomando la década de 1990, que podría denominarse *gloriosa*. Internacionalmente se pusieron muy en boga los vestidos plisados de Miyake, inspirados sin duda en el Delphos de Fortuny; era el momento de las *top model,* de los brillos, de los colores vibrantes; era el momentazo Versace, con aquellos desfiles con las ocho grandes supermodelos dándolo todo en la pasarela: Cindy Crawford, Linda Evangelista, Naomi Campbell, Amber Valletta, Claudia Schiffer, Stephanie Seymour, Carla Bruni y Yasmeen Ghauri, las *giannigirls.* Había más y algunas se prodigaban a veces en los desfiles, pero el poder lo tenía la medusa dorada. Recuerdo también el éxito de los colores puros del creador italiano, sus cortes y sus imperdibles jugando al sexy, sí, pero también a Oliviero Toscani y su United Colors of Benetton, comercialmente lo más, aunque no tanto para las directoras de moda y estilistas, quienes se sentían obligadas a fotografiar aquellas ropas nada vanguardistas porque eran anunciantes. También eran de obligado cumplimiento los desfiles de Kenzo o los de Valentino, que nos parecían generalmente tediosos, en aquella pasarela de los bajos comerciales del Louvre. Tampoco era muy enriquecedor el mundo Saint Laurent, que por supuesto lo había sido, pero ya no, en aquel Hotel Intercontinental de París donde se le vio salir a saludar más sujetado que escoltado por sus ayudantes.

Se vivía de alguna manera en la abundancia. Los medios de comunicación, básicamente las revistas, eran en las décadas de 1980 y 1990 lo que hoy son las y los *influencers:* prescriptores. Lectoras y lectores arrancaban las páginas en las que aparecían un bolso, un traje o un zapato y se presentaban en la tienda para adquirirlos. Las publicaciones gozaban de credibilidad —ese era su poder—, de tal manera que marcas y medios buscaban la atracción de ese cliente que les sería fiel. En el ámbito internacional, la moda empezó a verse popularmente hablando como un *negocio,* y en ese momento cambió el cuento: se pasó de empresas más pequeñas y familiares a la atracción de inversores y grandes grupos no necesariamente nutridos de alma. De hecho, apareció el imperio de los conglomerados, con su influencia a través de la publicidad y de los medios de comunicación y el corporativismo; ahí nacieron grupos como Louis Vuitton Moët Hennessy (LVMH), concretamente en 1987. Las grandes marcas languidecieron. Habían envejecido. La familia Arnault tenía intereses inmobiliarios y fue el entonces el joven hombre de negocios quien convenció a su padre para invertir en moda. Su grupo, Ferinel, adquirió una compañía que había solicitado la suspensión de pagos tres años antes, formada por Boussac-Saint Frères y la sociedad financiera Agache-Willot. Boussac era dueño de Dior y estaba en el ojo de la diana de Arnault hijo. Ese mismo año Henry Racamier (1913-2003), esposo de una accionista de Louis Vuitton, marca nacida con espíritu maletero en 1854, se unió a Alain Chevalier, propietario de Moët & Chandon, para crear el grupo que dos años después multiplicaría sesenta veces su cifra financiera y que en 1989 adquirió Bernard Arnault. Ahora ya sí, además de Dior, era el dueño de Céline, Givenchy, Kenzo o Guerlain (en 1996 adquirió LOEWE). Según parece, Racamier pensaba unir a Arnault al negocio, pero reservándose el liderazgo, lo que fue imposible desde el principio y acabó en litigio. Yo misma me quedo con las ganas de escribir unas líneas, muchas más, sobre esa historia, pero como daría para otro libro, asumo el resumen.

Fast fashion versus lujo asequible

A partir de la década de 1980 se empezó a gestar lo que entonces era comprar ropa en tendencia pero a un precio asequible y hoy con cara de desagrado llamamos *fast fashion* culpándolo de todos los horrores de este mundo. Lo del capitán *a posteriori* vuelve a ser totalmente oportuno porque ahora nos rasgamos las vestiduras, pero hemos vivido de eso y con eso a lo largo de los últimos cuarenta años más o menos. Me hizo gracia hace tiempo leer una frase que ya decía Dior: «No compres mucho, pero asegúrate de que lo que compras es bueno». Visto lo visto, debe estar removiéndose en la tumba. Me lo explicaba Juan Pares, presidente de Textil Santanderina, una de las grandes empresas de tejidos de nuestro país, ubicada en Cabezón de la Sal, Cantabria, pero con tentáculos en todo el mundo: «A partir de la década de 1980 hemos aprendido a localizar el genio —refiriéndose a grandes marcas y a diseñadores— y a copiarlo, de tal manera que la *fast fashion* se ha generalizado, está en todo, convierte algo en otra cosa diferente que básicamente masifica y que es el oligopolio, y además con la excusa de que el consumidor elige siempre lo más barato. Es un modelo que se está agotando porque no se puede apretar más y porque los costes de producción ya no pueden ser tan bajos. En los últimos veinte años se ha producido un doble fenómeno: un alto nivel de estrés en la producción y una mala distribución de la renta. Puede catalogarse como lícito, pero se está llegando al límite». Me encantó su discurso sobre la necesidad de «recuperar la palabra *valor* y disociarla de *precio*. «En la intersección entre ambas está la clave, en la recuperación de un valor que haga que el hecho de ser *low cost* no signifique bajo valor». Por otro lado —y esto no lo dice Pares, sino yo—, hay grandes marcas que funcionan, producen o distribuyen con métodos similares a los de la *fast fashion*.

Antes de hablar de moda rápida y recuperando esa idea de conocer la historia, cabe recordar que entre las décadas de 1970 y 1980 la alta costura sufrió mucho. Ella no desapareció, pero sí muchos talleres. Los *boomers* (nacidos entre 1957 y 1977) vivimos el trasvase de ir a la modista o tener a una costurera equis veces a la semana en casa a comprar en las tiendas multimarca, que hacían las delicias de quienes amábamos el diseño, especialmente en mi caso a partir de finales de la década de 1980. En aquel Madrid convivían El Corte Inglés con Galerías Preciados, pero también con Celso García y más tarde con Marks & Spencer o Sears. Esta preponderancia de los grandes almacenes era un jolgorio que poco a poco fue desapareciendo para dar paso a los centros comerciales, que me encantaban —nos encantaban—. Y de pronto, todo esto se fue esfumando. En la primera década de 2000 la velocidad de la moda en llegar a la tienda empezó a ser de odisea en el espacio. El tsunami de la *fast fashion* descubrió la satisfacción de reponer ropa diferente una vez al mes, después cada quince días y luego una vez o dos a la semana. El fenómeno empezó a correr como la pólvora por el negocio, obligando a todos a una carrera contrarreloj para alcanzar la gloria de la reposición. La ropa era la nueva chuche del consumidor. Pero el fenómeno no era solo español, aunque siempre que se habla de él se mira hacia nuestro noroeste. Como cuenta Laura Opazo en su libro *El armario sostenible,* «la liberalización del comercio mundial con el Acuerdo Multifibras, que entró en vigor el 1 de enero de 2005, hizo posible que las empresas pudiesen fabricar y vender en todo el planeta, convirtiéndose en gigantes internacionales. Si dos décadas antes las empresas del sector textil sacaban dos colecciones por año y las tendencias eran definidas por los líderes de opinión con 270 días de antelación a su salida en el mercado, a partir de 2005 los precios bajaron y los procesos se aceleraron a un ritmo vertiginoso debido a la disminución de los costes y a la optimización de los tiempos de producción».

Pero hay que profundizar un poco más e ir a los inicios de la *fast fashion* y a cómo en EE. UU. comenzó la deslocalización. Según cuenta Dana Thomas en su libro *Fashionopolis,* a finales de la década de 1950 EE. UU. empezó a sufrir el daño que producían las importaciones a bajo coste de los conocidos como *los tigres asiáticos,* es decir, Hong Kong, Singapur, Japón, Corea del Sur y Taiwán. El Gobierno estadounidense decidió elevar los aranceles, pero seguía siendo más rentable fabricar «a la oriental», hasta tal punto que en la década de 1970 el máximo exportador —en una gama baja, claro— era Hong Kong. Esta deslocalización no solo influyó en la economía, sino también en la manera de producir y en la anticipación del diseño de las colecciones a la que se obligó a los diseñadores y a las marcas, que, además, debían producir barato. Por su parte, las tiendas también debían tener previstas sus ventas, al menos sus pedidos, entre seis y ocho meses antes de las entregas. De esta manera, los minoristas tenían que usar su bola mágica para adivinar qué iba a ser tendencia, sabiendo que podían comerse los invendidos. Eso es lo que ha pasado e hizo que durante mucho tiempo el invendido fuera un clásico... de vertedero.

Quizás piensas que he pasado demasiado por alto Inditex y a Ortega. Este gallego hijo de ferroviario y empleada doméstica cambió nuestro planeta Tierra a través de la distribución de la moda. Ortega había trabajado desde 1949 en un comercio de tejidos y fue chico de los recados hasta que en 1963 fundó Confecciones Goa, nombre que proviene de sus iniciales al revés: Gaona Ortega Amancio. Nada tiene que ver su imperio de la década de 2020 con aquellas batas de estar por casa que producían y que no hacían pensar en el buen gusto del futuro conglomerado. En 1975 creó con su primera esposa, Rosalía Mera (1944-2013), una tienda de ropa, Zorba, nombre que cambiaron por Zara cuando supieron que existía en La Coruña un café así llamado. Su apuesta por renovar continuamente la mercancía en las tiendas contribuyó a generar una peregrinación permanente en busca de novedades. Eso, unido al precio, daba la impresión de que se compraban chollos que se podían cambiar o tirar porque para lo que habían costado...

Aunque hablemos de pasado, no está de más señalar el gran cambio que la enseña Zara está realizando, que seguramente tiene que ver con el vivido internamente, especialmente tras la bomba que supuso el 1 de diciembre de 2021 el anuncio a bombo y platillo de que Marta Ortega sería la nueva presidenta del grupo en sustitución de Pablo Isla, mil veces aclamado el mejor CEO, no sé si del mundo, pero sí de España. Ella llevaba ya muchos meses mostrando la patita como persona importante de la compañía. Es más, dos días después del anuncio inauguró en La Coruña una exposición del fotógrafo Peter Lindbergh, quien se había encargado de fotografiar su boda con Carlos Torretta, hijo del ya nombrado varias veces diseñador Roberto Torretta. Quienes conocen los entresijos del grupo destacaron tras el anuncio que Marta Ortega, si bien no tenía los conocimientos de tipo económico financiero de Isla, sí había sido capaz durante años de trasladar su esencia glamurosa a parte de las colecciones de la compañía.

Pero esto es adelantar el presente y visualizar el futuro (segunda y tercera parte del libro). Volviendo al pasado, si eres uno de esos seres detractores de Inditex, detente, porque no existe un único responsable del desarrollo a veces enloquecido de la *fast fashion;* hay que nombrar de nuevo EE. UU. y recordar que el Tratado de Libre Comercio (NAFTA) firmado en la década de 1990 entre EE. UU., Canadá y México, que eliminó la mayoría de los aranceles, supuso que muchas empresas estadounidenses se mudasen a México. Luego se produjo la gran deslocalización a China, ya a principios del siglo XXI, y todo ello contribuyó a un abaratamiento de la ropa, con un gasto que alcanzó 900 000 millones de euros hacia los 2000. En 2001 Zara ya tenía 507 tiendas en el mundo y bastaban cinco o seis semanas para trasladar a ellas las prendas. Entre 2001 y 2018 abrió casi 1700 tiendas nuevas en 96 países. Sin embargo, la pandemia y el aumento de la venta electrónica condujeron al cierre de muchos de sus puntos de venta.

Yo siempre he sido una defensora del grupo, que es el primero del *retail* del mundo, y de sus cuarteles en Arteixo, donde pareces aterrizar en un lugar casi supersónico con la tecnología capitaneando la moda. Primero me noquearon el sistema de distribución y la técnica utilizada para gestionar que las prendas lleguen en el menor tiempo posible a su destino; después, la manera en la que se realizaban todos los reportajes para las distintas marcas y las de la tienda electrónica, y luego esa maravilla cibernética que es hoy Inditex, que parece una nave espacial que controla el mundo. Soy muy fan de Ortega, quien con un patrimonio declarado en 2021 de 73 200 millones de dólares contribuye al patrimonio español, y también de sus fórmulas, que han ido creciendo en sostenibilidad tanto en el terreno inmobiliario como en la ropa. He mantenido frecuentes discusiones con personas que no entienden el trabajo de la empresa en aquellos lugares en los que fabrica dando labor a muchos trabajadores y mejorando el nivel de vida de muchas ciudades y los derechos laborales. No voy a negar que haya habido problemas con proveedores. De hecho, a finales de 2021 estalló el escándalo con unos de la India, de la empresa española pero también de otras grandes internacionales: las fábricas del estado de Karnataka, al suroeste de la India, llevaban veinte meses sin pagar siquiera el sueldo mínimo a sus operarios.

No todo el mundo está de acuerdo. He defendido la política de Inditex en innumerables ocasiones y he tenido que pasar apuros por las opiniones de otros. La situación más bochornosa la viví el 25 de noviembre de 2019 en la entrega de los premios de la revista *Woman*. Yo era la directora general de revistas del grupo Prensa Ibérica, al que pertenece la publicación. Recogía uno de los galardones la activista Livia Firth (Giugglioli de soltera) por su trabajo en favor de la sostenibilidad, especialmente en torno al oro ético con el que trabaja la empresa joyera y relojera Chopard. En su discurso habló de su concepto de ética en un tono muy emocionante y con claridad y honestidad, pero de pronto empezó a emitir improperios contra el grupo Inditex, al que responsabilizó del lío en el que estaba metido el sector con su apuesta por la *fast fashion* y que debía resolver. La ceremonia se celebraba en el Casino de Madrid. En sus pasillos me interceptó una señora mayor, amiga del presidente de mi grupo, más que indignada, y me preguntó cómo habíamos premiado a esa mujer que hablaba contra Inditex. Por más que le expliqué que no éramos responsables y le aseguré mi desacuerdo con las tesis de Firth, no paró de mostrar su incomodidad. Y para rubricarla me expresó que en Inditex ya estaban al corriente de lo ocurrido, pues uno de sus familiares era directivo de sostenibilidad del grupo.

El clamor popular es que seguramente hemos ido demasiado lejos en el consumo. Me llamó mucho la atención una frase del libro *El armario sostenible,* de Laura Opazo, en el que se habla del llamado *consumo líquido,* definido por Zygmunt Bauman en su *Vida de consumo* y caracterizado por la «búsqueda de la gratificación instantánea, a través de adquirir y acumular, pero también de eliminar y reemplazar cuando los objetos dejan de ser atractivos, aunque su vida útil no haya llegado a su fin».

Entre el auténtico lujo y las marcas *fast fashion* fue creciendo otro tipo de enseñas conocidas como *lujo asequible.* Ahí cada uno puede encontrar las que quiera porque a veces las barreras no están tan claras. Sin embargo, hay un común denominador: el predominio del logo. Me atrevería a decir que desde finales de la década de 1980 hasta nuestros días este ha sido símbolo de estatus y no solo de calidad. Eso hizo, por ejemplo, que creciera como setas el comercio de los productos falsos. Más allá de dibujos representativos, las décadas de 1980 y 1990 y lo que llevamos de este siglo son un canto a lo que popularmente se denomina *lujo,* pero cuando se estudia desde un punto de vista de marketing, equivale a *premium,* es decir, a esas marcas que popularizan lo caro pero que no son exclusivas, si bien cada vez más se esmeran por serlo. Así, podemos hablar de Louis Vuitton, Ralph Lauren, Loewe o GUCCI, por nombrar una cuadriga de enseñas francesa, estadounidense e italiana con una de ascendencia española, como marcas en el segmento alto del *premium.* Y ¿por qué digo «alto»? Porque hay bajo y medio, con paredes más móviles, donde podemos situar muchas marcas francesas, italianas y alguna estadounidense que pronto descubrieron que entre la alta costura y el lujo por arriba y la *fast fashion* por abajo había un océano azul que se podía ocupar. En él se han movido de forma algo regular las enseñas de diseñadores españoles.

Cuando se realizan informes sobre las ventas de lujo, incluso una *big four* como Deloitte sigue mezclando lo que yo entiendo como tal y el *premium.* Así, en uno de los últimos, publicó que Francia sigue liderando este segmento. Cierto. Hablaba a finales de 2021 de una facturación de 34 000 millones. Pero unía a Céline con Louis Vuitton y con Dior... Un lío. La diferenciación se estableció hace años desde el punto de vista económico, pero actualmente las barreras resultan más difusas, si bien sigue habiendo unos valores que distinguen ambas categorías. La persona que me ha ofrecido la mejor definición diferenciadora de lujo y *premium* ha sido Cayetana Vela Sánchez-Merlo, fundadora y CEO de Luxurycomm, quien apela a las emociones: «Yo vincularía el lujo a la satisfacción de necesidades emocionales que generan deseo de compra y tienen la capacidad de proporcionar estatus a sus compradores. Debe tener precio alto, exclusividad, materias primas especiales, componente artesanal y una historia particular del producto o sus creadores. El *premium* basa su ventaja competitiva en la superioridad del producto frente a su competencia. Podríamos decir que las marcas de lujo sacan a la venta, en un mercado elitista, productos diferentes. Frente a eso, el *premium* hace una investigación de mercado para encontrar nichos que pueda cubrir, siempre a un precio superior a la media. Su modelo de negocio, más industrializado, busca masa crítica para maximizar la cobertura de ventas e incrementar la facturación. Las de lujo comercializan productos más escasos y exclusivos con una antigüedad y una narrativa asociada a su identidad o a la de la familia de los creadores vinculada a la tradición. Por otro lado, el lujo es atemporal, mientras que el *premium* es perecedero». Vela Sánchez-Merlo se atreve a poner ejemplos: «Louis Vuitton es *premium* pero no lujo; lo es Hermès. Rolex es *premium* pero no lujo; lo es Patek Philippe».

Moda conectada: la disrupción de las nuevas tecnologías

Puede que recuerdes el sonido de un módem al conectarse a la red y el silencio sanador que se producía al desconectar. Quienes vivimos el comienzo de la red de redes, o sea, de Internet, en su uso más masivo sabemos de lo que hablamos. Lo que para muchos era una opción pasajera supuso el gran cambio de nuestras vidas. Empezó a popularizarse a finales del siglo pasado y, según la Asociación de Usuarios de Internet, ya en 1996 había 320 000 internautas en nuestro país y 30 millones en el mundo. Gente exótica. Recuerdo que cuando en 2000 lancé en el grupo Recoletos la web *estarguapa.com* mis compañeros de profesión me veían como una marciana, como si hubiera rebajado mis opciones profesionales tras haber sido directora y subdirectora de publicaciones tan relevantes como *ELLE* y *Vogue*. Es más, algún exjefe me afeó que editara la que en realidad fue la primera web de una revista femenina en nuestro país, *Telva*. Incluso a la casa editora le producía tanto respeto —y diría temor—, que ni siquiera se atrevía a llamarla igual. En aquel momento el director general, Luis Infante, a quien siempre he querido y respetado como mentor, estaba emocionado, pero deseaba preservar la marca y dedicar la web a la belleza, ahí donde la publicación era gran prescriptora. Era tan visionario y yo tan creyente, que entendí que era posible que cuando la lectora estuviera aprendiendo sobre un cosmético pudiera clicar y ¡comprar! ¡En 2000!

¡Imposible! Qué ilusos. Ocurría, por ejemplo, que:

1. Grupos fundamentales de cosmética, como la división de lujo de L'Oréal, contaban solo con dos ordenadores con conexión a Internet para los equipos de todas sus marcas.
2. Grupos fundamentales de la distribución, como El Corte Inglés, no entendían —o no querían entender— que desde una publicación se pasara directamente a comprar en línea teniendo ellos sus grandes almacenes con sus grandes plantas de cosmética con sus grandes exclusivas.
3. Las empresas de prensa y comunicación no podían imaginar que nuestra web publicara antes que la revista la noticia de un lanzamiento.
4. Los periodistas se hacían un gran lío metafísico discutiendo qué se publicaba antes o después en la versión impresa y en la digital.
5. Los fotógrafos se negaban a publicar en un medio de segunda.

Total, que como web de belleza no íbamos a hacer historia, ni mucho menos, y comenzamos a integrar contenidos de moda, cocina, niños, decoración y novias. Cada vez más web de *Telva,* pero sin el nombre. La empresa se negaba. No fue posible hasta que el grupo Unidad Editorial compró Recoletos: llegó Pedro J. Ramírez y mandó parar... y lo que yo no había conseguido lo logró él, entonces consejero del grupo y director del diario *El mundo.*

Se vivía en mundos paralelos. En muchas publicaciones siguieron así: equipo *print* y equipo en línea. Hablo con la experiencia de haber llegado a la dirección general de revistas de Prensa Ibérica en 2019, cuando esta editorial especializada en periódicos locales compró Grupo Z, y haber encontrado esa aberración en publicaciones como *Woman,* donde se preguntaban si la web debía publicar algo antes que el papel —*no comments*—. Ya en 2000 habíamos empezado a romper los moldes de la temporalidad. ¿Cómo? Por ejemplo, con los desfiles. Lo habitual era que las fotografías de las semanas de la moda esperasen seis meses, hasta el comienzo de la temporada, para ser exhibidas en las revistas. Se publicaba alguna en un periódico, pero tipo «Demi Moore en la primera fila del desfile de Ralph Lauren», por ejemplo. Llegó la web y desbarató el calendario porque, si el desfile terminaba a las 12, a las 13:00 o a las 13:30 h, intentábamos tener material disponible para publicar. Así, sin redes sociales ni vídeo, enseñábamos gran parte de la pasarela. Y ya me parecía tarde. Dependíamos de las conexiones, de las nuestras y de los fotógrafos que las enviaban. Y no era sencillo. Hablamos del comienzo de siglo.

Más allá de *Elle* o *Vogue,* si algo me marcó fue la revista en línea. Nunca volví a entender el periodismo de la misma manera. Internet había llegado a mi vida para quedarse. Desde que empezó el siglo, para mí las revistas han sido una marca producida y consumida en diferentes plataformas, y así seguirá siendo. Cambiarán los soportes, se añadirán redes y se recuperarán algunas publicaciones en papel, pero las revistas serán lo mismo: una marca generadora de contenidos compartidos con un público que a su vez los genera y comparte, un gran cambio que entonces era incipiente y al que no ha sido sencillo adaptarse. ¿Pero esto atañe solo a los medios de comunicación? Evidentemente, no. En diferentes medida, forma y fórmulas, afecta a cualquier marca o actividad en la que intervenga la comunicación. Dentro de esa adaptación, cuando hablamos de moda y estilo de vida, hay que reconocer que no todas las plataformas se han visto afectadas de igual manera. Instagram es capítulo aparte, ya que ha contribuido en gran medida a democratizar la comunicación de las marcas y de los medios, pero sobre todo de estas, pues las pequeñas se hablan de tú a tú con las grandes. Claro que estas tienen mayores posibilidades de inversión para llegar a más público, pero ambas son capaces de alcanzar un *target* definido. El algoritmo en general, no el de la red —que cambia de vez en cuando para desesperación de quienes de manera orgánica pretenden crecer—, facilita a la marca la relación con su entorno deseado, si bien con una buena estrategia digital que pasa por aceptar las novedades. Y lo digo porque, cuando nació Instagram en 2010 y el mundo la acogió como la aplicación de la moda, nadie pensaba que entre los jóvenes se impondría TikTok, creada en 2016, donde las marcas han ido invirtiendo cada vez más, y a otro nivel de conversación, Twitch, nacida como plataforma de retransmisión y convertida hoy en una de las favoritas de los jóvenes que quieren comunicar en vivo, aunque YouTube siga como canal estrella y generador de ganancias.

No descubro el Orinoco si digo que la tecnología ha supuesto el gran cambio de finales del siglo XX y principios del XXI, como lo será la sostenibilidad como gran palanca del XXI muchas veces soportada precisamente por el desarrollo tecnológico, necesario para el suyo propio. Ya sabemos que no todo son los mundos de Yupi y que marcas y personas se quejan del control que ejerce la tecnología, que a veces se mete donde no debe. En ocasiones se ha acusado a Google o a Facebook de jugar sucio, adquirir competidores, ponerse de acuerdo con precios de publicidad y usar gratis el contenido que otros han creado invirtiendo. Pero no es menos cierto que las marcas que solamente postean en sus webs y en su *feed* tienen menos poder de reclutar a usuarios y a seguidores que si además lo hacen en *stories* o en *reels*. El algoritmo es así, quiere engordar sus propios territorios, pero la estrategia debería pasar por intentar mantener una conexión directa con los clientes más allá de la que pueda establecerse a través de las redes sociales; una conexión que emocione y escuche. Por eso probablemente nos veamos, como en otros aspectos, hibridando, es decir, manteniendo este tipo de relación a la vez que buscamos una más directa y personal... ¡Ay, que volvemos al *e-marketing*...! Como decía Pascal Morand, presidente de la Federación de la Alta Costura y de la Moda: «Estamos en el siglo XXI. En el mundo de ayer, lo digital completaba lo físico; hoy es al revés».

Blogueras e *influencers*: las nuevas caras de la moda en la revolución digital

Cuando comenzamos a publicar nuestra web *estarguapa.com,* muchos medios, profesionales y marcas no eran muy conscientes de que la nueva manera de comunicar había venido para quedarse. Poco después surgieron otras webs; de hecho, *hola.com* llegó casi inmediatamente. Pero no era una necesidad. ¡No! Si bien todas las grandes publicaciones internacionales iban creándolas, en un principio era casi un volcado de algunos artículos, no un medio más o una plataforma más del medio. Cuando en mayo de 2005 lancé la revista *Yo Dona,* suplemento sabatino del diario *El mundo,* en las primeras conversaciones mi recomendación fue contar con una web. Sin embargo, nuestra hermana mayor italiana, *IO Donna,* suplemento de *Il Corriere de la Sera* desde 1996, apenas estaba creándola, y la decisión de la empresa fue esperar unos meses. No había más que hablar. Y no lo hubo hasta que se tomó la decisión de lanzarla y se me invitó a unirme a algunas reuniones porque, ante mi desagradable sorpresa, nuestra web, mi web, sería responsabilidad del equipo digital del propio periódico. El resultado no pudo ser peor, pues sus estilos eran dispares. Para no aburrir, solo daré tres ejemplos bastante contundentes. El día del lanzamiento, ante mi estupor, la imagen de apertura fue una foto de ubres de vaca, las mismas que habían sido portada del famoso disco de Aerosmith *Get a Grip.* Llamé al director de la edición digital del periódico, Gumersindo Lafuente, para hacerle entender que eso no era *Yo Dona* y su contestación fue que iba a «hartarme a ver ubres». Mi disgusto fue horrible y mi protesta siguió otro curso. Pocos días después descubrí que la publicación, que vivía fundamentalmente de los anunciantes de cosmética, en su edición en línea publicaba reportajes sobre belleza casera. Y la gota que colmó el vaso fue una sección de sexo con ilustraciones en las que los aparatos masculinos eran «goliáticos». Y ahí sí que puse el grito en el cielo... del edificio... El director ya tenía sus días contados. Y los tuvo más. Así que la web pasó a las manos en las que debía haber estado desde un principio, es decir, en las mías y en las de mi equipo.

Y mientras nosotros batallábamos por el control de esa web, en el mundo ocurrían fenómenos mucho más interesantes que en el sector de la comunicación ejercerían una gran influencia: habían nacido las blogueras. A las periodistas en general y a las de moda en particular les sentaba fatal, pero ahí estaban, desplazando de las primeras filas a las caras de la prensa de toda la vida, ganando espacio poco a poco. Las buenas. Los estadounidenses fueron los primeros en invitarlas a la New York Fashion Week. Podríamos datar su eclosión en 2005, cuando alcanzaron fama como fenómeno individual. Poco más tarde empezaron a integrar las publicaciones en sus webs para incrementar tráfico y seguidores. El punto de inflexión se produjo en 2007 con las *egobloggers,* que dieron con la tecla de vestirse cada día de una manera y con marcas diferentes muchos años antes de que con Instagram se convirtieran en *influencers* y de acuñar la etiqueta #tlotd *(the look of the day).* La investigadora Rosie Findlay, en su libro *Personal Style Blogs: Appearances that Fascinate* (2017), destaca tres blogs de estilo que marcaron ídem: *Style Bubble,* de Susanna Lau, en 2006; *Fashion Toast,* de Rumi Neely, en 2008, y *Style Rookie,* en 2008, el blog de la niña prodigio Tavi Gevinson, quien lo inició con apenas doce años y que con trece era ya invitada a desfiles de alta costura, sentada en primera fila y fotografiada con Wintour. No caía nada bien... Hizo su blog. Después pensó que era poco y que tenía que crear una publicación de mayor nivel, *Rookie Magazine* —sin actualizar desde 2018—. En aquel momento Lady Gaga dijo de ella que era el futuro del periodismo... En fin, tanto lío para dedicarse después a ser actriz de teatro o protagonista de la serie *Gossip Girl.*

En el otro extremo de Gevinson, y digo «extremo» porque empezó a publicar su blog en 2009 y a su vera se ha convertido en empresaria, se sitúa Chiara Ferragni (1987), una profesional: desde que en 2009 comenzó *The Blonde Salad,* ha ganado todos los premios como bloguera, *influencer, instagrammer* e incluso referente feminista. Con 29.2 millones de seguidores (abril de 2023), se ha granjeado todo tipo de colaboraciones con marcas, hasta el punto de llegar al consejo de administración del grupo italiano Tod's en abril de 2021. De su marido rapero, Fedez, y del *reallity show* de ambos, *The Ferragnez,* mejor no hablar. Baste decir que se trata de una máquina de hacer dinero.

En España no nos quedamos atrás. Rápidamente apareció una bloguera, Gala González (1986), de quien me gusta decir que es premio de oro en clase y estilo. En 2008 ya era lo que hoy entendemos por *influencer.* Comenzó sumando su blog a la web *Fotolog.net* hasta crear la suya, *amlul. com,* que desde 2019 es además su propia marca de ropa. En abril de 2023 su cuenta de Instagram contaba con 1.6 millones de seguidores. No llega a las cifras de Ferragni, pero tampoco a sus excentricidades, y mantiene cierta discreción, a pesar de la fama, que incluso la llevó a publicar en 2018 el libro *#GalaConfidential. 10 años de influencer.*

Decía antes que las revistas comenzaron a incluir a blogueras. Teníamos que elegir a las medianamente relevantes y susceptibles de ofrecernos seguidores al tiempo que blancas, en la medida en la que no nos salpicaran escándalos. *Yo Dona* albergó el blog de María de León *María León elige* desde 2011, diferenciado del que ella ya había creado en 2007, el *blogdemarialeon.com.* Un año después Rossy de Palma crearía también para nuestra web *Ins*Pirada.* Y ya nos habría gustado contar con dos fenómenos que siempre han sido referentes y retratistas de tendencias: el irrepetible Bill Cunningham (1929-2018) y Scott Schuman. El primero, antes que fotógrafo fue un sombrerero ante el que se arrodillaban las mujeres más famosas del mundo. Después, durante cuarenta años retrató tendencias para dos secciones de *The New York Times:* «On the Street» y «Evening Hour». Seguramente, mientras se movía en bicicleta descubriendo imágenes que haría suyas no fue consciente de que estaba inventando lo que se ha conocido después como *street style,* retratos de gente vestida muy en tendencia, aparentemente pillada al azar (¡no siempre, no todas!). El segundo, creó en 2005 el blog *The Sartorialist,* una especie de biblia de la moda. Apóstol del *street style,* sublimó la autenticidad de las tendencias en la calle. La periodista y crítica Suzy Menkes, que despreciaba este fenómeno, publicó en *The New York Times* el artículo *El circo de la moda,* donde reprochaba ese jaleo que se organizaba alrededor de los desfiles con fotógrafos persiguiendo a determinadas *it girls*. Menkes criticaba a ególatras dispuestos a exponerse ante los objetivos y a marcas dispuestas a contratarlos.

Porque esa fue otra: las firmas comenzaron a tratar a *bloggers* e *it girls* como nunca habían tratado a los y a las periodistas. No es que les mimaran, sino que les pagaban. Las marcas se subieron al carro, y algunos diseñadores también: en 2008 Marc Jacobs lanzó un bolso que llamó BB bag en homenaje al bloguero filipino Bryanboy. En este juego todos ganaban, pero era poco claro, y las aguas han tardado muchos años en encontrar un cauce. Hubo publicaciones españolas que hicieron francamente bien la inserción de estos blogs en sus webs, encontrando el gancho de famosas que eran una mina para lectoras y anunciantes. Siempre se pone como ejemplo a la actriz Paula Echevarría, y con razón. Todos los artículos que aparecían en *Elle* en su espacio *Tras la pista de Paula* se agotaban. El blog estuvo activo casi diez años, de octubre de 2010 a febrero de 2020. La revista engrosó su lista de blogueras con Sara Carbonero y su blog *Cuando nadie me ve* de 2014 a 2018, las mismas fechas en las que Elsa Pataky tuvo su *Pataky Confidential* en *Glamour*.

En 2011 había 181 millones de blogs en el mundo (informe Nielsen) y en España ya llevaban dos años algunos muy interesantes, como *Mypeeptoeshop,* de la periodista Paula Ordovás. Muy lista, en 2017 creo la web *mypeeptoeshop*. Asimismo, en 2009 se habían lanzado a la fama otras dos blogueras: Alexandra Pereira, con su *lovelypepa,* y la hoy famosísima Aida Domènech, con su *dulceida.com*. Más discretamente, en *GRAZIA* asistimos al crecimiento de Marta Carriedo y de Patricia Sañes, quienes en la actualidad son embajadoras de marcas. La mayoría supo sacar partido a sus blogs, más allá de la generación de contenidos, especialmente sirviendo como pasarela para el conocimiento de la moda de marcas que les pagaban y finalmente como creadores de las suyas.

La reinvención de la comunicación de moda

Lo que no se define no se puede medir. Lo que no se puede medir no se puede mejorar. Lo que no se puede mejorar se degrada siempre. Estas frases, y esa otra de que lo que no se comunica no existe, son mantras que desde que empecé a trabajar en este mundo de la comunicación y la empresa no he olvidado. Tampoco lo mal que se comunicaba la moda cuando yo llegué a los medios, y la manera en la que mejoró la fórmula con la incorporación de nuevas plataformas y nuevos actores a la que, desde que empecé, me ha parecido una maravillosa película.

Ya he explicado que cuando entré en acción, como redactora de *Dunia,* mis compañeras y yo éramos y nos sentíamos unas privilegiadas. Nuestra publicación pertenecía a la editorial alemana Gruner und Jahr, que publicaba allí la revista *Brigitte,* bastante fea, por cierto. Accedíamos a un magnífico material gráfico y a presupuestos que nos permitían gastar en reportajes fotográficos como si fuéramos un gran medio de comunicación, con los mejores reporteros de nuestra historia, ya que más allá de ser una revista femenina ejercía un periodismo moderno, global y fresco.

Fuimos aprendiendo todos juntos: de los medios que venían de fuera porque en su equipaje traían la experiencia de las grandes marcas; de los anunciantes internacionales, quienes nos mostraban un mundo que aquí aún no existía y además forzaban que las grandes marcas se establecieran en nuestro país, y de las agencias de prensa porque enseñaban cómo trabajar la información no publicitaria con retorno de comunicación más allá de las inversiones comerciales, si bien esto de manera algo primitiva. Eran momentos en los que la publicidad mandaba mucho menos que después de comenzado el siglo XXI; redacción y publicidad no se mezclaban. Los medios eran más objetivos y sobre todo más independientes de las marcas; no estaban tan condicionados por la publicación de noticias o fotografías solo porque fueran de anunciantes. No puede decirse lo mismo de los años que han seguido a la llegada del siglo XXI, lo que ha afectado mucho y negativamente a la prensa femenina española e internacional, pero a la nuestra en exceso.

Y hago un inciso aquí para explicar que las marcas españolas en general no se han caracterizado por comprar publicidad en los medios españoles. Hubo un tiempo, y tuve la suerte de conocerlo, en el que Adolfo Domínguez, Armand Basi, Custo o Verino invertían en páginas de publicidad en las revistas. «Hubo». Y por lo general, poco más. De hecho, este ha sido un reproche frecuente de ida y vuelta. En los primeros años del siglo XXI se prodigaron marcas *premium* españolas, como Carolina Herrera, y otras más populares, como Mango, Bimba y Lola o Desigual, que han decrecido muchísimo en inversión. En mi etapa de directora de *Yo Dona* intentamos atraer a los diseñadores españoles con tarifas de risa. Se contrataron dos publicidades, dos, de Ruiz de la Prada y de Devota & Lomba. Y digo que ha existido un reproche mutuo y generalizado porque las publicaciones no han entendido nunca esta falta de inversión y los creadores siempre han pensado que las revistas les daban la espalda y no publicaban muchas de sus creaciones precisamente porque no se anunciaban.

Siguiendo con la comunicación, hemos pasado de la micro, de las pequeñas marcas o de la pequeña publicidad de las grandes marcas, a la macro de los grandes conglomerados. Todavía recuerdo aquellos módulos publicitarios que aparecían en las últimas páginas de revista *Telva* por una pequeña cuota donde se daban a conocer tiendas o pequeños establecimientos; todas o casi todas las revistas españolas queríamos copiarlo. En la actualidad, con el trasvase de publicidad al medio digital, las líneas son más difusas, aunque cada vez más marcas ni siquiera negocian la inserción porque esta se produce por programática, de forma que, en una especie de puja digital que se cruza con los datos de páginas vistas de las webs, la publicidad de entrándose inserta en ellas de forma automatizada.

A lo largo de estos años, en los que me he visto involucrada y he dirigido publicaciones de moda o he estado ligada a ella a través de las instituciones, he establecido diversas teorías que además relato en charlas o en mis clases en diferentes escuelas y universidades. Una es la de las cuatro *E:* experiencia, emoción, escucha y *engagement.*

Mi primera *E,* la experiencia, ha emergido con fuerza respondiendo a un deseo ligado a todo el mundo, a las marcas, a los medios de comunicación y a los consumidores. Esta palabra se trasladaba a todo lo que hacíamos y también a la publicidad. Todos queremos dejar huella durante nuestra vida y hemos sido conscientes de que no hay nada como hacer de cualquier instante una especie de atracción, de parque temático. La experiencia en la compra, pero también en la conducción o en la inducción a ella, ha sido y es la clave de cualquier marca, asociada, como puede suponerse, a su credibilidad, a su complejidad y a la variedad de sus fórmulas, enriquecidas año a año. Cuando hablo de *experiencias,* me refiero a los mundos en los que te hacen vivir las firmas cuando quieren reclutarte como comprador, a espacios maravillosos, a tiendas en las que suceden cosas, convertidas a veces en mundos paralelos de los digitales.

A lo largo de mi carrera en las publicaciones he vivido experiencias enriquecedoras, a veces simplemente chocantes; momentos memorables que me han llenado de emoción y emociones. Nos subían a un barco donde surcábamos el Sena para hablarnos de un anticelulítico, convertían un jardín en el laberinto de *Alicia en el País de las Maravillas* para presentarnos una fragancia... Lo que habré protestado a las marcas con las que tenía más confianza pidiendo que invirtieran ese dinero en publicidad en lugar de en mimar a las redactoras, especialmente a las de belleza, quienes trabajaban mucho, pero vivían regaladas. Al mismo tiempo, era consciente de que ese es uno de los platos fuertes del sector y de su entorno: su capacidad para hacer soñar con mundos exclusivos, su generación de deseo, su trabajo para convertir la normalidad en aspiración.

Como directora, también he mandado crear esos mundos especiales para reportajes de moda o de cosmética en las publicaciones que he dirigido. Recuerdo especialmente algunos en *Yo Dona,* revista que lideré casi ocho años, realizados por grandes fotógrafos, como Eugenio Recuenco, comandados por

Natalia Bengoechea, recreando circos, pasarelas, jardines de cuento de hadas, etc. He tenido la fortuna de cenar en el Museo del Louvre para celebrar la restauración de una *madonna* con el patrocinio de Ferragamo recibiendo explicaciones del entonces alcalde de Florencia, ciudad sede de la marca. Dirás que soy una privilegiada y que la experiencia se quedaba en mí y en otras y otros privilegiados como yo, pero aquellos momentos mágicos acababan llegando a nuestras lectoras y lectores y, por tanto, a los posibles consumidores a través de reportajes y, después, a las redes sociales. En este sentido, debo decir sin sonrojarme que fui una de las periodistas y directoras de publicación que antes entendieron el uso de las redes y que antes las usaron, hasta el punto de que mi cuenta de Twitter, por ejemplo, era @charodona (al dejar la publicación la cambié por @CharoIzquierdo), y desde las pasarelas, en cuanto Instagram lo hizo posible, subía mis vídeos y comentarios.

Como periodista, he vivido momentos espectaculares, en los que las experiencias han movido emociones. Es mi segunda *E*. En efecto, emocionar está en la base y en la altura experiencial. No basta un *storytelling* perfecto, una historia que contar o una leyenda, incluso inventada; se trata de conmover. Como expresó la poeta Maya Angelou, «La gente olvidará lo que dijiste, olvidará lo que hiciste, pero nunca olvidará cómo la hiciste sentir». Hacer sentir para recordar, para emocionarse. Esa es la cuestión, aunque en el fondo el objetivo sea vender. Al fin y al cabo, no hay mejor final. Lo dijo Alexandra Shulman, directora de *Vogue UK,* en su libro *Inside Vogue: My Diary Of Vogue's 100th Year:* «A menudo las colecciones de Nueva York son la versión comercial de las tendencias que se han presentado en Europa la temporada anterior. Porque es lo que los americanos hacen muy bien: tomar la idea de otros y monetizarla».

Mi tercera *E,* la escucha, es fundamental en la era digital, de la comunicación actual, donde se produce de manera horizontal y el receptor se ha convertido en emisor; donde tenemos la gran oportunidad de que esa escucha sea activa y de reaccionar de manera comunicativa. Se trata de una auténtica suerte, pues el conocimiento del otro nos permite crear experiencias, lo que genera nuevas emociones y nos da la posibilidad de implementar un compromiso entre ser (humano) y marca. Claro que, ¡atención!: la carta puede volverse del revés y se le puede perder si no se lo envuelve en emoción, si no se le permite experimentar o hacerle creer que lo hace, si no se le escucha, si se le trata como a un simple consumidor.

Sin experiencias, sin emoción, sin escucha, no hay *engagement* (mi cuarta *E*) porque no se produce el enamoramiento. Y siento ser poco romántica, pues en este enamoramiento el dinero está por medio. *No engagement, no money;* sin ese compromiso no hay monetización. Pero si te pregunto: de las tres primeras *E*, ¿cuál es la más importante?, espero que me respondas que la emoción. Sin ella no hay interés, experiencia válida ni compromiso. Al fin y al cabo, ¿qué es la seducción sino un manejo de las emociones, de las ajenas y de las propias?

Moda y masa en
la era colaborativa

Hoy la moda no se escapa de una palabra que no empieza por *E* sino por *C,
colaboración,* la comunicación colaborativa, porque no va a ser menos que Airbnb.
Lo es la comunicación y lo es cada vez en mayor medida la compra, para bien y
para mal. Porque debido a todos estos movimientos comunicativos, hay un de-
terminado tipo de consumidor, que denomino *spider consumer* (SC), una araña
que teje sus redes, también sociales. Desde ellas puede convertirse en la mantis
religiosa de las marcas. Una palabra suya bastará para colgarlas. Las fórmulas
mágicas han desaparecido, no hay fórmulas, pero parece que a veces existe mucha magia. Más allá de los juegos de palabras, lo que funcionaba en el pasado
raramente lo hace ahora. En su comunicación, las marcas se han visto obligadas
a tener en cuenta que frente a la que era la aparentemente infalible de los medios
de comunicación de masas —qué ingenuos hablar de *masa* sin saber lo que se
les venía encima— han tenido que cambiar hacia el *social media.* Y es conmove-
dor, porque de lo que yo sé las revistas tardaron mucho en enterarse. De hecho,
escribiendo estas líneas bajé al quiosco para comprobar que ahí seguían con
sus estrategias y regalos, reglas del juego del pasado. Cierto es que se ha ido
trasvasando publicidad de papel a las webs y a las redes sociales, pero no lo es
menos que la inversión publicitaria, por ejemplo, en televisión sigue siendo crucial y que las propias marcas continúan valorando más la aparición en papel...

que en muchos casos resulta papel mojado. Mientras escribía este libro tuve una conversación con el director de la revista masculina *Risbel,* Mateo Carrasco, quien me aseguraba que el producto editorial significaba un sello de calidad.

Si esos llamados *medios de comunicación masiva* eran prescriptores e influencia vertical, estos actuales son de influencia e información horizontal, con interacción entre pares, en lugar de acción desde la tribuna; son comunicación pura y dura frente a la tradicional, porque lejos de impartirse se comparte. Por eso, y porque estamos en la época de la transparencia y de la búsqueda de la verdad, es fundamental que lo que se cuente sea cierto, como ha quedado dicho. Se nos llena la boca de datos *(data)*. Nunca fueron más importantes no solo estos, sino los reales, ni el manejo de las cuentas de redes sociales con verismo y, de paso, con profesionalidad, con la seguridad de que se trata de un bien de primera necesidad en el que resulta fundamental invertir. Cualquier marca, aunque sea muy pequeña, requiere una estrategia digital y a profesionales que la diseñen y manejen.

En cualquiera de las redes se precisa enseñar el esqueleto, las tripas, la verdad, sin caretas; mostrar qué se hace y para qué, cómo se trabaja, con quién, los métodos de fabricación, porque hoy el consumidor no es que quiera estar informado, sino que es un ser repleto de información, con ansias de saber más: «La gente quiere verte hacer cosas —me explicaba en una de nuestras múltiples conversaciones desde hace años el creador Moisés Nieto—, y la comunicación debe ser permanente para llegar al consumidor. De hecho, nosotros notamos subida de ventas cada vez que realizamos una buena comunicación». No comunicar no vale, aunque, claro, no cualquier comunicación vale. Por eso es fundamental que cada marca defina sus objetivos, sus valores, su propósito y, lejos de mantenerlos hacia adentro, los saque fuera como fórmula de atracción y comercialización. De ahí que hoy los vídeos sean tan necesarios. Con contenido, con emociones; buceando lo más posible en la parte más humana, más cercana, más cultural... de las prendas, de los diseñadores, de las enseñas. Todo es posible. Basta transparencia y estética, y desde luego ética.

He titulado Moda y Masa este apartado por la capacidad que fundamentalmente la tecnología ha tenido para hacer llegar el diseño al mundanal ruido, pero podría haber usado las dos emes para titular Moda y Marca, pues la marca es el tesoro que busca cualquiera, la necesidad, lo más complicado de alcanzar; un intangible que no pasa única y exclusivamente por el logo, aunque este pueda contribuir a su identificación. La marca es al producto lo que la cara al cuerpo, pero añadiendo el alma, el circuito venoso, porque sin el interior, sin la sangre, sin el ADN, no existe; puede ser producto, pero sin marca; puede ser marca, pero sin tiempo, porque es difícil que así perdure. Y si antes hablaba de las cuatro *E,* en la construcción de marca intervienen las cinco *C* que normalmente se aplican a la consecución del éxito: Coherencia, Consistencia, Constancia, Confianza y Contenido. Quizás estés pensando en la inversión. Claro, sin inversión resulta difícil crear un producto, generar una marca. Pero no nos engañemos; hace ya mucho tiempo que se sabe que una siembra de dinero no equivale a una buena cosecha. Leí un artículo de Inmaculada Urrea cuyo título sugería su importancia —«Sin *branding* no hay paraíso»— donde dejaba claro que el dinero sin más no construye, pues la construcción de marca depende de una estrategia «global y coherente, hablo de *branding* porque no es más que la herramienta que da coherencia a todo en una marca, desde el producto (y su cadena de valor) hasta la comercialización, pasando por la comunicación y la atención al cliente». Amén.

Segunda parte

Surfear o morir

El presente marcado por el cambio de paradigma

El 4 de febrero de 2014, en su primer correo electrónico a los empleados, Satya Nadella (1967), recién incorporado a la presidencia de Microsoft, escribió: «Nuestra industria no respeta la tradición, solo la innovación». Además de emitir una frase que se repite en las escuelas de negocios, estaba incidiendo sobre el cambio de modelo en el que llevamos inmersos, como poco, desde que empezó el siglo XXI con su digitalización en la mochila. También lo decía Steve Jobs de alguna manera: «Sigue buscando, no te detengas». Me tienta pensar y promulgar que ese tendría que ser el mantra de las empresas de moda, donde la innovación es fundamental. Pero estoy convencida de que, si además se respeta la tradición, asistimos a la fórmula perfecta. Y, de no encontrar la tradición como referencia, mejor arrojarse a los brazos de la innovación.

La moda no necesita esperar a que lleguen la Pipeline o la Vaca Gigante, dos famosas olas para los surferos; como la sociedad, está en la cresta de la ola. En la del cambio. Surfeando. Es complicado, porque en plena transformación resulta difícil adivinar dónde caeremos, especialmente cuando todo es tan rápido. Y no digamos si ocurre un acontecimiento como el de la COVID-19. ¿No queríamos cambio? Pues llegaron varias tazas, con un cataclismo en la cara A y un milagro en la B. Hubo cataclismo porque las tendencias siguieron, pero las modas pararon y se paralizaron las compras, salvo las de la ropa de estar en casa y la de deporte. Cambió el sistema. Y de ahí que la cara B fuera la del milagro, pues digitalmente se evolucionó en progresión geométrica, de forma que lo que habría tardado como mínimo cinco años en ocurrir se precipitó en tres meses. Literal. Según un estudio realizado por EAE Business School, obra de la investigadora Tatiana Valoira, en 2020 el gasto medio en vestido y calzado representó el 3.74 % del producido por hogar, mientras que en 2006 representó el 6.79, lo que ayudó al empeoramiento de la contribución del sector al PIB español al pasar de un 2.9 a un 2.4 %.

El cambio llevaba tiempo gestándose. Lo sabes. Lo sabíamos. Muchos habían hecho los deberes; otros no tanto. La tecnología había entrado como un elefante en una cacharrería para el disloque. Había nacido una nueva manera de distribuir, rápida; de consumir, cada vez más en línea, rápida y personalizada. En todos los sectores habían irrumpido los usos y costumbres de los *millennials* y de la generación Z y su rechazo a la propiedad (de casa, coche, armario, etc.) y, por supuesto, las reivindicaciones en torno a un mundo más sostenible, tendente a la descarbonización, con una mirada al cambio climático y su acción sobre la cada vez menor importancia de las temporadas en las colecciones.

Hoy todo se ha complicado. O no. Actualmente han entrado en la ecuación valores que se estaban cociendo como importantes pero que han devenido esenciales, como la sostenibilidad, aunque no todo lo que cuentan algunas marcas sobre sus sistemas sostenibles sea real o se ajuste a lo que en justicia compromete a personas y planeta. Por si fuera poco, en el saco del valor de la sostenibilidad se han vertido otros, como inclusión, diversidad, democratización e incluso demografía; todo influye en las marcas, en su comunicación y en los medios. ¿Tiene esto que ver con la digitalización? No, pero coincide. Y asimismo han entrado en la bolsa de valores imprescindibles del lujo la solidaridad o la sostenibilidad, que hace unos años no atravesaban su radar y que en este primer quinto de siglo se han convertido no en importantes, sino en inevitables.

Si las barreras entre lujo y *premium* se han difuminado, algo parecido podemos argüir respecto a los medios. La clásica división entre alta gama y popular sigue en pie, pero la digitalización las ha igualado. La alta gama viene y vendrá cada vez más en forma de publicación nicho; de hecho, se supone que en tanto en cuanto las marcas de alta gama encuentren en el papel un cebo, continuarán editándose las publicaciones impresas. No descubro la pólvora si digo que no viven de la venta en quioscos, sino de los anunciantes. Aún me sorprende, y mucho, el empeño que pervive en el lujo de apreciar más las publicaciones de determinados reportajes en papel teniendo en cuenta que las ventas se han desplomado. Actualmente los porcentajes de distribución de la publicidad entre papel y nuevos medios se han invertido, de modo que llega a corresponder hasta a más de un 80 % a digital, si bien los precios en uno y otro caso siguen sin ser equivalentes y cada vez se contrata más publicidad programática.

Todo se ha complicado para publicaciones y marcas (de lujo, de no lujo y *premium*). Hoy estamos obligados a elaborar un buen plan de comunicación si queremos alcanzar al consumidor. Lógicamente esto incluye publicidad, relaciones públicas, patrocinios, información, etc. No es nuevo, siempre ha sido así, pero en los últimos tiempos el crucigrama se ha complicado en la medida en la que han entrado otras líneas, más actores, medios y plataformas, y no digamos si incluimos los famosos metaversos, que se profetiza que afecten en «cero coma» a medios y publicidad. La complicación se relaciona con la evolución de los consumidores. Me decía en una conversación la diseñadora Isabel Berz, directora del proyecto Las Manuelas, que «la moda es un lenguaje y, si no te lo entienden, no consigues el éxito». El consumidor pide que le hablen de igual a igual. Además, especialmente las marcas conocen la capacidad que tiene para contestar, comentar y a su vez atraer o alejar a otros. La marca ha perdido capacidad de prescripción, y también el medio; los prescriptores son los sujetos de consumo. De hecho, y frente a la común afirmación de que se ha pasado de una comunicación unidireccional a otra bidireccional, yo reivindico la multidireccional, pues no es solo de las marcas a los consumidores y viceversa, sino que entra en juego la capacidad expansiva de estos hacia sus pares.

En su obra de referencia *El imperio de lo efímero. La moda y su destino en las sociedades modernas,* dice el filósofo y sociólogo francés Giles Lipovetsky (1944) que «la sinrazón de la moda contribuye a la edificación de la razón individual, pues la moda tiene razones que la razón no conoce en absoluto», parafraseando a Pascal. Él habla de *política espectáculo* y de *estado espectáculo,* pero habría que referirse también al espectáculo de la comunicación esencial en los últimos años hasta llegar al fenómeno del metaverso, que no deja de ser una manera de epatar tecnológicamente hablando. Epatar, sorprender, seducir, vender. El mundo digital ha cambiado y democratizado esa dinámica. Y además hay enseñas que, a través de su web o sus redes, se convierten en su propio medio de comunicación, con imágenes que perfectamente podrían aparecer en cualquiera de las versiones en línea de las revistas de tendencias. El espectáculo está servido en general en un mundo rendido a la estética, como también dice Lipovetsky.

Las marcas llevan siglos jugando a vender sueños: «No vendo bolsos, vendo conceptos. Unos zapatos GUCCI son más que unos zapatos; son un mundo diferente, una aspiración, una forma de expresarse. Un universo. Vivir un sueño. Y eso pasa con los relojes, bolsos, accesorios. Y nosotros somos los custodios de esa marca, debemos conseguir que no se devalúe. No me hable de bolsos, hábleme de mundos», declaró en 2005 a *El País Semanal* el entonces presidente de GUCCI, Robert Polet (dejó la compañía en 2011). Los tiempos cambian y los universos también. GUCCI sigue creando mundos e invirtiendo en ellos. Y cada vez más en medios digitales, ya que se gasta en ellos más del 50 % de su presupuesto, como su competidor, Louis Vuitton. Todas las marcas quieren vender su universo, pero cada uno tiene la misma estrella que brilla en una sola dirección: atraer al consumidor hacia la compra.

Esa recreación de su universo que se realiza en tiendas físicas o en línea, en publicidad, en marketing, en redes sociales, etc., constituye el gran tesoro de todas porque significa el cuidado y la perpetuación de su ADN. Por eso generan exposiciones o se inventan publicaciones. O su propio museo, como Cartier, que fue la veterana con la creación de la fundación que lleva su nombre en 1984; o Louis Vuitton, con la suya, o el GUCCI Gardens en Florencia, un museo con la historia de la marca. Y ahí está de nuevo la relación con los medios, algunos capaces de unirse a estas marcas para crear acciones conjuntas. Cuando tras su éxito en Londres Hermès realizó en 2013 su gran exposición «Esencia del cuero» en Madrid, buscó en un medio como la revista *GRAZIA,* de la que yo era directora, un partenariado. Entre otras acciones, trajo a un maestro curtidor con el que la publicación realizó un *workshop* con escuelas de diseño para que aprendieran y apreciaran mejor su trabajo de lujo. Eso y una cena a la que acudieron lectoras que previamente visitaban la exposición daba por un lado a la marca la cercanía que no proporciona un bolso Birkin y a la revista, la unión con una firma con la que flirteaba permanentemente en búsqueda de su publicidad.

Eso es surfear.

Moda 4.0: omnicanalidad como motor de cambio de las reglas del juego

Cuando hablamos de vender moda, no se nos cae de la boca una palabra: *omnicanalidad,* aunque hay voces que dicen que no sirve para todas las marcas. De igual manera, hoy la fórmula de comunicar es un combo... o una receta de cocina. Porque cualquier información que quiera implementarse debe llevar una mezcla de ingredientes básica: papel (cada vez menos, pero más exclusivo) y audiovisual, pero sobre todo digital, lo que implica webs, pódcast y redes sociales, *influencers* incluidos. Y no todo vale; solo lo bueno. Y lo bueno es lo que puede llegar desde cada marca, cada medio y cada plataforma a cada individuo. Y para eso resulta especialmente significativo el lenguaje visual. Empresas como Inditex se pusieron las pilas inventando espacios en los que convertir su imagen en creación de deseo en las webs.

Zara abrió tardísimo su tienda en línea, en septiembre de 2010, después de que Zara Home hiciera el test durante tres años y también el de otras marcas, como Mango o H & M. Cuando he visitado Arteixo, me han llamado la atención sus estudios, donde se fotografiaba lo que unas horas después se podía ver en la web. Han ido evolucionando con el tiempo tanto, que ahora parecen platós de cine. A principios de 2021 abrieron los últimos, con

64 000 m^2. En la información que daba *modaes.es* se los comparaba con el estadio Camp Nou... y ganaba Arteixo. Todo por el negocio, ya que se supone que esto aumentaría las ventas en línea de la compañía, que en 2020 suponían un 14 % y se esperaba que llegasen al 25 % en 2022. Las dimensiones del grupo gallego dejan cortas otras cualesquiera. Por ejemplo, las de Tous, que en otoño de 2021 creó unos estudios de 120 m^2 en el distrito creativo barcelonés 22@, o las del gigante francés Veepee, cercanos a los 10 000 m^2. Claro que no todo es una superproducción con final feliz. Ni de broma. De hecho, no es la inversión tecnológica la dominante, como podría esperarse. Tal y como se deduce de los datos del Instituto Nacional de Estadística, en 2020 en las empresas españolas del sector se invirtió un 17.6 % menos que el año anterior. Vale, normal; tal vez por coincidir con el año de la pandemia. Pero es que comparado con 2008 fue un 47 % menos, que fue el año que más invirtieron en I+D (114.4 millones de euros). Lástima, porque la inversión tecnológica es la caja de herramientas vital.

En esta suma de obstáculos para vendedores y de facilidades para compradores se han añadido en los últimos años las ventas a través de las redes sociales, que constituyen el nuevo mercadillo, y sin necesidad de datáfono. Se compra por WhatsApp; se paga por Bizum. Todo inmediato. Y cualquiera puede vender. La cuestión resulta tan importante, que Paul Donovan, el economista jefe de Unión de Bancos Suizos (UBS), habló en 2021 del *efecto Instagram* (como en 2018 lo hizo del *efecto Trump*) para explicar que tras la pandemia mejorarían las compras de aquello que puede lucirse en una red social, es decir, ropa y calzado. Real como la vida misma.

En este sentido, creo que los medios de comunicación han dejado hacer, dejaron hacer, se dejaron hacer y no han sido capaces de ser la competencia de ese nuevo marketing que ejercen *influencers, microinfluencers* y *geninfluencers,* quienes han dado un mordisco a los presupuestos de las marcas para publicidad y relaciones públicas. Ahora y desde hace ya unos años la competencia de las revistas de estilo de vida no solo es la que hacen otras publicaciones, sino periodistas o incluso no periodistas con éxito en sus redes que reciben encargos para posar con ropa, probar productos, hacer entrevistas y generar contenidos. Pagados. Las publicaciones han perdido porque se subieron tarde a ese carro; deben cambiar su estrategia. Lo veremos más adelante, aunque no hay que perder de vista predicciones como las de la consultora WSGN en su estudio «Impulsores de futuro 2023», según las cuales ese año marcaría un antes y un después de los *influencers,* ya que a partir de él actuarían los cobots, robots colaborativos (el tema de los robots duele, pero hay que enfrentarse a él a todos los niveles; también parece que serán responsables del 25 % de la producción de ropa de vestir en 2025).

Mientras tanto, las asociaciones con *influencers* son ventajosas porque ayudan a vender. Por ejemplo, Mango ganó relevancia en 2019 gracias a su colaboración con Sofía Sánchez de Betak (@chufy), argentina esposa de Alexandre de Betak, el productor más poderoso detrás de los grandes *shows* de Dior o Chanel. Viven en Mallorca y son íntimos de Marta Ortega, presidenta de Inditex. Muchos *outsiders* han acabado convertidos en *insiders;* gran parte procede del sector de la música, que siempre fue un foco de influencia de, por y para la moda, de modo que cada vez más representantes suyos no solamente sirven para venderla, sino para crearla. Cuando supe que Pharrell Williams sería el director creativo de Louis Vuitton Hombre a partir de 2023, recordé haberle visto en un desfile y la posterior fiesta de esa marca, el 9 de octubre de 2005, en París.

Son tantos los famosos de los últimos años que han debutado en este universo, que ya no se sabe si son músicos, *celebs* o diseñadores. Bueno, sí se sabe. Y ellos también son conscientes del marketing que han hecho. Me refiero a Kanye West y sus Yeezy, las deportivas que Nike creó para él, hasta que en un desencuentro se las llevó a Adidas, marca con la que firmó contrato hasta 2026... hasta que unas declaraciones racistas le valieron el despido. También me refiero a las hermanas Olsen, Ashley y Mary-Kate, quienes más allá de *Full House* y otras series y papeles —pocos— ya son más nombradas como diseñadoras desde que en 2006 crearan su marca The Row, con la que incluso han ganado premios. Asimismo, me refiero a la ex Spice Girl, Victoria Beckham, toda una diseñadora —siempre luchando contra los rumores de bancarrota—. Y me refiero también a Beyoncé y su marca Ivy Park, de ropa deportiva; y a Kim Kardashian, quien transmitió el 20 % de su enseña cosmética KKW a Coty por 200 millones de dólares, y a su hermana Kylie Jenner, quien hizo lo mismo en 2019 con la compañía de su mismo nombre vendiendo a la misma empresa, pero el 51 % y por 600 millones.

En España podemos hablar de la compra que el grupo Tendam hizo en 2021 de la marca Slow Love, creada en 2015 por las periodistas Sara Carbonero e Isabel Jiménez. Para adquirirla se inyectaron 150 000 euros. Es otra liga: en 2020 habían facturado medio millón de euros, con 120 000 de pérdidas. Tendam también lanzó la enseña de María Pombo, puramente digital, High

Spirits, en abril de 2021, dentro de su *marketplace* de Springfield, y —la bomba— en 2022, OOTO, firmada por Andrés Velencoso.

Los *influencers* han subido de categoría, son generadores de contenidos; de otro modo, pero generadores, al fin y al cabo. Y también de venta. Pero sin contenido no hay paraíso ni para ellos ni para las marcas que los utilizan para conseguir «mayor alcance a través de amplificaciones pagadas de contenido», según la empresa Luxurycomm, especializada en marketing de influencia, fundada por la ya nombrada Vela Sánchez-Merlo. Ha costado un tiempo, pero se ha encontrado la fórmula por la que no todos los *megainfluencers* venden todo, pero tampoco los *microinfluencers;* a veces vale más un *nanoinfluencer*. Todo depende del mensaje y del producto.

Por otro lado, la tendencia más importante es la que prima a todos los niveles: la credibilidad, la frescura. Seguramente por eso está arrasando TikTok, pues los consumidores encuentran una cercanía de sus «influs» que otras redes no proporcionan que le valió un incremento del patrocinio de marcas de un 130 % durante 2020. Prevalece «el contenido auténtico, personalizado y relevante para los consumidores», aclara Vela Sánchez-Merlo. Cuenta su informe que las marcas buscan embajadores a largo plazo y que compartan sus valores. Se busca a especialistas. María Fernández Miranda, quien ha pasado por varias publicaciones (entre otras, fue directora de belleza en *Yo Dona*), en la primavera de 2022 trabajaba de manera independiente y me contó cómo la estaban contratando algunas marcas precisamente por su especialización. «La publicidad tradicional bajó sus inversiones un 20 % aproximadamente en 2021, mientras que el mercado de inversión en *influencers* creció más de un 46 %», según datos de Luxurycomm. Otro elemento de furor se ha centrado en las *stories,* seguramente por ese plus de inmediatez. Ha pasado mucho tiempo desde que se subió la primera en 2016, por lo que han evolucionado. Hoy todas las redes las tienen. Incluso se crea publicidad en modo *stories*. Y no hay que olvidarse de los pódcast.

Menos protocolo y más patatas. Estos nuevos profesionales no quieren regalos, sino su *fee,* y para eso tienen a sus agentes. Se han reducido sus honorarios e incrementado las mediciones para evaluar las *performances,* los alcances, es decir, la capacidad real de venta. Maika Jiménez de Aranoa, creadora digital y directora de la empresa de comunicación ShowDroom, insiste en que «marcas y diseñadores tienen que hacer una apuesta muy grande de mostrar toda su colección en plataformas digitales, con un buen *product placement* pensando en la foto que va a aparecer en las redes». Recalca la necesidad de inversión para posicionar las webs, sobre todo internacionalmente: «Tiene que haber una estrategia digital y de conversión y hay que destinarle un presupuesto. Algo más: no vale ya el *comunity manager;* se requieren *social media,* entre otras cosas, que estén pendientes de los algoritmos que Instagram cambia continuamente». Y conviene aclarar o desterrar la «leyenda de que lo digital es barato; no es así, porque hay grandes profesionales digitales, pero son caros».

Ha quedado clara la necesidad de encontrar el lenguaje de moda que cale, la manera de emocionar y enamorar a los clientes, se llame eso *tecnología, contenidos, probadores virtuales* o *golpe de suerte...* ¿Suerte? Yo prefiero pensar, como Álex Rovira y Fernando Trías de Bes en su libro *La buena suerte,* en «el resultado de su trabajo y de sus actitudes y no en los caprichos de lo aleatorio». Estos autores lo atribuyen a las personas; yo lo extiendo a profesionales y marcas. Estas ya no venden productos únicamente, sino experiencias y servicios basados en ellas. Con emoción y datos; con datos al servicio de la creatividad; con datos que acercan marcas y a consumidores. Leí una vez que Jobs supo estar en la intersección entre el mundo de las ciencias y el de las letras, fue capaz de combinar los procesadores y la poesía, potenciando con ello la innovación. Tal vez sea esa la fórmula de su éxito.

Y mientras la tecnología sigue evolucionando «y dura y dura» —como las Duracell—, las firmas buscan su cuota de poder mediático y de marketing si pueden también al margen de la tecnología (aunque esta finalmente interviene). Así, lo hacen a través de diferentes manifestaciones, muchas ligadas a la cultura. Y si no que se lo digan a Art Basel Miami, la «sucursal» de arte internacional de Basilea, donde se hacen presentaciones de nuevos productos o se realizan desfiles. Y no solo eso, sino que las firmas se han lanzado a poner en marcha acciones terrenales que nos recuerdan que vivimos sobre este planeta, más allá de la digitalización y las nubes, dejando huella. También se está abriendo paso una nueva fórmula: la restauración de obras de arte o de legados históricos. Por ejemplo, en 2022 Bottega Veneta renovó una parte de la Gran Muralla china, el paso Shanhai (meses antes se había dado de baja en todas las redes sociales), y Chanel contribuyó a la restauración del León de Oro en la Plaza de San Marcos, en Venecia, Tod's a una buena parte de la del Coliseo romano y los grupos Kering y LVMH a la de la catedral de Notre Dame. Y ocurren acontecimientos culturomediáticos capaces de repercutir en las propias enseñas, como cuando GUCCI a finales de 2021 vivió cómo se beneficiaba de una película en la que no había tenido arte ni parte. Tanto, que según la consultora estadounidense Launchmetrics, desde septiembre de 2021 y hasta el estreno de *House of GUCCI,* dirigida por Ridley Scott, se publicaron alrededor de 25 000 *posts* en las redes sociales, con un valor estimado de 104 millones de dólares, tres veces más que el de uno de sus últimos desfiles, Love Parade, celebrado en noviembre de ese año en el Hollywood Boulevard, en Los Ángeles.

Volvamos a la tecnología. Hay marcas que se dan de baja en las redes, pero en absoluto de la venta en línea. Algunos diseñadores españoles no tienen redes sociales ni su propia web de venta en línea. Muchos consumidores se quejan de cómo Amazon controla sus actos a través de sus ventas, y asimismo se ha acusado a los monstruos tecnológicos, como Google o Facebook, de ponerse de acuerdo con los precios de la publicidad, de pasar información o de comprar a posibles competidores para crear un monopolio. De hecho, están consiguiendo quedarse con el pastel publicitario: en 2021 las tres empresas nombradas tenían ya más del 60 % del total de inversiones. Y luego está el juego de los algoritmos digamos *malditos,* pues cambian continuamente, e Instagram, Facebook o TikTok premian tus movimientos. Los económicos también: si inviertes en crear material audiovisual, obtienes más seguidores e interacción; en caso contrario, el algoritmo te penaliza... Así es la vida.

Se dice que la venta en línea seguirá creciendo, pero también la física. Cuando en 2021 la gran enseña ASOS, *marketplace* donde los haya, compró Topshop, TOPMAN, Miss Selfridge e HIIT por algo más de 400 millones de dólares, excluyó las tiendas físicas. Según la agencia estadística Eurostat, cuatro de cada diez europeos compraron ropa en línea en 2020. En España la cuota creció un 30 % y en el segundo trimestre de ese año las ventas en línea de prendas de vestir se dispararon un 68.4 % (1130.2 millones de euros frente a 671.3 en el mismo período de 2019). Son datos *pandemials,* pero en 2021 el crecimiento continuó. Según *modaes.es,* las ventas de comercio electrónico a escala internacional aumentaron un 39 % interanual en el primer trimestre de 2021. En Reino Unido crecieron un 75 %, siendo la mitad a través de teléfono móvil. Y en el segmento del lujo, las predicciones de la consultora McKinsey aseguran que en 2025 el 20 % de las compras se realizarán en línea. Por cierto, el grupo Kering ya superó este porcentaje en 2020.

Big data, inteligencia artificial y humanización tecnológica

Y en el principio fue la innovación, palanca de cambio y de cambios, de modelo y de paradigma. La innovación está en el vértice en el que se cruzan la sostenibilidad y la tecnología, dos grandes vectores de transformación social. Se trata de una innovación costosa, porque hablamos de omnicanalidad, no de construir una web de venta o unas redes sociales con venta; hablamos de plataformas, de *marketplaces,* pero sobre todo de entornos en los que reproducir la experiencia de cliente: robots, algoritmos, inteligencia artificial (IA) (que podríamos llamar *octava inteligencia,* aunque no habita en nosotros)... I + D piden más que nunca la emoción verdadera, la humana.

En esta búsqueda de la humanidad tecno se encuadran las ventas en vivo, el *live shopping* realizado desde redes sociales, como Instagram o TikTok, pero también las ventas *phygital,* donde al otro lado de la pantalla hay otro humano. Emulando la experiencia realizada por Levi`s, se envía un enlace a los clientes que solicitan cita para comprar en línea con la hora concreta para una videoconferencia con un vendedor adiestrado para la ocasión que ha tenido tiempo de aprender sobre su posible comprador, por ejemplo, a través sus redes sociales. Innovación y humanización en el fondo quieren decir que lo más frío del mundo, los datos, se pasan por el tamiz de la personalización. Es buscar hacer diana para vender, querido Watson; esa es la cuestión. Y esos, por ejemplo, son los cimientos de acuerdos como los de grupos gigantes pero aparentemente antagónicos como LVMH y Google Clouds para acelerar innovación e IA, de forma que puedan manejar mejor los datos para perfeccionar la personalización de los servicios.

Y aunque no tenga que ver necesariamente con la venta, otro fenómeno interesante en el mundo virtual es el crecimiento del interés por las *celebrities* virtuales. La primera vez que Ariel Medeiro y Ariel Diéguez, @losarys, mis queridos *influencers* argentinos, me dijeron en una cena en 2019 que tenía que seguir a @Noonoouri, pensé que se trataba de alguna amiga suya, hasta que en la misma mesa la busqué en Instagram para descubrir que se trataba de una muñeca con 403 000 seguidores. En principio no sigo ni a perros ni a gatos, no era mi *target*, pero estudié mejor su perfil y caí en la cuenta de que esa creación de Joerg Zuber, fundador de la agencia Opium Effect, era el nuevo ídolo de multitudes. En su perfil la definen como personaje digital, activista y vegana. O sea, un dibujo animado de toda la vida, pero de moda, que realiza acciones pagadas por las marcas y que se mete en jardines como publicar una foto de Martin Luther King en el aniversario de su nacimiento o asiste a clases en Harvard y alaba las enseñanzas de profesores, todo ello sin renunciar a su amistad virtual con Kim Kardashian. Hilarante.

Pero me chocó aún más la persona más robotizada o, mejor dicho, el robot más humanizado, otro personaje, @lilmiquela, con 2.8 millones de seguidores. Medio brasileña, habitante de Los Ángeles, se trata de otra de las *influencers* creadas por computación, las Computer Generated Imagery (CGI), en este caso fruto de la inteligencia —no artificial— de Trevor McFedries y Sara DeCou, cofundadores de la empresa tecnológica Brud, como herramienta de marketing para realizar acciones comerciales. Presumiblemente procedente de Downey, California, ha grabado canciones, y *Time* la seleccionó como una de las «personas» más influyentes de Internet. Alucinante. Pero también que no detectara que estaban ante mis narices los famosos avatares que tantas líneas han hecho escribir... Nada de rasgarse las vestiduras. Son prescriptores. Pensemos en la pasión de muchos de nosotros por Los Simpson. Seguramente hubiéramos comprado cualquier artículo interesante que anunciara Bart o un cosmético que recomendase Marge. La gran diferencia, que no es menor, es la verosimilitud de los personajes y la interacción con ellos.

A nadie le suena extraña la comunicación a través de las pantallas, particularmente pandemia mediante. En 2021 McKinsey realizó un estudio sobre el impulso tecnológico al que se había forzado a las compañías; en él queda claro que la inversión en tecnología ha sido la más importante, conscientes del cambio de modelo de negocio, sobre todo en el *retail*. «Las empresas —dice el informe— han acelerado, de media, siete años el desarrollo de productos y servicios digitales». Los clientes se relacionan con el *retail* especialmente a través de canales digitales, aunque según otros estudios, como he mencionado ya, la tienda física no desaparece.

Si desde el punto de vista de la comunicación la digitalización es un elemento clave —lo lleva siendo desde los albores del siglo XXI—, su importancia resulta notable en los niveles de desarrollo industrial, creación y producción. De hecho, cuando se pregunta a los ejecutivos del sector de cualquier nivel, todos hablan de la digitalización no ya como desafío, sino como oportunidad de desarrollo. Lo es, aunque algunos lo lean como crisis y la mayoría como ecuación que hay que resolver. Como la revolución, es permanente. Se trata del manejo de los datos, junto con la innovación, y la omnicanalidad como base, donde radica y radicará el éxito o el fracaso de los negocios. Porque los consumidores estamos pidiendo a gritos una relación directa de y con las marcas, con confianza y transparencia demostrable. Al mismo tiempo, con los Objetivos de Desarrollo Sostenible siempre frente al ordenador, me gusta recordar que, de los 17, el último, el del establecimiento de alianzas, resulta básico en el momento del desarrollo tecnológico en el que nos encontramos para la transferencia de conocimiento. Son fundamentales las uniones para la creación de los nuevos *marketplaces*. En esa carrera se trabaja para crecer y multiplicarse en usuarios y, por tanto, en ingresos. Por eso existen, por ejemplo, los *growth hackers*. Ya se hablaba de ellos en 2010, pero en la actualidad se estudian en másteres y cada vez se utilizan más en una industria lenta en digitalizarse, en el mundo del lujo en particular. No en vano en 2019 se produjeron grandes cambios en las cúpulas de las empresas de moda —tanto como setenta— como exigencia de mayor conocimiento de la transformación digital. Los *big daters,* como me gusta llamar a los nuevos ejecutivos, serán los responsables del cambio en los próximos años.

La obsesión es lograr la conexión permanente y directa con el cliente, lo que está ligado a la nueva manera de consumir, que ya no es tan nueva, pero en la que se profundizará cada vez más. Me decía en una conversación Senén

Ferreiro, socio fundador de Valora Consultores, que está seguro de que crecerá la venta en tiendas físicas con el paso del tiempo. No lo niego, pero la realidad es que los nuevos consumidores queremos comprar de todo en todo momento del día y de la noche, sin horarios, sábados, domingos y fiestas de guardar. Y eso ya no cambiará. Por ese motivo la otra gran obsesión consiste en profundizar cada vez más en la digitalización del trasvase, sin fronteras entre tienda física y digital. La analista, investigadora y consultora Sandra Bravo Durán me explicaba cómo la tecnología está presente en las tiendas físicas sin que seamos conscientes: «Por ejemplo, a través de mapas de calor que van dirigiéndote hacia donde les interesa. O con fórmulas como el *eye tracking,* que a través del seguimiento de la mirada les proporciona datos, funcionales también en el mundo físico». Y en las tiendas digitales se busca la experiencia de estar en la física. Y no todo ocurre fuera de España; aquí Massimo Dutti lanzó en 2021 su Shoes Experience: basta con abrir la aplicación, elegir modelo, enfocar la cámara a los pies y, por realidad aumentada, tendrás la sensación de llevar el calzado puesto. Bravo Durán define una nueva generación, la *mindstyle,* que no busca tanto marca o marcas, sino valores y referentes que han ido recogiendo a lo largo de su vida. Las marcas, más que las clases o los estilos, deben ofrecer la representación de una mentalidad en productos *ad hoc* a consumidores que, como ella dice, pueden dormir en el Four Seasons con un pijama de Primark o volar en Easy Jet con maleta de Louis Vuitton.

Hablaba antes de las asociaciones, y es muy interesante el proyecto que puso en marcha ese mismo año el grupo Tendam alojando en su página de venta en línea de Cortefiel otras firmas. Podría haberlo hecho solo con las suyas —tiene muchas—, pero decidió sumar ajenas, lo que no deja de convertirla en una plataforma de *marketplace.* Su presidente, Jaume Miquel, me lo explicaba de manera muy gráfica: «La razón de nuestra plataforma es dar servicio al cliente. Mi intención es llegar a tener doscientas marcas, pero también en tiendas físicas. Tienes que generar autopistas hacia el consumidor, estar en los canales donde están ellos e ir a ecosistemas más abiertos. En los últimos diez años a la moda le ha sobrado moda y le ha faltado estrategia. Y ha llegado tarde a la digitalización, pero también a la sostenibilidad. Lo ha hecho mejor la tecnología, desde luego, pero también el ocio, con la generación de experiencias. Y en parte esta situación se debe a que nos hemos mirado entre las marcas, en lugar de mirar más al consumidor. Hemos sido endogámicos y egocéntricos… y eso que el cliente no ha podido darnos más señales».

Los grandes *marketplaces* siguen creciendo. Como FARFETCH, fundada y liderada por el portugués José Neves, quien ha realizado una especie de *joint venture* con el gigante tecnológico chino Alibaba, acuerdo por el que esta plataforma y el grupo suizo Richemont han invertido cada uno 300 millones de dólares en FARFETCH, además de 250 millones de dólares en FARFETCH China. La familia Pinault, propietaria de Kering, también ha invertido 50 millones de dólares. Todo esto ha contribuido a su consolidación como la mayor plataforma de *marketplace* de lujo del mundo. En agosto de 2022 quedó claro quién manda en este lado del mercado, es decir, en el digital, porque FARFETCH compró un 47.5 % de YOOX-NET-A-PORTER, que en el trato adoptaba la tecnología del comprador, la FARFETCH Platform Solutions —conocí al fundador de YOOX, Federico Marchetti, siendo directora de *Yo Dona*. Se trataba de que en la revista puntera se contara la nueva manera de vender lujo. Hoy es consejero de Armani—. Podría decirse que el mercado quedaba repartido, aunque con una cabeza visible que además ya había anunciado anteriormente que en 2023 comenzaría la construcción del Fuse Valley, su especie de Silicon Valley en Oporto. Con 24 edificios que ocuparán 178 000 m², estará acabado en 2025 y será un macrocomplejo de oficinas a orillas del río Leça. Alojará compañías tecnológicas, *startups* y servicios, de ocio, pero también de educación, para conectar a creadores, *curators* y consumidores. Cuando lo supe, exclamé: «¡Hay que ver qué bien lo está haciendo Portugal!». Pero no son los únicos: la alemana Mytheresa, que reportó unas ventas de más de 125 millones en el tercer trimestre de 2020, aspira a cotizar en la bolsa de Nueva York. Palabras mayores. Eso por no hablar de las tiendas físicas de Amazon, de las que la primera experiencia en moda, Amazon Style, abrió en Los Ángeles en el verano de 2022.

¿Y qué papel juegan los *outlets* en esta ecuación? Aunque mantienen su cuota de mercado y también han ampliado sus ventas en línea, su participación en España se sitúa en torno al 15 %, según la Asociación Empresarial del Comercio Textil (ACOTEX). Sin embargo, están en constante crecimiento, con la entrada de nuevos grupos y capitales, especialmente aquellos que se centran en el valor de los productos. Por ejemplo, el grupo NEINVER está compitiendo directamente en Madrid con otros grupos a través de los *outlets*. Cada vez más productos se venden más tiempo con algún descuento: si no es de *outlet,* es de rebaja; si no es de rebaja de temporada, es de media estación. Pero con las nuevas reglamentaciones europeas, que regulan cada vez más los invendidos, desde el momento en el que quedan prohibidos la incineración y el vertedero y se hace responsables a las propias marcas en lugar de dejar la responsabilidad al consumidor, tal vez se reduzca la cantidad de inventario y, por tanto, paulatinamente tenga menos sentido el *outlet* y más la venta directa con descuento.

La moda en la era del metaverso y los NFT

Durante muchos años, en mis equipos se reían de mí. Me movía tanto, estaba en tantos lugares a la vez, que podría parecer que tenía el don de la ubicuidad. Falso. Pero es verdad que siempre me he movido muy deprisa. Por eso, cuando presentamos en sociedad la revista *GRAZIA* el 12 de febrero de 2013, quisimos hacer la broma de generar un holograma de mi persona y ponerlo en el centro del coso de Las Ventas. Cuento siempre los chistes muy mal, pues suelo desvelar el final, y aunque esto no sea un chiste, no hubo plaza ni hubo holograma. Acababan de cubrirla y con gran ilusión pensábamos estrenar su flamante techo. La mañana en la que alguien del equipo estaba dirigiéndose a Correos para enviar las invitaciones recibimos una llamada: la cubierta se había caído. Mal fario. Había una segunda opción, también circular, aunque más manida: el Circo Price. Y decidimos seguir adelante con la idea de montar el «ídem»: «yo» estaría hablando sobre la publicación en la pista mientras me movía entre unos y otros invitados, hablando con unos y brindando con otros: mi yo holográfico frente a mi yo real. Las pruebas nos dieron el segundo disgusto. Con el presupuesto que manejábamos, la calidad del holograma era pésima, así que lo hicimos de otra manera: grabamos mi intervención y la emitimos en pantallas alrededor del circo mientras yo me movía a mis anchas entre el público. Y es que estaba obsesionada no con la doble vida, sino con el holograma desde que lo había visto en 2006 en el desfile otoño-invierno de Alexander McQueen, que quiso hacer un homenaje a la modelo Kate Moss, en horas bajas por sus problemas con la noche.

Y en aquellos momentos no pensaba en avatares.

Entretanto han pasado cosas muy rápidamente. Por ejemplo, las prendas creadas en 3D por la diseñadora Iris van Herpen, las máquinas 3D, mal llamadas *impresoras,* que dicen que serán el futuro del consumidor —ya veremos— y que de momento son magníficas para generar algunos accesorios. En España, Basaldúa, especializada en trajes de novia, presentó en 2021 una colección en 3D destinada a avatares. Para probar el servicio se debe pedir cita a través de la web de la firma. Ofrecen uno básico con cinco imágenes rendcrizadas en 4 K con el *look* total y un vídeo giratorio en HD de tu avatar vestido y servicio *prime* con un clip de vídeo en pasarela virtual de 10-15 s en formato mp4 y calidad *Full* HD.

Muchas veces he pensado en el desarrollo de algún avatar para la pasarela EGO cuando empecé a descubrir el desarrollo de los token no fungibles (NFT), esa especie de prendas virtuales que son y no son, que nos pertenecen y que no nos pertenecen, que básicamente se adquieren con criptomonedas y que tienen mucho que ver con una mentalidad muy joven: usar pero no poseer. Comenzaron únicamente como piezas digitales, sin pasar al mundo físico, pero en poco tiempo se han realizado algunos que tienen su par físico en la era del híbrido. De coleccionista, de caprichoso, de lujo, de arruinarse y asequibles; así son. De esta manera, se pudo asistir al desfile de Dolce & Gabbana el 1 de septiembre de 2021, con su primera colección construida con productos reales y virtuales, aunque las *fashion weeks* metaversales aún no han cuajado y el *boom* se ha desinflado o se hincha más lentamente de lo que se vaticinaba. Pero si Nike, por ejemplo, eligió en septiembre de 2021 a un responsable de metaverso, Eric Redmon, o Adidas compró terrenos en el metaverso ese mismo año, significa que los NFT han llegado para quedarse, o acabarán quedándose, como un negocio más al que se han apuntado enseguida las grandes marcas y las de *fast fashion*. Aunque Arnault ha sido bastante crítico con este nuevo sistema de ver, comercializar y consumir la moda, Louis Vuitton lanzó el 4 de agosto de 2021 un videojuego con NFT para celebrar que hacía doscientos años del nacimiento del creador de la marca de maletas. Su nombre:

Louis, The Game. Entre los más jóvenes hizo furor, con especialistas como los creadores RTFKT Studios, autores de unas deportivas virtuales, junto con un criptoartista de 18 años, FEWOCiOUS, quienes agotaron seiscientos pares en 7 min, con unas ganancias de 3 millones de dólares. De jueguecito, nada; es un gran negocio que solo puede evolucionar y que ha abierto una nueva manera de vender.

Que al público mayor no le interesa, vale; que no vas a comprarte unas deportivas virtuales para salir a la calle porque no son físicas, vale; pero se ha demostrado que existen una industria detrás —y grande—... y muchos consumidores dispuestos a jugar. Parece que para la moda ya no se trata de una opción, sino de una oportunidad que apela a una nueva economía digital colaborativa basada en la tecnología *blockchain* para darle valor legal, con transacciones que pueden realizarse con criptomonedas, pero también con monedas tradicionales de curso legal. Los NFT son personales e intransferibles. No pueden intercambiarse, *a priori,* porque no hay uno igual a otro y contienen información encriptada de su creador y su comprador.

¿De qué hablamos cuando lo hacemos de tendencias en este sector, de los NFT y del metaverso? Hablamos de realidad aumentada y de aplicaciones de la IA que aquí servirán para algo mucho más importante que la creación avatárica, pues permitirán calcular mejor la producción de manera que haya menos invendidos; hablamos de evolución. Como me decía la experta en tecnología y divulgadora científica Silvia Leal, «hay cosas que no tenían valor pero que han pasado a tenerlo. Y cuando Zuckerberg presentó el metaverso, al decirnos que cada uno tendrá su identidad, lo que también anunciaba era que tendremos que comprarlo todo: ropa, accesorios, libros, muebles...». He aquí la clave del interés, aunque debe evolucionar. Por ejemplo, creando mejores avatares. En eso trabaja la empresa ARfuture con la que colabora Leal, que los construye con cincuenta cámaras, de manera que resulta prácticamente imposible distinguir la imagen avatar de la real. «En un metaverso hiperrealista, compraremos la ropa física y el derecho a usarla de manera digital». Es la clave. «Al final —continúa— lo importante del metaverso es que se trata de un mundo de sensaciones. Va a convertirse en una tienda más, pero, a diferencia de las redes sociales, la persona estará interactuando, al tiempo que la marca tomará información del cliente que ve la prenda como si la tuviera delante y la compra. Es una gran acción de marketing». Queda otro elemento que hay que mejorar y vender masivamente: las gafas de realidad aumentada, necesarias para lograr la experiencia inmersiva. Ese será —es— el gran paso. Y ahí estamos todos... esperando las gafas Apple, tal vez en 2024.

Pero no solo está dispuesta la tecnología para esta nueva era, sino también la economía, ya que podemos hablar incluso del ebitda que llegó del frío... mundo digital, que en opinión de algunos expertos estaría en disposición de incrementar los resultados brutos de la industria un 25 % en los próximos diez años. Según un informe de Morgan Stanley, el mercado de los NFT podría llegar a 300 000 millones de dólares en 2030, especialmente los artículos de lujo. En este segmento, los NFT solo suponían un 1 % de los ingresos totales por esos activos en 2021, pero el informe asegura que el 10 % de las ventas de lujo se hará en el metaverso en 2030.

Y mientras el negocio metaversal sigue creciendo, voces más cercanas a la realidad — comercial—, como la marca Balmain, liderada artísticamente por Olivier Rousteing, dicen que lo ideal es ligar los NFT a los objetos físicos, es decir, lanzar el virtual y el real al mismo tiempo. Eso hizo Dolce & Gabbana en el verano de 2022 con su colección de ropa deportiva Realidad paralela: comprando sus artículos en NFT conseguías su versión física. Por las mismas fechas, Tiffany & Co. anunció el lanzamiento de joyas personalizadas solamente para poseedores de CryptoPunks (CP), sus NFTiffs: una vez que tenías tu CP, comprabas el NFT al módico precio de 30 ETH (equivalente a unos 50 000 dólares) y podías canjearlo por un colgante personalizado y su NFT correspondiente. En España, en enero de 2022 la marca LAAGAM, de Inés Arroyo, lanzó una prenda en NFT por 0.01 euros. Se trataba de una forma de introducir el concepto a sus fans. En realidad, la cazadora —era esa la prenda— costaba bastante más, no por su precio de base, sino por la fluctuación del *blockchain*. De hecho, hubo protestas en sus *stories* porque la transacción podía ascender a 50 euros. La buena noticia es que se consiguió una plataforma con la que pagar no con criptomonedas, sino con tarjeta de crédito. Unos meses más tarde, en la primavera de 2022, conocí al fundador de eGow3rld, Alejandro Sáez, quien precisamente presentó en el MAM Fashion Fórum en Málaga sus creaciones, entre otras, unas deportivas comercializadas en modelo físico y en NFT. Y en septiembre de ese mismo año, Carolina Herrara cerró su desfile de primavera-verano 2023 con un vestido que pudo comprarse ese mismo día ¡en el universo metaversal! ¿Precio de venta? 500 Robux, que en aquel momento equivalían aproximadamente a 5 dólares. En 4 h se compraron 432 vestidos. Muchos se revendieron en algún caso por más de 5000 dólares.

Da un poco de vértigo. Y, como me dijo la psiquiatra Marian Rojas Estapé, parece que nadie ha pensado en las secuelas psicológicas de esta novedad de consumo y de relaciones. Es un cambio, y los cambios no son todos positivos o negativos; su uso define su idoneidad. Lo que parece raro es que vayan a meternos a todos en el mundo avatar y, a pesar de comunicarnos a través de pantallas y gafas, necesitemos servicios, ropa, peinados y maquillaje. Parece extraño que haya personas dispuestas a comprar tan caro un objeto NFT para su avatar como el mismo objeto físico, como ocurrió en 2021 con un bolso de GUCCI. Mucho tiene que cambiar el mundo para que este uso se haga costumbre. Imparto muchas clases y charlas en diversos másteres y, cuando surge la palabra *metaverso,* los alumnos desconfían de que el fenómeno llegue a realidad masiva. Pero... siempre les digo lo mismo: acabaréis en el metaverso.

¿Cómo surfean los medios en la nueva realidad?

———

Podría decir que mal, pero acabaría un apartado que merece algo más que una línea.

Siempre es complicado nadar entre dos aguas. Y así llevan los medios de comunicación mucho tiempo moviéndose. Tanto, que no sé cómo no se ahogan. Y la crisis no está relacionada con los avatares; viene de lejos. Hay un antes y un después marcado por la irrupción de Internet y el error de ofrecer gratis lo que tiene valor. Cuando lanzamos *estarguapa.com,* hicimos un estudio para cerrar algunos contenidos, haciéndolos de pago. *El País* intentó cobrar por ellos, pero no hubo manera. Han tenido que pasar veinte años para conseguir cobrar por la información. Y las revistas no han dado aún con la tecla. Hoy el acercamiento masivo a la moda se produce básicamente a través de las redes sociales. Por eso, la clave para atraer a comprar los productos impresos radica en la calidad, en la diferenciación... lo que no suele darse especialmente entre las revistas, tan parecidas.

De lo vivido, un fenómeno triste ha sido la muerte de las semanales distribuidas con los periódicos, que vieron cómo disminuía paulatinamente su difusión ligada a la de su base. ¿Uno de los problemas? Se continuó trabajando en el siglo XXI de manera muy parecida a como se hacía en el XX. *Yo Dona* desapareció del quiosco con el confinamiento, pero su influencia se había evaporado mucho tiempo antes. ¡Con la que había logrado! Nació el 5 del 5 de 2005 como revista semanal sabatina distribuida con *El Mundo*. Nunca lo olvidaré, y tampoco que a la vuelta de aquel verano intenté vender a la dirección de la empresa la idea de ir más allá del sábado. ¿Cómo? Dejando la publicación en el quiosco y manteniéndola a la venta de manera independiente durante toda la semana con el mismo precio para no necesitar cambiar portadas. No fue posible; el director de *El Mundo*, Pedro J. Ramírez no lo veía. No sirvieron de mucho mis explicaciones de que vivíamos en un país polarizado en el que muchas personas podrían convertirse en clientes de la revista, pero no comprarían su periódico nunca; cuestiones políticas... ya sabemos. Solo en Cataluña lo logré durante un tiempo, corto y casi a hurtadillas. Allí, además, se consiguió un acuerdo con *El Periódico de Cataluña,* que distribuyó durante unos años el suplemento.

Yo Dona abrió un nuevo segmento, la revista del sábado, del que se benefició *Mujer Hoy,* de Vocento. En su «embarazo» hubo sus más y sus menos con la decisión del nombre. Yo, que básicamente procedía de publicaciones internacionales, entendía normal que tomara el de la publicación madre, es decir, la italiana *iO Donna,* pero Pedro J. prefería *Yo Mujer.* Me temblaban las mandíbulas solo de pensarlo. Por muchas razones, entre otras, que ya existía *Mujer Hoy.* Al final le convencí de hacer una mezcla rara con un argumento muy sencillo: la segunda acepción de *dona* es «mujer», también en catalán.

En Italia *iO Donna* vivía en competencia con *La Repubblica delle Donne,* suplemento del diario *La Repubblica.* Así que desde que publicamos *Yo Dona* sospechamos que el diario *El País* haría lo propio. Se hizo esperar. Mucho. Y, cuando lanzó *SModa,* fue en *joint venture* con Condé Nast (editora, entre otras, de *Vogue).* Si bien se realizó un buen producto, no se cosechó un gran éxito. Pasó a mensual cuando la editorial estadounidense decidió salir de aquella unión problemática desde el principio, un sábado de cada mes, alternándose con otras publicaciones, como la masculina *Icon.* Algo parecido sucedió finalmente con *Yo Dona,* mensual desde septiembre de 2022, y con *Mujer Hoy,* desde marzo de 2023, en una operación valiente poniendo en el quiosco más de 350 000 ejemplares de una publicación de estilo de vida a la manera de las clásicas, tal y como me explicó la directora general de revistas de Vocento, Samary Fernández-Feito.

Estas publicaciones contribuyeron a cambiar el quiosco. Las clásicas, poco; ahí siguen, con sus regalos, vendiendo cada vez menos, incluso con ellos. Si las publicaciones llevan sangrando desde mediada la primera década del siglo XXI, la pandemia provocó la hemorragia perfecta, con revistas que se plantearon discontinuar, otras que se distribuyeron de manera bimensual, trimestral, etc. Lo viví como directora general de las revistas de Prensa Ibérica. Justamente esa idea de distribuir *Mujer Hoy* con los periódicos de Vocento fue mi apuesta para realizar con *Woman*. No entraré en los motivos por los que no se llevó a cabo, muy variados, pero sí diré que no parecía rentable por el volumen de inversión en la producción y porque al grupo le beneficiaba comprar revistas del corazón a otras empresas y distribuirlas con sus periódicos, hasta el punto de que el buque insignia de la compañía en Cataluña, *El Periódico*, repartía el sábado *Mujer Hoy* (sin comentarios).

Desde fuera he comprobado cómo siguen haciéndose las publicaciones como antes de que las cosas se torcieran, aunque con excepciones. Volviendo a *Mujer Hoy*, he de alabar la labor realizada en los últimos años, creando eventos y comunidades, como el Santander Women Now, marca con la que el grupo ha desarrollado una web que funciona de manera independiente; o la de otro evento, Welife, que también ha dado lugar a otra web. Esa visión 360 de la cabecera la pusimos en marcha en *Yo Dona* desde sus inicios. Incluso llegamos a realizar un programa de televisión, para el que utilizábamos muchas de las piezas que creábamos para la web pero con diferente edición. Con el tiempo nos convertimos en las reinas de los eventos gracias a un trabajo profundo y continuo de los equipos de publicidad, marketing y redacción, con llamadas permanentes a la acción enfocada a la venta, de las propias marcas y de nosotros mismos, que buscábamos llegar a las lectoras (y también a los lectores). Queríamos impactar a más público que el comprador del periódico. En algún momento pensé y argumenté que en *El Mundo* estaba nuestro suelo, pues no teníamos que defender la revista ante su competencia en el quiosco, pero también nuestro techo, porque había quien no nos conocería nunca por negarse a comprar el diario, así que de aquella casa había que saltar por las ventanas, lo que significaba disrupción, mirar fuera de la caja, hacer cosas que no se hacían, tratar la publicación como una marca más, con todas sus maneras de vender y de diferenciarse.

Hoy me enorgullece ser consejera editorial en *El Español*, diario nativo digital creado por Pedro J., para sus verticales *Enclave ODS* y *MagasIn*, especializados en sostenibilidad y mujer. Y no lo digo por continuar mi historia periodística, sino porque precisamente está trabajando en la creación de comunidades, gran salida para los medios. Su vicepresidenta, Cruz Sánchez de Lara, tuvo la gran idea de comprar el *ranking* de mujeres Top 100 líderes en 2022, lo que bien manejado supone para la empresa un potencial tesoro.

La verdad es que me impresiona que sigan existiendo medios en papel. Tanto, como que los quioscos se estén reduciendo año a año, renovándose, algunos convertidos en puestos de café. En los últimos años se han cerrado muchos, entre 700 y 800 anualmente desde 2010; en 2022 había entre 15 000 y 16 000, de los que algo menos de 13 000 distribuían revistas. No existen más porque no se vende. Pero en la distopía en la que nos movemos, en el mundo de las apariencias, también para la mayoría de las marcas aparecer en papel, sea en revistas o en periódicos, es un plus que aún no se alcanza en digital.

Las revistas de moda no son lo que eran. Ahora son en efecto una marca que se presenta en papel y en formato digital, con redes sociales y eventos. Tampoco son lo que eran en independencia editorial. Hoy las agencias de comunicación tienen muy difícil colocar contenidos si no son de marcas que se anuncian en el medio. La enfermedad resulta antigua, se ha cronificado y ha empeorado. Los grupos editoriales cada vez invierten menos en la realización de reportajes, muchos subvencionados por marcas anunciantes; prácticamente todos los contenidos están patrocinados. La historia se repite en el universo digital, por supuesto.

Las revistas tienen que reinventarse, y también sus webs. Y la publicidad, desde luego. En cualquiera de los casos, se trata de generar en torno a las marcas otro tipo de conversación que los medios amplifican de diferente manera con toda su artillería. Paulatinamente surgen nuevas fórmulas y se renuevan otras. Por ejemplo, ya no se utilizan los famosos publirreportajes del siglo pasado para convertir una información suministrada por una marca en un reportaje con la forma y el estilo de la publicación o con el *look and feel* de la web. Se ha dejado de utilizar la palabra, lo que no equivale a que la fórmula haya caído en el olvido; se ha reconvertido, pero de mala manera. Se han buscado otras; por ejemplo, se ha usado —y se usa mucho— poner el nombre de la publicación «para» el nombre de la marca. Pero van creciendo más otros postulados, como el contenido de marca, pagado *(branded content)*. Ahí caben, por ejemplo, una nota de prensa recreada por el medio, normalmente con el nombre de la marca en el titular; una *storie* en Instagram o una foto posteada; un artículo o un vídeo, etc.

Se trata de hablar de la marca de otra manera, de generar contenidos de calidad a la medida de sus necesidades. A través de este planteamiento de comunicación, que paga, controla y autoriza la marca, palabra por palabra, imagen por imagen, *post* por *post,* puede transmitir sus valores, empleando como *carrier* los del medio, con el que necesariamente tiene que haber sintonía. De esta manera, afianza su identidad de marca al tiempo que trata de conseguir nuevos clientes y contactos *(leads)*. El objetivo es el dato, y las marcas trabajan con los medios para lograrlo. ¿Beneficiarios? Ambos. Es fundamental que el contenido resulte el adecuado y que en el *branded content* se produzca el equilibrio, porque si es más *branded* que *content,* los consumidores perderán interés. Y, desde mi punto de vista, esto es lo que ha ocurrido. Hay que contentar a quien paga, te ha pagado o sueñas que un día te pague. Por no hablar de cómo está influyendo que las publicaciones se parezcan unas a otras al ser pagadas por las mismas marcas. Y los lectores no son tontos: dejan de comprar lo que no les aporta valor.

En cuanto a otros medios y acciones, en España los periódicos nunca han mostrado especial interés por el sector de la moda. Craso error, creo. Salvo *El País,* que siempre ha contado con buenos especialistas en la materia, el resto, ni caso. No ocurre como en otros lugares, donde los grandes diarios han generado grandes periodistas de moda, quienes no solo escriben durante los desfiles de sus semanas de la moda. Durante unos meses, *El Mundo* creó unas páginas dedicadas a estilo de vida como anzuelo publicitario. Las dirigía Florinda Salinas, quien había sido durante décadas subdirectora de la revista *Telva,* o sea, que sabía bastante, pero consiguió más bien poco éxito, ya que en cuanto en la empresa comprobaron que las publicidades no llegaban de inmediato ni masivamente, redujeron espacio, para acabar borrándolo. La operación se retomó en 2022 con información directamente ofrecida por *Yo Dona.*

En cambio, fuera de nuestro país los diarios publican este tipo de información y generan eventos relacionados con el sector con bastante éxito. Por ejemplo, las jornadas de conferencias en las que se discute sobre los temas de actualidad relativos a este universo y donde periodistas, presidentes y fundadores de marcas opinan. En España *modaes.es* organiza el Fashion Fórum anualmente. Fuera, *The Business of Fashion* celebra su *Summit Voices.* Y, entre los más importantes e internacionales, destaca el evento creado por el periódico *Financial Times,* el FT Business of Luxury Summit, que se celebra desde 2004. Aun así, los más poderosos han sido los ideados y orquestados por una de las grandes periodistas especializadas, Suzy Menkes, quien los empezó trabajando para *The International Herald Tribune* y *The New York Times* y los continuó en *Vogue,* como la Condé Nast International Luxury Conference.

Este remolino de cambios que han afectado —y afectan— a los medios influye en el tipo de personal al que deben contratar, que deja obsoleto el típico *staff* de redactores, maquetistas, especialista en belleza, estilistas y directora de moda, por simplificar. Hoy manda el dato, de manera que el profesional especializado en posicionamiento SEO resulta vital; lo son incluso redactores con conocimientos de SEO para seleccionar los temas según su mejor o peor acogida y utilizar términos clave en las primeras líneas. ¿Esto aplica a las webs? Relativamente, porque cada vez más se traslada al papel lo que ha tenido buena aceptación digital. Por este motivo, surge la necesidad de incorporar a coordinadores multiplataforma, además de a la o las personas encargadas de las redes sociales. Resulta fundamental generar vídeos que generalmente se subcontratan y básico contar con alguien que trabaje en IA y sea responsable del conocimiento del usuario y de la medición y con especialistas en fidelización, en marketing digital.

¿Y el algoritmo? Ya ha quedado claro que es cerebro y corazón, también para conocer el impacto mediático de una publicación o de una persona en sus redes sociales. Es importantísimo. Tanto, que Launchmetrics lanzó su medidor *Media Impact VALUE* (MIV) basándose en un algoritmo que permite conocer el impacto global de algo o alguien en los medios en función de los diferentes formatos e interacciones. Supongamos que una revista en su edición digital produce y publica un tutorial de peinado y teñido de un peluquero famoso y comparémoslo con una publicación patrocinada por la marca con producción de fotos de la que ese peluquero es embajador o de una *celeb* que habla del peluquero o con el peluquero en la red de la marca, la del profesional y la suya propia. Ahora llevemos ese reportaje a una revista y a su web, a su Instagram, a TikTok, etc. ¿Cómo se come eso? Mejor dicho, ¿cómo se mide eso? ¿Qué criterios de valoración seguimos? ¿Dónde gana quién? El MIV utiliza cuatro criterios principales de medición: el alcance del medio y de los protagonistas del reportaje, los índices del medio, su calidad y la calidad del contenido. Todo está calculado, lo he dicho hasta la saciedad. De esta manera, se puede aportar algo que siempre suele echarse de menos en estas mediciones, la cualitativa, valorando con un índice superior la aparición en un medio de alta gama. También se tiene en cuenta a los *influencers*, sus cuentas alcanzadas, así como si la información se acompaña de buenas fotos y de vídeos. Y suman las menciones.

La asunción de la digitalización por parte de los medios ha sido muy lenta. En agosto de 2021 hablé sola varios minutos. Leía que por primera vez una revista española incorporaba códigos QR para poder comprar las prendas que habían seleccionado sus estilistas. Lo anunciaba a bombo y platillo *ELLE*. Fue su primera publicación dedicada a imágenes de tendencias *(fashion book shopable)*, que podían adquirirse directamente desde sus páginas. Hacía exactamente once años —once— que *Yo Dona* había lanzado un número tecnológico en el que se incorporaron los códigos QR para ampliar información, primero, y para enlazar con páginas en las que se podía comprar prendas seleccionadas, después. Y hacía exactamente ocho años que *GRAZIA había* incorporado esos códigos para comprar directamente. Es más, tengo unos botines de Saint Laurent que compré para demostrarme a mí misma, a mis jefes y a mi redacción que aquello funcionaba. No me los vieron mucho, ni yo misma; su incomodidad no se apreciaba en la foto.

Bromas aparte, me llevó a hablar sola el mero hecho de recordar el calvario que había sido convencer a Telefónica, que manejaba los códigos, de que la revista podía aplicarlos. Recorrí despachos, usé ascensores y subí y bajé escaleras hasta dar con la tecla en forma de persona que entendiera que nuestra publicación quería dar un paso al frente en la unión entre lo digital y lo analógico. Repito, 2010; tal vez demasiado pronto. Aquel número se presentó en la *flagship* de Movistar en la Gran Vía madrileña, a todo trapo, con escaparates alusivos a los reportajes de la publicación en los que había códigos... que apenas se usaron.

En ese empeño por lograr el famoso *engagement* que buscan marcas y medios, una de las fórmulas que mejor ha funcionado —lo escribo en pasado porque realmente cambia tan rápido que la velocidad da vértigo— ha sido mezclar contenidos de seguidores con los propios de las marcas. Valentino fue de los primeros. Así se implica al consumidor, al que está al otro lado de la pantalla, que ya no se denomina *usuario,* sino *Key Opinion Leader* (KOL), un líder de opinión que no funciona solamente como receptor de una comunicación, sino como piedra angular de la comunidad de una marca —un medio— gracias a su capacidad para emitir y compartir. Y para ello trabaja el análisis de datos, profundizando en la personalización, en las conductas o en las emociones de los clientes.

¿Quiénes son estos clientes? Complicado. Siempre critico que llevamos casi un cuarto de siglo XXI y no podemos seguir moviéndonos por el mundo como si estuviéramos en la zona de confort del XX. Pero la realidad es que en muchos aspectos hay que usar las reglas de ambas centurias, lo que significa que las marcas y los medios no pueden perder a sus consumidores de toda la vida; de ahí la importancia de seguir invirtiendo de manera más convencional, pero cada vez volcando más la nave hacia el presente y el futuro. Y ahí entran todos: las generaciones maduras, pero también *millennials,* la generación Z y esos *henrys (High Earners Not Rich Yet)* menores de treinta, si bien con tanto volumen de ingresos que se espera que mediados sus cuarenta años sean millonarios. La mayoría confía en las redes sociales y en webs basadas en reseñas casi al 100 %. Pero también se reclama y reconoce cada vez más la transparencia publicitaria en las redes para no dar lugar a engaños. Lo dejó muy claro el responsable de C & A para España y Portugal, Domingos Esteves, en unas declaraciones en el Fashion Fórum organizado por *modaes.es* en 2021: «La macrotendencia que va a venir se llama *cliente;* no hay otra».

¿Comprarán o no papel? Cada vez que lo pregunto, por ejemplo, en clases de másteres, me encuentro con un 90 % que dice que sí frente al resto que se inclina por su desaparición. Como la energía, yo siento que no morirá, solo se transformará. Me parecen muy clarificadoras estas declaraciones de la directora de *Harper's Bazaar China:* «Siempre editaremos una edición impresa porque tiene ese valor de algo que por un lado posees y por otro quieres guardar, pero las revistas del futuro necesitan ser más inspiradoras que una simple guía de compras». Sea como sea, muchas de las directoras de las grandes cabeceras internacionales han pasado a mejor vida y su lugar ha sido ocupado por las que hasta entonces solo se dedicaban a digital. Yo misma nombré subdirectora de *Woman* a quien manejaba la web. Este *sorpasso* es un juego de niños si tenemos en cuenta lo que hizo en 2021 Wintour (directora de contenidos de Condé Nast, cargo que simultanea con la dirección de *Vogue América*) nombrando directora de *Vogue China* a Margaret Zhang, de 27 años, que ocupaba la silla que dejaba libre la que parecía todopoderosa Angelica Cheung. Cabello hoy verde mañana fucsia, empezó como bloguera en 2009 con 16 añitos, aunque eso no le impidió estudiar Derecho en la Universidad de Sídney, dado que su origen es chino-australiano. En su perfil de Instagram aparece como directora de cine... Da igual; en marzo de 2023 tenía 1.9 millones de seguidores.

Oriente y Occidente buscan fórmulas para evitar la dependencia de las inversiones en papel y al mismo tiempo llegar a una audiencia cada vez más amplia y desafecta a las revistas. Algunas voces argumentan que el mercado de la moda debería tomar ejemplo de Netflix, que ofrece contenidos globales para mercados globales. Este enfoque se ha visto reflejado en la estrategia de negocio de Condé Nast, que ha reducido significativamente sus equipos editoriales en todo el mundo y ha creado una dependencia de los contenidos de la edición estadounidense, de los cuales se traducen artículos y se utilizan fotos en todas sus publicaciones, no solo en *Vogue*. Así, se publica prácticamente los mismos contenidos en los diferentes países, que solo añaden algunos temas propios por aquello de la diferenciación y también por contentar a los anunciantes locales, a quienes hay que seguir devolviendo la alimentación que proporcionan. Que se pierde identidad, desde luego; que se gana en economía, también. Los datos dicen que en 2021 Condé Nast registró ganancias que no veía desde hacía años; eso sí, después de implementar no solo los mencionados cambios, sino de hacer una gran inversión en operaciones digitales. Por otra parte, más que vivir de las publicaciones, la editorial estadounidense genera continuamente acciones para marcas, como si de una agencia de comunicación y eventos se tratara.

En su libro *En las trincheras de la moda,* Talley cuenta con mucho dolor que, «con el auge de la digitalización, la revista *(Vogue)* sufre una hemorragia de pérdidas, dejando a los trabajadores marchar y alquilando el espacio vacío a otras empresas. La publicidad ya no es lo que era, y las grandes estrellas ya no dependen de la revista para presentarse ante el mundo. *Vogue* necesita aprender cómo reinventarse». Relata cómo grandes estrellas del periodismo de moda, como Tonne Goodman o Grace Coddington, fueron despedidas para ser contratadas como *freelances*. Refiriéndose a la primera dice: «La contratan y le pagan por días de trabajo. Muchas veces *Vogue* ni siquiera accede a pagar la tarifa de un día para hacer las pruebas de vestuario necesarias antes de la sesión de fotos [...] Condé Nast es especial en su habilidad para escupir fuera a la gente. De lo más alto a lo más bajo, a uno lo despiden sin ceremonia ni de un modo digno, como en la corte del rey Sol. Cuando despidieron a Diana Vreeland cambiaron la cerradura [...]. Literalmente la dejaron en la calle. Grace Mirabella se enteró por la televisión de que la habían despedido. Condé Nast es especialista en este tipo de cosas». Lo dice él y lo corroboro. Yo contemplé cómo cambiaban la cerradura tras despedir a un consejero delegado en Madrid.

Si hablamos de alcance global, el gran ejemplo lo tenemos en las redes sociales con su capacidad de generar contenidos, aunque no es un trabajo *amateur;* si se quiere ejecutar bien, hay que estudiarlo, realizar buenas fotos, subir lo mejor, olvidarse de lo peor y estar al día de los cambios en los algoritmos. Y resulta esencial igualmente que firmas y medios creen su propia estrategia en su relación con *influencers* y sus agentes. Se trata casi de una nueva obligación, porque funcionar, funcionan, pero siempre que estén alineados con los valores de la publicación o de la enseña.

En este *remolino,* como lo he llamado, hay un colmo de los colmos: las marcas que crean sus propias publicaciones. Como me decía mi amigo Armando Pinedo, director de comunicación de The Beauty Concept, un centro de belleza y medicina estética, peluquería, asesores de imagen y gestores de SPA, con otra grande a su cabeza, Paz Torralba: «Tú creas tu propio universo y no tienes que depender de lo que te publiquen unos u otros». Algunos deben envidiar la lanzada por Bottega Veneta en abril de 2021, *Issued,* revista trimestral básicamente visual que explora una manera diferente de relacionarse con su público objetivo.

Vuelvo a preguntar sobre el futuro del papel. Yo diría que lo tiene más que nunca, pero otro papel, otras publicaciones. Y aportando valor, que obviamente hoy es pequeño. Fernando Rius lo expresa muy claramente: «El papel está volviendo. Las revistas tienen que ser trimestrales. Hay que revalorizar los productos de papel con fórmulas más sofisticadas, como *Mastermind,* que se publica dos veces al año, o *The Perfect Magazine»*. Su número cero lo componían 464 páginas, pesaba 3 kg y tardó nueve semanas en imprimirse. Aunque confesaba seguir leyendo *Vogue América,* me habló con pasión de *Ark Journal, Suitcase* y, por supuesto, *Monocle…* y *The White Paper by,* publicación española creada por nuestra común amiga Chus Mantecón: «Son publicaciones muy transversales que no tienen que ver con las tradicionales con las que hemos crecido. Para enterarme de lo último, ya tengo Instagram».

¿Y el lujo (y el *premium*) cómo surfea?

Leí un artículo de las profesoras Felicitas Morhart y Lucia Malär en el que explicaban que los consumidores están exigiendo a las marcas de lujo ciertas particularidades sin las que es difícil que se entiendan y, por tanto, que sean dignas de convertirse en referencia:

- **Autenticidad.** Cualquier consumidor sabe encontrar los códigos o la numeración que se esconden en los artículos de lujo frente a las copias. Recuerdo el mal rato de una amiga que quería vender unos bolsos de Louis Vuitton heredados. Los posibles compradores le preguntaron si tenía las etiquetas de autenticidad, y me llamó para ver si yo sabía dónde podían estar. Evidentemente supe contestarle: se trata de una mínima etiqueta con un código oculta en el bolsillo interior que se coloca desde 1980.
- **Continuidad en el tiempo.** Si tienes una historia demostrable, serás más apetecible a los ojos del consumidor de artículos de lujo.
- **Credibilidad.** No es lo mismo que autenticidad porque este valor se refiere al compromiso de los artículos con la honestidad y la transparencia.
- **Integridad.** Poner la calidad y la verdad por encima de los beneficios.
- **Simbolismo.** Con qué se identifica el artículo que lo hace tan especial y qué mueve en el corazón del consumidor.

Estas características hacen de sus artículos objetos que permanecen en el tiempo, objetivo común de los grandes grupos de lujo y del *premium*. Además, hoy está muy revalorizada su relación con la sostenibilidad, la artesanía, la tecnología y la llamada al placer íntimo de los materiales, incluso el de la espera, por tratarse muchas veces de objetos que hay que reservar pues su elaboración lleva unos meses. Y se compra en línea; de hecho, según un informe elaborado por Mazars y Arianee, en 2019 los clientes del lujo gastaron 33 300 millones de euros en compras en línea, mientras que esa cifra había sido de 4300 millones en 2010. Y entre 2019 y 2020 pasaron de constituir el 12 % de las ventas al 23 %. Según Bain & Company, en 2025 será el principal canal.

Una de las personas en España que más entiende de lujo es Susana Campuzano, directora de la consultora Luxury Advise, así como directora del programa de Gestión y Marketing de Productos y Servicios de Lujo y del programa de Dirección y Gestión Estratégica del Universo del Lujo en el Instituto Empresa. Hablé con ella, entre otras cosas, para entender mejor hacia dónde se dirige este cometa, y me aseguró que está en «un cambio de paradigma al que solo nos estamos asomando, una transformación grande pero progresiva. Yo me imagino que se pueda realizar la compra en un concierto. Y a lo mejor lo que hace Louis Vuitton es patrocinar una gira, pero también el desfile o la comida que van a tener lugar en un concierto. La gente se va a encontrar con la marca sin darse cuenta». Recordé estas declaraciones cuando el 8 de diciembre de 2022 el director creativo de Céline, Hedi Slimane, organizó un (no) desfile con concierto en Hollywood, con actuaciones de Iggy Pop, Interpol y The Strokes y con Jamie Hince y Alison Mosshart, de The Kills, pinchando.

El CEO de Mindway y presidente de *ELLE Education,* Francisco López Navarrete, asegura que «el lujo es algo que no tienes. De hecho, su atributo principal es lo aspiracional, porque, si ya posees un objeto de lujo, ya no es lujo». Según estos criterios, no puede tratarse de algo asequible. En cambio, Campuzano opina que cada vez hay un mayor acercamiento entre este segmento y el *premium*. «Los jóvenes no veneran el lujo como generaciones anteriores. Si la marca les propone algo interesante, fenomenal, pero su acercamiento al lujo se produce a través de la belleza o de Instagram y de la segunda mano. El lujo no se ha valorado por la funcionalidad sino por la simbología. Está cambiando porque cada vez casa más con lo cotidiano. Hoy los jóvenes no valoran el segmento sino lo que les aportan las cosas. Son más funcionales. Y la realidad es que hay una *premiumización* del mercado». Aceptamos pulpo... y enmarcamos, por ejemplo, a LOEWE en esta nueva manera de desarrollarse, con su *pop up* de la colección Paula's Ibiza que se abre cada verano desde 2018. «Se va a salir de los compartimentos estancos. Las marcas estarán donde estén la tecnología, la creatividad y la gente joven». Y se refiere también a los vestidos joya de Schiaparelli y a cómo la alta costura crece en una sociedad progresivamente más polarizada. Campuzano pone de relieve el apoyo que tienen y que encontrarán las marcas, por un lado, de la artesanía y, por otro, de la tecnología, «más accesible y a la conquista del cliente, buscando sus datos». La tecnología, además, generará también un nuevo lujo, el relacionado con la vida nómada.

Dos años después de hacerlo en EE. UU, Amazon lanzó en 2022 en Europa (España, Reino Unido, Alemania, Francia e Italia) la aplicación Luxury Stores para sus suscriptores *premium*, con marcas de lujo no solo consolidadas, sino también emergentes. También su competidor chino, Alibaba, ha intentado inmiscuirse en un terreno hasta ahora vedado para la plataforma con su Tmall Luxury Pavilion, donde se permite que sean las propias marcas las que controlen su inventario, pongan precio y elijan *look and feel*. Casi todas las más potentes pertenecen al grupo Kering, pero también hay de joyería y relojería del conglomerado Richmont, con Cartier como una de las más importantes. Y es que el mundo de las plataformas de consumo masivo busca desesperadamente llegar a la moda y al estilo de vida. De hecho, la creada por Jeff Bezos incluso ha estado presente en la gala MET, además de ser patrocinadora de la Fashion Week de Tokio, por ejemplo. En España en alguna edición de MBFWMadrid se hizo un acuerdo con la organización de la pasarela para que los creadores pudieran vender sus diseños usando su *marketplace*. La idea fue buena, pero el resultado, nefasto.

Los medios también contribuyen a la mejor difusión de esta nueva mirada y a generar actividades y eventos que, ligados al lujo, suponen una forma diferente y exitosa de comunicar. Muchos lo hacen con la única finalidad de conducir a los consumidores a las tiendas, físicas o digitales. Se trata de eventos que se crean con cuatro objetivos: la unión más profunda y duradera de medio y marca, la relación con público objetivamente interesante para ambos con captación de *leads* para sus bases de datos, una manera diferente de obtener ingresos para los medios y la obtención de menciones sobre la marca en los medios a través de sus plataformas.

Papel, digital y redes sociales no son suficientes para que las publicaciones lleguen a sus audiencias y para conseguir ingresos más allá de la publicidad. Por eso se realizan eventos memorables, como la gala MET en el Museo Metropolitano de Nueva York, liderada desde 1995 por la revista *fashion* más influyente y bajo la presidencia de Wintour. Cada año esta gala es patrocinada por una gran marca (p. ej., la de 2023, como homenaje a Karl Lagerfeld, la patrocinó Chanel) y genera grandes beneficios de imagen y de apariciones mediáticas en un salto mortal por encima de su propia anfitriona. Seguramente es el único ejemplo de acto organizado por una revista del que hablan los demás medios en cualquiera de sus plataformas y a lo largo y ancho del globo.

La MET, que recauda en torno a 10 millones de euros destinados al Costume Institute, no es, como podría parecer por su protagonismo, una invención de *Vogue* ni de Wintour, sino del propio Instituto, que en 1948 ya ideó esta fórmula de financiación... seguro que de manera más modesta, ya que en la actualidad no puedes acudir si no te invita la directora de contenido mundial de *Vogue,* quien incluso tiene la potestad de veto a los invitados de una marca. La invitación individual cuesta en torno a 30 000 euros y una mesa, 250 000 euros, según *The New York Times.* Quien proyectó las exposiciones de moda en la MET tal y como hoy se conocen fue Diana Vreeland desde que en 1973 creara la primera The World of Balenciaga, pero quien ha sabido monetizar el evento ha sido su magna directora, quien, según informaciones de *The Business of Fashion,* lleva desde 2015 comercializando la alfombra roja anterior a la gala. En un artículo publicado unos días antes de la de 2022 se contaba que en la transmisión en vivo realizada los dos años anteriores se alcanzó un millón de dólares con la emisión de dos anuncios de tan solo 6 s. En 2021 esta transmisión generó 16.5 millones de visualizaciones, tanto en vivo como bajo demanda en las dos semanas siguientes, con un *media impact value* de 543 millones de dólares, es decir, el impacto mediático del marketing de *influencers* en una firma. *Touchée!*

No es la única celebración que busca el lujo o las marcas *premium* para encontrar un modo de difusión. A la zaga le van las manifestaciones de moda en Art Basel Miami y, cada vez con más fuerza, la Fall Fashion Gala, promovida por la actriz Sarah Jessica Parker, quien también es su vicepresidenta. Precisamente en la celebrada el 28 de septiembre de 2022 brilló España porque en ella presentó Alejandro Gómez Palomo (Palomo Spain) su vestuario para el *ballet* de Nueva York junto con dos grandes creadores internacionales, Raf Simons y Giles Deacon. «Lo disfruté, de verdad. Yo creo que me va a inspirar de alguna manera. He estado permanentemente con los bailarines. Todos fueron vestidos con cosas mías a la gala. Y lo que más me ha impactado y me puede influir en mis colecciones es cómo van ellos a diario, con los *leggins* y los jerséis grandes, las niñas con los tutús sobre el chándal... la mezcla de la media con el chifón, con la lana... y la elegancia... Y luego el día del estreno, pues se sentó Beyoncé dos sillas a mi derecha... Es muy importante, porque la gente que estaba allí había pagado un cubierto mínimo de 6000 euros, y eso te ayuda a que te conozcan personas con capacidad económica. Esto también me lleva a pensar que mi sitio está en Nueva York, donde hay posibilidad de crecer, donde se hace realidad eso de que si te lo curras puedes llegar; allí es donde tengo a los clientes más fieles, los que más compran, los que más gastan», me contaba comiendo un día de finales de noviembre de 2022.

Internacionalizar, una cuestión de supervivencia

Que España ha tenido mimbres para ser potencia de moda, ya lo he dicho; que nos vendemos fatal, creo que también. Siempre hemos tenido una especie de complejo absurdo que, sinceramente, no sé de dónde viene y nos impide valorar lo nuestro como se merece. Lo de fuera siempre nos ha gustado más. Recuerdo épocas en las que algunas revistas publicaban imágenes de ropa que ni siquiera se podía encontrar aquí. He tenido verdaderos alegatos con redactoras que se negaban a publicar ropa española porque los fotógrafos que la retrataban, obviamente extranjeros, la rechazaban. ¿Por qué no les gustaba? Porque en general no la conocían, pero sobre todo porque los reportajes de las revistas les servían como posible trampolín para realizar campañas de marcas y España no tenía suficiente potencial en este sentido para interesarles. Tuvo que llegar el siglo XXI, y un poco tardío, para que los nombres de fotógrafos españoles empezaran a colarse con normalidad entre los más famosos internacionales. Hoy lo habitual es contar con españoles en las publicaciones. Y como eso, todo. O casi todo.

Recuerdo una anécdota con muchísimo cariño con la que fue presidenta de la Academia de Cine, Ivonne Blake (1940-2018), además de gran diseñadora de vestuario y ganadora de un premio Óscar y cuatro premios Goya. Cuando fui directora de MBFWMadrid, y recién nombrada ella presidenta, conseguí una cita para pedirle que impulsara el uso de ropa de creadores españoles en la ceremonia de los Goya, de la misma manera que las actrices se vestían de grandes casas de costura internacional. Contestó que en España no existían diseñadores de alfombra roja y la reté: la invité a un par de desfiles bien seleccionados. Y, una vez que los disfrutó, pidió invitaciones para más creadores y volvió en la temporada siguiente, hasta que falleció por un ictus.

Cuento esto porque para triunfar fuera normalmente hay que estar convencido y hacer el trabajo para triunfar dentro. Y los diseñadores españoles no hicieron durante mucho tiempo esa labor. Con excepciones. Y con ayuda también. Ya he hablado en la primera parte de este libro sobre la función del Centro de Promoción de Diseño y Moda en las décadas de 1980 y 1990. Una vez constituida en 1998 la Asociación de Creadores de Moda de España por parte de Modesto Lomba, Jesús del Pozo, Elio Berhanyer, Antonio Pernas, Ángel Schlesser y Roberto Verino, se desarrolló un trabajo paulatino para darla a conocer cada vez más, tanto dentro como fuera de España. Por ejemplo, en 2007 y 2008 se celebró en Nueva York una exposición de los trabajos de doce diseñadores que habitualmente desfilaban en Madrid, el primer año en la sede del Queen Sofía Spanish Institute y el segundo en el Trump Soho Hotel Condominium New York. Los afortunados fueron Devota & Lomba, Jesús del Pozo, Roberto Torretta, Ágatha Ruiz de la Prada, DaviDelfín, Juan Duyos, Alma Aguilar, Ana Locking, Juanjo Oliva, Ailanto, Miguel Palacio y Roberto Verino. El Ayuntamiento y la Comunidad de Madrid e IFEMA patrocinaron los eventos. Fueron muy criticados porque se estaba beneficiando a algunos creadores que en muchos casos no podían sacar rendimiento a la operación, entre otras cosas porque no producían sus colecciones. A pesar de las críticas, y con una mirada más amplia, la moda española se benefició, aunque más desde el punto de vista de marketing que financiero.

En Nueva York, gracias a la cámara España-EE. UU., se celebraron más desfiles en años posteriores. Concretamente en 2009 y 2010, en la Biblioteca Pública de la ciudad, los titulados *4 Eyes,* en un caso con Locking, Duyos, Carmen March y Oliva y en otro con Custo, Delfín, Joaquín Trías y Toni Francesc. Custo ya desfilaba en la Gran Manzana desde 1997 y ha seguido haciéndolo cada temporada; Francesc lo había hecho en tres ocasiones más; Trías volvería en septiembre de 2021; mi querido y añorado David, fallecido en 2017, lo haría cuatro temporadas seguidas, y March en cuatro ocasiones, pero como directora creativa de Pedro del Hierro, firma para la que trabajó entre 2012 y 2015. Si hablamos de ella, no sería de extrañar que emergiera, pues lo ha hecho varias veces, pero en 2020 echó el cierre a su marca. En cuanto a Oliva, ha intentado su expansión internacional desde 2021 cuando se trasladó a vivir a París con idea de atraer negocio y de desfilar; abrió una *boutique* en el barrio latino, en el n.º 4 de la *Rue Saints Pères*. También hay que resaltar que Ruiz de la Prada desfiló por su cuenta en la NYFWeek e incluso tuvo tienda durante varios años en el Soho, que fue la primera que cerró cuando la crisis económica acució y tras su divorcio de Pedro J. Ramírez. Para trabajar en ella curiosamente había contratado en 2013 a Lucía Cordeiro, directora ejecutiva de ACME desde 2004.

«Fue un momento muy ilusionante», me dijo por teléfono Cordeiro. «David [Delfín] había entrado en la asociación y era un valor muy importante, un revulsivo. Teníamos a gente como Jesús [del Pozo] con mucha garra, pero él lo cambió todo. Modesto [que era y sigue siendo presidente de ACME] fue muy generoso. Sabía que eran acciones que no redundaban en beneficio directo para él, pero estaba interesado en apoyarlo porque sabía que beneficiaba a todos».

¿Por qué Nueva York y no París o Milán? «Ir a Francia e Italia es imposible —me explicó Cordeiro— porque en Francia están las grandes marcas, que han tenido y tienen alta costura, tienen comunicación... Intelectualmente nos dan mil vueltas. Porque en España nos saltamos el siglo XIX, y eso es irrecuperable. En cuanto a Italia, siempre fueron comerciales y lograron una moda exquisita. España cuenta con Inditex como única gran empresa y, cuando se ha intentado replicar el negocio más internacional, se ha fracasado. Luego, hay que tener en cuenta que aquí no hay un euro. Y, cuando creas una empresa de moda, lo primero que hay que hacer es contratar a gente».

Cordeiro reconoce que para nuestro país es muy importante que Francia e Italia sean los mercados más claros, aunque el primero está bastante saturado: «En su día, miramos a EE. UU. porque significaba la comunicación. El mundo latino como cultura es muy fuerte y, concretamente en Nueva York, muy poderoso, o lo era, porque no ha habido recambio latino a Carolina [Herrera] y a Oscar [de la Renta]. Fue a este último a quien nos dirigimos por mediación de unos abogados de Madrid. Fue muy generoso, aunque él nos decía que allí

Primera tienda de Juanjo Oliva en París. 63, rue des Saints Péres.

Fotografía: Instagram @juanjooliva y @maisonolivaparis
(@quique_santamaria)

nos íbamos a perder, que debíamos llevar a los periodistas a España. Pero nos abrió el Spanish Institute. En aquellos momentos contábamos con el apoyo de Concha Guerra, que era viceconsejera de Cultura y Turismo de la Comunidad de Madrid. En el ayuntamiento nos dijeron que nos apoyaban por la comunicación que podían obtener para Madrid invirtiendo en nosotros. La verdad es que buscamos fórmulas para traer a periodistas y compradores a Madrid, pero no querían venir mientras la pasarela tuviera lugar en IFEMA».

Ni cortos ni perezosos se fueron a Nueva York, e incluso se reunieron con Wintour: «Nos remitió a la organización de los desfiles latinos y también a *style.com*. Y a partir de ahí organizamos la exposición en el Spanish Institute de la mano de Oscar [de la Renta]. Wintour fue a verla, pero el 70 % de los diseñadores eligió el negro, y de entrada dijo que no le gustaba ese color, para añadir que había mucha fiesta. Pero fue la primera vez que logramos salir en el *Women's Wear Daily*». En aquella estrategia de internacionalización participó la empresaria Natasha de Santis, quien aseguró que el hecho de que «hubiera equis número de diseñadores españoles de ACME no significa que todos fueran válidos para desfilar. Nosotros buscábamos una hoja de ruta y estar en el calendario oficial. Anna [Wintour] me dijo que ojo, que siguiéramos sus consejos». Yo no creo que se hiciera.

Según Cordeiro, «la Comunidad de Madrid decidió que parte de la subvención debía ser para desfiles. Tenía prevista una inversión anual de un millón de euros y se determinó que una comisión eligiera a los creadores que debían desfilar». Cordeiro sigue insistiendo en la necesidad de tener construida la marca para internacionalizarse, por supuesto, productos y dinero para sostenerla en el tiempo, «porque en la moda cinco años es corto plazo. También, en España falta humildad y nadie está dispuesto a invertir a siete u ocho años. Fíjate en Amaya [Arzuaga], que siempre quiso ser la directora creativa de una gran marca. Miriam Ocariz lo logró, con presencia en Japón, pero era lo comido por lo servido. Es un mundo muy difícil porque quienes se ponen de moda enseguida pasan de moda. Y para triunfar se requieren dos cosas insalvables: dinero y originalidad. Sigue sin haber dinero y ahora además los diseñadores tienen miedo a las empresas».

¿Qué otros diseñadores y marcas han desfilado fuera de nuestras fronteras? Muchos, aunque no siempre con continuidad. Amaya Arzuaga desfiló en Londres, donde era una diosa, y en París, durante varios años antes de retirarse y dedicarse al negocio de hostelería y bodega de su familia en

Burgos. Ágatha Ruiz de la Prada y Custo BCN son probablemente los creadores españoles que más desfiles han realizado fuera de España. Josep Font, otro de los grandes destacados, desfiló incluso en la Semana de la Alta Costura en París, siendo el único español que lo había logrado hasta el debut de la cordobesa Juana Martín en julio de 2022. Ese mismo mes también desfiló Leandro Cano, pero fuera de calendario. Como director creativo de Del Pozo, Font desfiló una vez en España, en el parque El Capricho, en Madrid, el 30 de agosto de 2012, abriendo la pasarela MBFWMadrid. Después, todos sus desfiles se realizarían en Nueva York, y las dos últimas temporadas en Londres, antes de abandonar la marca (le sustituyó Lutz Huelle a finales de noviembre de 2018 y en 2021 la empresa Perfumes y Diseño cerró definitivamente una marca con 47 años de historia). En la primera parte ya he nombrado a Sybilla, Verino y Adolfo Domínguez, pioneros en internacionalización. Y tengo que recordar a Miguel Adrover, niño mimado de Wintour, quien desfiló en Nueva York como gran esperanza del diseño español, probablemente uno de los vanguardistas con más talento y que ya en la década de 1990 utilizaba ropa reciclada para sus colecciones (es mítico su uso del forro de gabardina *Burberry* para un vestido en 2002, que obra en poder del MET). Mallorquín de nacimiento, hoy vive en la isla, donde sigue desarrollando su talento creativo, aunque en 2017 desde su cuenta de Instagram se declaró muerto... para la moda. También en Nueva York, y muy mimado por *Vogue América,* ha desfilado Palomo Spain durante varias temporadas, la última en febrero de 2023.

Hablamos de fuerza, inversiones y empresas y marcas que contratan a creadores. Lamentablemente, en España se hace poco en este sentido y sin grandes resultados, incluso para aquellos diseñadores con un buen pedigrí o renombre. Ya he contado mi recomendación a Areces de contratar a Rabaneda y vuelvo a mencionar el caso de Del Pozo porque realmente, entre 2011 y 2019, no solo se internacionalizó, sino que se desarrolló con códigos internacionales, de la mano de Perfumes y Diseño, gracias a lo que obtuvo un potente interés mediático, pero tuvo que luchar mucho para que los medios, fundamentalmente españoles, entendieran que sus movimientos eran internacionales. Su presidente, Pedro Trólez, explica que tuvieron «algunas diferencias con determinadas publicaciones porque no se entendía tan bien que pudiera ser una empresa española y de lujo». La compañía ha intentado trabajar de nuevo en el lujo entrando en el capital de Oteyza, unión que se anunció en abril de 2021. Su objetivo es

Vestido de Miguel Adrover, a partir del forro de la gabardina clásica de la firma Burberry, con el que el diseñador conquistó Nueva York en 2002.

Fotografía: Instagram @migueladroverofficial (MET)

Desfile de Palomo Spain, colección otoño-invierno 2023/24 en la Semana de la Moda de Nueva York.

impulsar la marca, lanzar una colección de *streetwear* y abrir nuevos mercados a escala internacional. Es una buena opción.

Paul García de Oteyza y su esposa Caterina Pañeda son fundadores y directores creativos de la marca Oteyza, que nació en 2011 con el propósito de revivir la capa y la sastrería masculina. Durante mi tiempo como directora de la pasarela madrileña, tuve el placer de conocerlos y quedar hechizada por su profesionalismo y pasión por la capa, una prenda que inicialmente juzgaba decimonónica, pero que ellos convirtieron en imprescindible para el siglo XXI. Casi desde el primer momento en que hablé con ellos, vi los vídeos de las presentaciones en Florencia y viví con pasión la suya, así supe que tenían que estar en mi calendario. Después mantuvimos muchas conversaciones, como he tenido siempre con los diseñadores españoles, alguna, incluso, fueron de crítica hacia alguna de sus presentaciones. No he visto gente más educada y humilde al aceptarlas; tampoco tan determinada a internacionalizarse. Veían claro que debían continuar por París. Tenían una visión idílica de esa capital. «Por prestigio. Porque es un escaparate mundial. Para Francia, la moda es una cuestión de Estado y de negocio. Es otra división y es como empezar de cero porque necesitas aguantar tres años para conseguir resultados». Un día, hablándome de la necesidad de crecimiento orgánico, Oteyza me contaba una conversación con Paul Smith. De Paul a Paul. Él bromeaba «de Paul grande a Paul pequeño». El caso es que el británico le había regalado un consejo explicándole que antes de abrir un *showroom* alquilara la «habitación de un hotel». Oteyza también estaba seguro de que Perfumes y Diseño querrían elaborar un perfume, pero solo cuando tuvieran más relevancia como empresa.

Y ya que hablamos de lujo y fragancias, no se puede pasar por alto la contribución de la empresa española Puig a la internacionalización de la moda. Entre sus marcas se encuentran Nina Ricci, Carolina Herrera, Paco Rabanne, Gaultier y Dries Van Noten, todas ellas de gran reconocimiento a nivel mundial. Puig realiza todos sus desfiles fuera de España, lo que muestra su compromiso con la expansión global de su marca. Puig ha comprado empresas internacionales de diseño, en su mayoría de gran trayectoria y aquellas con las que ya desarrollaba sus perfumes. De hecho, continúa su expansión y próximamente lanzará una línea cosmética de JACQUEMUS.

Hablando de marcas catalanas, Lola Casademunt by Maite es un ejemplo de éxito en la expansión internacional en la segunda década del siglo XXI. Con más de cien puntos de venta, incluyendo Francia, esta marca tiene la vista puesta en desfilar en la Fashion Week de Nueva York dentro de la Fashion Designers of Latin America (FDLA). Me lo contó el CEO de la Agencia XXL en Barcelona, Alex Estil-les, su responsable de comunicación, pero también la de Custo Barcelona, que solo en Nueva York ha realizado más de cincuenta desfiles. «En general, habrá hecho más de cien, en lugares como Colombia, Medellín, Bogotá y Cartagena de Indias, donde ha sido invitado. La internacionalización es imprescindible para vender, si bien depende del tipo de empresa que seas, porque no es lo mismo tener un *atelier* en Barcelona que vende unas cuantas prendas y ya le va bien que los grandes empresarios que necesitan ir fuera, encontrar la compañía que les acompañe, a la persona o la empresa adecuada y saber a qué puerta llamar, y tampoco es lo mismo vender en Europa, en EE. UU. o en Oriente. Es fundamental aparecer en la prensa internacional y trabajar con agencias de comunicación locales. Y acudir a ferias, que, aunque hayan bajado, siguen siendo importantes por los contactos».

Siempre he pensado que el verdadero «ministerio» capaz de ayudar en la internacionalización de la moda no se encuentra en el Palacio de Santa Cruz, sede de Exteriores, sino en Arteixo, Galicia, y se llama Inditex. Por esta razón, en un par de ocasiones, he intentado que el grupo gallego se asociara con diseñadores patrios para lograr una gran aventura internacional, inspirada en la experiencia de H&M, que ha realizado colecciones con diferentes diseñadores internacionales. La primera vez me metí en camisa de once barras porque nadie me pidió hacerlo. Sin embargo, como directora de *Yo Dona* entendía que desde un medio de comunicación contábamos con la capacidad de prescribir ya que visibilizar la moda española era parte de nuestro trabajo. Cuando Pablo Isla no era aún presidente, logré una invitación para almorzar con él y con el entonces director de comunicación, Jesús Echevarría, con quien sigo manteniendo una amistad, aprecio y admiración desde entonces. Mi mensaje era claro: producir ediciones especiales con diseñadores españoles, como fórmula ideal para darles a conocer *urbi et orbi*. A lo largo de la comida, me dejaron claro que esto no era posible porque no querían tener ropa de diseñador en sus tiendas. Y, por si acaso no había quedado claro, lo explicó el jefe, Ortega, quien se unió a nosotros durante el postre. Me fui con la cabeza gacha, pero feliz por todo lo que había visto, conocido y aprendido… Eso es lo que tienen los líderes.

Se me presentó una segunda oportunidad, esta vez como embajadora de diseñadores gracias a la dirección de la pasarela, pero ni Isla ni Ortega estaban presentes. Jesús fue claro, y le faltó decirme algo así como «ya te lo dije». No lo hizo porque es un caballero y un amigo, pero la respuesta volvió a ser negativa. A pesar de mi insistencia en que era la manera ideal de internacionalizar nuestra moda, no hubo manera de que Inditex se implicara en la operación, incluso sugiriendo que se podría llevar a cabo a través de Massimo Dutti o de la desaparecida Uterqüe, que todavía era una marca relevante en ese entonces, sin involucrar a Zara. Cuando en septiembre de 2022 vi la colección cápsula del diseñador cubano-estadounidense Narciso Rodríguez que Zara había puesto a la venta, sentí mucho placer porque siempre he valorado su trabajo, pero, al mismo tiempo, no pude evitar decepción al pensar que un proyecto así no hubiera visto la luz con algún creador español. Por cierto, la ropa era fantástica, y la reina doña Letizia resultó una gran embajadora de la colección al lucir un vestido rojo días después del lanzamiento en un viaje a Nueva York.

Cuando asumí la dirección de la pasarela, tenía claro que había cuatro vectores de crecimiento fundamentales: calidad, internacionalización, digitalización y sostenibilidad. A pesar de que la calidad era la prioridad, estaba convencida de que la moda española tenía potencial para venderse en el extranjero. El primer día de mi cargo, hice dos llamadas importantes: la primera a Sybilla y la segunda a Carolina Herrera. Esta última me dio un valioso consejo para lograr la internacionalización: cambiar las fechas de los desfiles, que solían coincidir con las pasarelas de Londres o Nueva York en febrero y septiembre. Me lancé en plancha a aquella piscina que no era de bolas de plástico. Afortunadamente, tuve el apoyo de mi amiga Natasha De Santis, quien, aparte de obsequiarme con un amuleto de la suerte, que sabía que necesitaría, me facilitó la oportunidad de reunirme con el presidente de la Camera Nazionale della Moda Italiana, Carlo Capasa, y con su antecesor, Mario Boselli. Mi idea —bastante naíf, lo sé— era que tal vez podían moverse todas las fechas de las diferentes pasarelas para hacer hueco a la madrileña. Ja, ja, ja. El orden en el que casi unas se pisan a otras era inamovible. No había ni un día (bueno, sí: el último, siempre con los desfiles menos importantes) entre una *fashion week* y otra. Primera, Nueva York; segunda, Londres; tercera, Milán; cuarta, París. Ni un día podía moverse una u otra. Y su recomendación fue la misma que la de Herrera: resultaba imposible que acudieran a España periodistas o compradores internacionales si nuestros desfiles coincidían con los británicos. Cabía la posibilidad de adelantarnos a todas, es decir, empezar a finales de enero, nada más terminar los desfiles de alta costura de París, y en los primeros días de septiembre, antes de que comenzaran los neoyorquinos. La opción de enero era válida; la de septiembre no tanto, pues Nueva York comenzaba tan temprano, que nos abocaba a finales de agosto, algo que ya se había probado en una ocasión y resultó un auténtico fiasco.

Nunca podré agradecer lo suficiente a De Santis por el contacto que me puso en el camino de mis colegas internacionales, las cámaras de la moda. Fui a ver al presidente de la Fédération de la Haute Couture et de la Mode, Pascal Morand, y aproveché mi viaje a París para reunirme con Steven Kolb, director ejecutivo del Council of Fashion Designers of America (CFDA). No tuve que ir a Londres, ya que el British Fashion Council vino a Madrid con un *showroom*, en el que se encontraba Natalie Massenet, entonces copresidenta, quien había fundado el *marketplace* NET-A-PORTER y unos meses después se incorporaría a la vicepresidencia de Farfetch. Cinco minutos de charla bastaron para pedirle ayuda para que nuestros diseñadores españoles aparecieran en la publicación *Vogue Runway,* una plataforma digital que cubre las pasarelas de todo el mundo. Su respuesta fue muy clara: «Voy a ayudarte, pero tienes que cambiar las fechas de la pasarela». Ella tampoco estaba contenta con que nuestros desfiles pisaran (solo en el tiempo) los suyos. No se desplazaban muchos periodistas españoles a Londres para asistir a su pasarela.

Hablando con distintos contactos y coordinando agendas, ya había ido vislumbrando fechas posibles y acordándolas con los responsables de IFEMA y nuestros patrocinadores: Mercedes Benz, Inditex y L'Oréal Paris, así como con Samsung, patrocinador del certamen EGO. Probaríamos la opción de los últimos días de enero y los primeros de julio, justo después de los desfiles parisinos de alta costura, en ambos casos, porque nos parecía que eso facilitaba el traslado de algunos periodistas internacionales desde la capital francesa a la española. Massenet me invitó a una comida al día siguiente en la residencia del embajador británico, donde cerramos las posibles fechas, que a ella le parecieron perfectas. La suerte estaba echada, y funcionó en la edición de enero, donde se presentaban los desfiles del siguiente otoño-invierno. Julio era un mes idóneo desde el punto de vista de las ventas, ya que Madrid se convertía en la primera plaza fuerte internacional importante, pero no tanto desde el punto de vista de la asistencia y la organización, debido al calor y a que nuestro fin de semana coincidía con el del Orgullo. De hecho, nada más dejar la dirección de la pasarela en el verano de 2019, se cambiaron todas las fechas de nuevo, solapándonos con Londres en ambas temporadas.

En MBFWMadrid hicimos un gran esfuerzo por invitar a compradores y a periodistas internacionales y, aunque no siempre tuvimos éxito, logramos contar con una discreta representación. Montamos una sala de compradores en la propia pasarela, como las que se organizaban también en las ferias, a la que invitábamos a compradores internacionales. Estos suelen tardar en confiar en una marca, lo que se hace evidente en las ferias, a las que acuden y suelen esperar hasta tres temporadas antes de hacer el primer pedido. Durante la pasarela hubo algunos diseñadores que despertaron interés, con los que se cerraron pedidos, mientras que otros, que prefiero no nombrar, enviaron sus prendas en condiciones deplorables. No me lo dijeron; pude ver las fotos. Mi empeño era claro, aunque el presupuesto era mínimo. En este sentido es justo reconocer que la pasarela catalana 080 Barcelona Fashion ha hecho un excelente trabajo en este sentido durante años, a través de la agencia XXL mencionada anteriormente. Solo por dar un dato, en marzo de 2022 llevó a 180 compradores internacionales a través del programa 080 BCN Fashion Connect.

En cuanto a las ferias, resulta fundamental la labor de apoyo del ICEX a marcas que acuden a las internacionales. Cuando tomé las riendas de la pasarela MBFWMadrid, pretendí que nos ayudaran en los gastos inherentes a la invitación de periodistas y compradores internacionales. Fue de las primeras reuniones que organicé. Y también de las primeras negativas, pues solo financiaban y financian a través de asociaciones. Y así lo hacían con los diseñadores españoles, subvencionando un 25 % de sus gastos en participaciones en ferias internacionales.

Pero tardé poco en quitarme la frustración de encima: la distancia entre aquellas conversaciones y mi nombramiento como directora de ferias de Moda y Estilo de Vida en IFEMA poco más de un año después. Entonces sí que trabajé con ICEX a través de FICE, en MOMAD y ShoesRoom, o Stampa, en Salón Look. Allí conocí a Pablo Conde, director de Moda, Hábitat e Industrias Culturales, a quien recurrí para conocer datos concretos sobre la intervención del ICEX en la exportación de la moda española y, por tanto, en su internacionalización, que incluye la iniciación, capacitación, promoción, inversión y formación. Conde destacó «el Programa de Becas, que permite dotar a las pymes españolas con más de doscientos becarios de forma anual. En la fase de iniciación y capacitación ponemos a disposición de las empresas el programa ICEX NEXT, un breve proceso de consultoría tras el cual acceden a unos fondos para acometer el plan de acción diseñado. La estrategia del ICEX en la fase de promoción tiene dos vertientes en función de quien gestione la organización de las actividades, pudiendo distinguir entre las que son 100 % nuestras y las gestionadas a través de entidades colaboradoras, asociaciones sectoriales relevantes por su conocimiento y peso en el tejido empresarial. A las tradicionales participaciones en los principales certámenes internacionales hemos añadido acuerdos con las principales plataformas electrónicas, como Zalando o Joor». Con ellas ha negociado el ICEX condiciones preferentes.

Leí hace un tiempo que es más caro salir de un país que no haber entrado. O, lo que es lo mismo, que para ganar en el negocio y crecer, salvo que tengas un pequeño chiringuito, lo suyo es salir, con la particularidad de que el mundo digital no entiende de límites. Mucho ha pasado desde aquellos primeros años en los que algunas empresas salían para aprender. Según contaba a *modaes.es* Luis Lara, consultor especializado y *senior advisor* de Kapita, llegó un momento en el que las empresas se dieron cuenta de que «o salían o morían y, además, el proceso les iba a servir para refinar su modelo de negocio». La pandemia complicó todo, también la internacionalización, pero antes de su llegada la digitalización hizo repensar los proyectos que tenían fuera del país. Les obligó a «analizar en profundidad su red física internacional y se dieron cuenta, por un lado, de que en algunos mercados era mejor poner primero la capa digital (como en China) y que en otros las tiendas físicas no eran las adecuadas para dar servicio en línea». Por eso digo que, aunque la pandemia empujó un cambio, este ya se estaba gestando y tenía que ver, como ha ocurrido en el propio país, con la digitalización. Esto ha dado lugar a reestructuraciones, a cerrar en algunos países y a abrir en otros, y sobre todo a mirar hacia el mercado asiático. Cuando escribo esto reconozco que el momento es complicado, pero las empresas que entran en el proceso de internacionalizarse lo hacen dentro de una planificación estratégica global, o así debería ser, como también deberían tener en cuenta los clásicos puntos básicos a la hora de elegir establecerse internacionalmente, como tener de verdad una marca y conocer el negocio potencial, la situación geopolítica del país de destino, su economía, las regulaciones (ay, el *brexit*), así como la distribución, que es fundamental, y las relaciones con las agencias de comunicación y con los medios.

Según un artículo de febrero de 2022 publicado en *modaes.es,* las exportaciones en 2021 ascendieron a 27 049 millones de euros, cifra un 3.9 % superior a la de 2019, con Polonia como descubrimiento, sexto país de la UE al que llegan nuestros productos. Francia, Italia, Portugal, Alemania y Reino

Unido le precedían, con una caída de China, país que normalmente ocupaba la novena o décima posición. Además, según el ICEX, en 2020, a pesar de la pandemia, creció el número de empresas españolas que se internacionalizaron (un 109.2 %, rozando casi las 23 000).

Las marcas saben que el camino de las exportaciones es fundamental, si bien han entendido la necesidad de conocer y adaptarse a la situación geopolítica internacional. Ninguna de las grandes opera ya sin plantearse esa salida. A las clásicas (Adolfo Domínguez, Roberto Verino, Custo o Ágatha Ruiz de la Prada) llevan años sumándose otras, muchas a través de franquicias. De hecho, en estas este sector es el segundo en importancia, con ochenta redes, que suman 9900 tiendas (el 47.5 % del total) repartidas por 127 países. Me gusta recordar el caso de Camper, que ya en la década de 1990 presumía de *boutique* en el barrio latino de París y que en la actualidad tiene unos cuatrocientos puntos de venta; o de Desigual, que en un momento dado pareció inundar el mercado de estampados irregulares; o de Charo Ruiz, la ibicenca que ha pasado a vender en NET-A-PORTER, Harrods, Browns o Bloomingdale's partiendo del mercadillo *hippy* de Es Canar. También de Castañer, que reconoce realizar el 80 % de sus ventas en el mercado internacional, especialmente a través de sus 36 puntos de venta, y desde luego de Bimba y Lola que, estando ya presente en Reino Unido, Francia, Singapur o Corea del Sur con tiendas físicas y en 43 mercados a través de su venta en línea, en 2021 anunció una *joint venture* para el lanzamiento de su marca en China, con planes de expandirse por quince ciudades y de crear su propio espacio en Tmall, el mayor *marketplace* chino. Es muy paradigmático el caso de ECOALF, que, según su presidente y fundador, Javier Goyeneche (1970) (un 66 % de la compañía está en manos del grupo Treïs), obtiene el 60 % de sus ingresos del exterior, con tiendas en Berlín, Tokio, Madrid, Barcelona, Los Ángeles, Milán y París.

Muchas marcas, y especialmente los diseñadores independientes, buscan la promoción internacional a través de famosos que visten creación española. Fue paradigmático el caso de Palomo Spain, quien dio la vuelta al mundo con la aparición de Beyoncé luciendo una capa suya, aunque después más extranjeras han hecho suyas algunas de sus colecciones. Más recientemente la diseñadora valenciana Pepa Salazar realizó el vestuario de Rosalía y de sus bailarines, creando hasta el casco para su baile en TikTok, y muy poco después la cantante catalana de prestigio internacional lucía un vestido asimétrico muy carismático de la marca en su gira de 2022,

Motomami. Asimismo, hay que nombrar a Domingo Rodríguez, Dominnico, a cuyos diseños son fieles Lady Gaga, Lizzo y Rita Ora; o THE 2ND SKIN, la marca formada por Juan Carlos Fernández y Antonio Burillo, con un punto de venta en Los Ángeles y que encanta a Lily Collins, Jennifer Lopez y Zendaya. Esta última es una de las fieles a Teresa Helbig, quien lleva años con un *showroom* en Los Ángeles, lo que le ha permitido que sus artesanales diseños los luzcan también Priyanka Chopra, Olivia Wilde o Halle Berry. No me olvido de María Escoté, quien ya había enamorado a algunas *celebrities* internacionales pero que en su colaboración con Desigual consiguió en la primavera de 2021 aparecer en la cuenta de Instagram de la entonces novia de Romeo Beckham, Mia Regan (@mimimoocher). Lady Gaga ha lucido corsés de Maya Hansen y vestidos de Juan Vidal. Luego, sin saberlo, muchas mujeres llevan bolsos fabricados en España, concretamente en la sierra gaditana, en Ubrique, a 75 km de Sevilla, con menos de 17 000 habitantes, de los que la mitad se dedican a fabricar las grandes marcas *premium* y algunas de lujo, un secreto a voces.

Otra manera de influir internacionalmente en la moda es a través del talento que exporta España en muy diferentes empresas y posiciones, como Alejandra Caro, fichada por los grandes almacenes británicos Harrods para hacerse cargo de su estrategia de marketing. Si a finales del siglo pasado el gran caso ejemplar era el de Beatriz González Cristóbal, quien llegó a dirigir Hermès para España, Portugal y Oriente Medio (en la actualidad es consejera en Tous), hoy podemos citar a José Luis Durán, consejero delegado de Value Retail tras serlo en Lacoste; a Víctor Herrero, consejero delegado de la empresa joyera Lovisa después de serlo en Guess y en Clarks; a Sergio Odriozola, fichado por GAP para elevar la marca Banana Republic, y a Juan Carlos Escribano, desde 2015 el principal ejecutivo del grupo mexicano de los grandes almacenes El Palacio de Hierro. Me gusta citar también a Sara Díez, directora de Mujer en Zalando, así como a María Raga, CEO de la plataforma Depop, especializada en circularidad, y a Marisa Selfa, CEO de North Sails Apparel.

Y a todo ello se suman los referentes que mueven nuestro diseño por los medios y mercados internacionales, donde hoy la gran referencia es la reina doña Letizia, clamor de *influencers,* quien se precia de lucir estilo español, sobre todo en los últimos años, desde que amplió su abanico de marcas. Todo lo que toca se convierte en oro, como le ocurría al rey Midas. Un ejemplo: el mono blanco de IQ Collection, la marca de Inés Domecq, que estrenó para la inauguración de FITUR en 2021, se agotó, y también en los diferentes colores en los que existía. Cuentan algo parecido desde las marcas Psophía u On Atlas. La reina es nuestra mejor embajadora. Sé de buena tinta que ha cuidado desde el minuto uno los diseños que elegía y se ha preocupado por que fueran españoles, hasta el punto de haber comentado alguna vez que tenía bolsos de reconocidas marcas de lujo internacionales que no usaba porque entendía que una de sus obligaciones es apoyar el diseño patrio. Se ha reclamado que asistiera a algún desfile, pero lo ha evitado para no hacer agravios comparativos. De hecho, durante mi etapa de directora de la pasarela MBFWMadrid, no solo intenté que acudiera ella, sino su estilista desde 2015, Eva Fernández. La respuesta fue que esta última tampoco debía acudir a un desfile concreto.

Nuevas profesiones, nuevas tendencias

Cualquier fenómeno social es susceptible de ser transferido al mundo *fashion*. Por eso, los nuevos modelos de sociedad crean también nuevos modelos en tendencias y nuevas profesiones, y viceversa. Afecta, por ejemplo, a los creadores de contenidos, a sus representantes y a empresas de posicionamiento y crecimiento. En el primer caso, siempre se suele mencionar a la madre de Dulceida, Anna Pascual, quien creó la compañía IN Management Agency para los Domènech, es decir, @dulceida, con 3.3 millones de seguidores, su hermano Álex, @alexdomenec, con 337 000, y su hija política, Alba Paul, @albapaulfe, con 1.1 millones (todas ellas cifras de mayo de 2023). En cuanto al crecimiento, conozco desde hace tiempo a Miguel Villamizar, quien trabaja con la empresa Jellysmack para impulsar a los creadores de contenidos a mejorar sus carreras. Él explica que tienden a funcionar como medios profesionales, con equipos de edición y de gestión de marketing y financiera; de hecho, en algunos casos podrían empezar a trabajar como auténticos medios de comunicación más que como profesionales independientes. Tanto, que mi sugerencia es que los medios convencionales acaben adquiriéndolos para enriquecer sus propias comunidades. Villamizar cree que todo depende de «las cifras. Esa opción podría ser viable, pero están acostumbrados a la independencia, y trabajar para otros puede ser problemático, incluso con las marcas, aunque les paguen… Otra posibilidad es que organicen cooperativas, agrupados por categorías. Algunas agencias les han alquilado mansiones para que vivan, trabajen y crezcan juntos con estrategia».

En realidad, el creador de contenido profesionalizado trabaja como un medio en tanto en cuanto publica contenido permanentemente porque las plataformas digitales premian esa constancia. La publicidad le interesa siempre al *influencer,* si bien no resulta tan rentable el aviso de que el contenido es publicitario porque la plataforma suele limitar el crecimiento. Sin embargo, le importa también que aparezca la marca porque es más seguro que promocione ese contenido para darle mayor relevancia y que, lógicamente, invierta en la plataforma. «Los creadores de contenido que van creciendo necesitan consultoría de publicidad o un representante que pueda asesorarles en su desarrollo de contenidos, en alianzas o como editores», recomienda Villamizar.

Se ha hablado sobre los problemas de salud mental fruto de tanta exposición. ¿Ha nacido una nueva sensibilidad? Puede, pero cuidado con herir la caja. En esa sensibilidad, además, hay que contar con la constante reputación que se construye con dificultad y se destruye con facilidad, que afecta a los creadores de contenidos y a las marcas, estas cada vez más involucradas con los *influencers* y más implicadas de forma activa en los movimientos políticos y sociales. Eso sí, esa relación tiene que ser, como todo actualmente, auténtica y comprobable. Los consumidores quieren que sus marcas tengan un papel en acontecimientos o en movimientos como el #MeToo. Según el Monitor Global de Kantar, que analiza tendencias sociales, un 54 % de los consumidores lo cree así, siempre que no se trate de hipocresía o de lo que podríamos llamar *diversity washing.* En diciembre de 2020 Klaus Schwab, fundador y presidente ejecutivo del World Economic Forum, afirmó: «El capitalismo ha descuidado el hecho de que una empresa es un organismo social además de un ente con fines de lucro». Y se hizo la luz, porque progresivamente es más pujante esa corriente de marketing que habla del activismo de marca, que desde luego va mucho más allá —es más, no tiene nada que ver— de la ya trasnochada *responsabilidad social corporativa,* denominación que nunca me gustó y que siempre intenté cambiar por *responsabilidad social transformadora.*

Nacho Gasulla, director general de la consultora de comunicación Cool Stuff, ubicada en Madrid y especializada en activismo corporativo y marketing colaborativo, lo explica como «el conjunto de acciones que la marca promueve, de forma genuina y transparente, en torno a las causas que le son afines e importan a la sociedad para inducir un cambio de comportamiento con el que lograr impulsar el progreso de las personas y mejorar el mundo». Ya no se trata de compensar impactos negativos, sino de generar los positivos. Cita Gasulla el libro *Marketing 4.0: Transforma tu estrategia para atraer al consumidor digital*: «Las empresas que quieran mirar al futuro se enfrentan a un doble desafío. En primer lugar, será aún más difícil hacer llegar un mensaje de marca a sus destinatarios. La atención de los consumidores resultará cada vez más limitada [...]. En segundo lugar, han de asegurarse de que, cuando unos consumidores pregunten a otros sobre unas u otras marcas, haya defensores leales que inclinen la balanza de la decisión de compra [...]. El fin último del marketing 4.0 es conducir a los consumidores desde la atención hasta la apología».

Hemos pasado de marcas funcionales y luego emocionales a las morales. Hoy se prefieren las que exhiben compromiso. Eso genera, por ejemplo, que Levi's cree una campaña contra las armas en EE. UU. ¿Dónde? En sus tejanos. ¿Cómo? En su etiqueta trasera, bien visible. Las marcas actúan con propósito, se posicionan desde los puntos de vista político y social para promover el cambio y añadir valor. ¿A la marca? No, a la sociedad. De hecho, Gasulla cuenta que, «según AECOC, Asociación de fabricantes y distribuidores, en 2019 un 44 % de consumidores dejó de comprar firmas sin propósito más allá del económico». De acuerdo con datos de YPulse (2020), empresa especializada en marketing y tendencias, un 65 % de *millenials* y de integrantes de la generación Z evitan las que se oponen a causas que ellos apoyan y un 69 % cree que deberían ser políticamente correctas.

Actualmente, y desde antes de ayer, la moda es cada vez más políticamente correcta. O se pone más en los zapatos de todos, como Nike cuando en 2017 lanzó su Nike pro Hijab, un velo adaptado para las deportistas musulmanas. Incluso en ocasiones toca pedir perdón. Dolce & Gabbana lo hizo por su anuncio de una china intentando comer espaguetis con palillos... También la moda toma cada vez más partido; lleva años haciéndolo. De las veces que más me ha conmovido fue en febrero de 2017 durante los desfiles de la pasarela milanesa. Angela Missoni, entonces directora creativa, se declaró públicamente feminista y *antitrumpista,* y para ello se apalancó en un gorro de lana. Unos días antes, el 21 de enero, se había convocado la «marcha de las mujeres» en Washington para protestar contra el recién nombrado presidente de EE. UU., Donald Trump y sus declaraciones, de sobra machistas. En aquella marcha las manifestantes lucieron gorros rosas, algo que se reprodujo en todo el mundo, y también en la pasarela, con el protagonismo de invitadas y modelos. Las primeras teníamos en nuestros asientos —y nos pusimos— un gorro de punto rayado, típico de la enseña, con el rosa como color destacado. A las segundas Angela les hizo salir al carrusel final del desfile con sus gorritos.

La toma de partido no siempre ha sido bien vista, incluso aunque en realidad no hubiera ni toma ni partido; a veces solo casualidades. Por ejemplo, Adrover sufrió un descalabro con su colección Utopía. El que años después, en 2018, recibiría el Premio Nacional de Diseño de Moda en España tuvo la mala fortuna de presentar aquella colección basada en la cultura islámica en la noche del 9 de septiembre de 2011. La moda siempre toma el latido de los tiempos, y aquel le costó caro, porque dos días después se producía el atentado islamista del 11-S. Cayó social y económicamente. Tanto, que en los siguientes meses se ganó la vida paseando a turistas en burro... en Egipto. El creador Hussein Chalayán, en cambio, alcanzó gran parte de su éxito en 1996 con su colección dedicada a los diferentes tipos y tamaños de burka, por supuesto para denunciar su uso. Ese era además el nombre de la colección. No se le permitió a Balenciaga con su transgresor director creativo, el georgiano Demna Gvasalia, la campaña de finales de 2022 utilizando a niños con objetos sadomaso, fotografiada por Gabriele Galimberti... Hay cosas que no es que sean políticamente incorrectas, sino intolerables. Pidió perdón.

En España, en los desfiles de MBFWMadrid de las últimas temporadas, ha habido algunos casos de posición ante algunos temas sociales; en concreto, el edadismo y la trata de mujeres con fines de explotación sexual: Juan Carlos Mesa, director creativo de Ángel Schlesser de junio de 2020 a enero de 2022, en el primer caso, y Ulises Mérida, con la colección Libre, en el segundo; ambos durante la presentación de los desfiles otoño-invierno, en abril de 2021. Mesa sacó a la pasarela a mujeres mayores de cincuenta años para declarar la necesidad de diversidad e inclusión y Mérida mostró una colección de doce piezas realizadas por víctimas de trata que trabajaban en los talleres de la organización APRAMP, cuya misión es proporcionarles los derechos que les han arrebatado y darles una alternativa de vida una vez rescatadas tras ser prostituidas. En septiembre de 2021, Jonathan W. Anderson, director artístico de LOEWE, lo dejó claro en la revista *SModa:* «La moda no debería ser neutral y ha de posicionarse frente a los problemas sociales [...]. Ahora, más que nunca, es importante tratar cuestiones como la identidad, el género, la discriminación, la ecología...».

Que la moda puede ser solidaria y activista lo han tenido nítido muchas enseñas y desde hace tiempo. Ya digo, el signo del ídem. Pero en el centro siempre están las personas; también las que construyen esas marcas. Y he tenido la inmensa fortuna de participar en algunos acontecimientos que me lo han dejado bien claro. Uno todavía lo tengo en mi recuerdo, vivísimo, a pesar de que han transcurrido muchos años. Fue un concierto: *A time for Chime,* el 1 de junio de 2013, en el estadio Twickenham. Fue GUCCI. Fue la unión de su entonces directora creativa, Frida Giannini, con Salma Hayek, esposa de François-Henri Pinault, presidente del grupo Kering, y Beyoncé. Fue su feminismo lo que las llevó a tocar esas campanadas por el cambio en favor de los derechos de la mujer. Recuerdo el concierto, en el que una de las presentadoras fue Madonna, y la energía de Jennifer Lopez y de Beyoncé, quien puso a todos a cantar y a bailar sin perder ni un momento de vista el motivo de la fiesta.

Escribiendo sobre Beyoncé, he pensado en otro fenómeno, el *Black Lives Matter,* desatado por la muerte violenta del ciudadano Floyd en una detención policial en el sur de Mineápolis (EE. UU.), en mayo de 2020, y la manera en la que las marcas tomaron posiciones. Fueron muchas las manifestaciones públicas del universo *fashion* que predicaron los derechos de todos los ciudadanos y contra la discriminación racial. Pero la moda seguía siendo un oficio de blancos con directivos blancos, como probaba y prueba el hecho de que entonces, en 2020, solo hubiera dos directores creativos negros de grandes marcas: Olivier Rousteing, en Balmain, y Virgil Abloh (fallecido en noviembre de 2021), en Off-White y en la línea masculina de Louis Vuitton. Abloh, tras estrenar un corto para Louis Vuitton, dijo: «Presento no un corto sino un proceso transformador de repensar y abolir las expectativas heredadas y a menudo subconscientes vinculadas a las identidades negras con el fin de construir una conciencia negra positiva para las generaciones actuales y futuras», algo parecido a lo que manifestó la modelo Naomi Campbell luciendo una camiseta negra impresa con letras blancas cuyo eslogan era en sí una declaración de principios: «*Phenomenally Black*», eso sí, para proclamar que quedaba inaugurada la alta costura en París de otoño-invierno 2020.

Soy plenamente consciente de que he escrito varias veces la palabra *negro.* Ya, ya lo sé, poco políticamente correcta. Pero también lo soy de que quienes son de raza negra lo dijeron. Las palabras son importantes, pero más aún los hechos, y estos corroboran que hay que ser políticamente correctos para no ofender a nadie. No es nuevo. Preparando este libro, escuché un reportaje sobre la diseñadora francesa Chantal Thomas —quien sacaba a la venta mediante subasta su archivo histórico de más de setecientas prendas— en el que contaba que en 1999 hizo un alarde de comunicación poniendo a modelos con su lencería en los escaparates de los grandes almacenes parisinos Galeries Lafayette. Lo que podía haber quedado como estrategia de comunicación disruptiva fue un escándalo para algunos grupos feministas, que la tacharon de incitación al proxenetismo.

Hay que tener cuidado con las bromas, pues las carga el diablo. En septiembre de 2019, durante los desfiles de París, la entonces directora de moda de la edición española de *Vanity Fair,* Beatriz de la Coba, hizo una que le costó el puesto. Estaba ante dos modelos, una asiática y otra afroamericana, y subió a su cuenta personal de Instagram una *storie* en la que decía que «veía igual a todas las chinas... y a las negras, y a las blancas». La obligaron a retirar su vídeo. Pero también la borraron a ella: 24 h después era despedida con acusaciones de racismo. Solo hay que conocer a la periodista para saber que su comunicación estaba plagada de sentido del humor... que en este caso cayó muy mal. Lo que no fue broma pero sí casi instantáneo fue lo de Adidas cuando en octubre de 2022 rompió peras con Ye, antiguamente conocido como Kanye West, por comentarios antisemitas, perdiendo nada más y nada menos que el 7 % de sus beneficios... Lo que no se sabe es lo que habría perdido la marca de seguir la colaboración con el rapero y sus deportivas, porque el mercado es muy pero que muy mandón.

Por eso, cuando se trata de modelos y de celebridades embajadores de marca, se buscan «blancos», no por la raza, sino por detentar valores intachables. Y, atención, porque eso no es contradictorio con que se trate de personajes que en un momento dado puedan estar alineados con el activismo de la marca. En el caso de las modelos parece que deberían tener algo que contar, así como algunas dosis de lo que los anglosajones conocen como *advocacy,* es decir, capacidad de influencia, más allá de la belleza: modelos con causa. Me encantó participar de alguna manera acogiendo en Madrid a una de estas durante mi etapa de directora de la pasarela. Mi amiga Mercedes Goiz, periodista muy ligada al continente africano, me sugirió incluir en nuestro *casting* a una sudanesa, quien había escapado con su familia a Etiopía, para vivir después en EE. UU. Nykhor Paul, que así se llama, entre sus reivindicaciones lleva años luchando contra el racismo. Además de haber creado la fundación We Are Nilotic para promover la paz y la unidad entre las 64 tribus de Sudán, era la embajadora de

International Rescue Committee (IRC) para concienciar al mundo de la necesidad de ayuda a los refugiados, especialmente a los niños. Yo era vicepresidenta de Save the Children en España y vi la ocasión perfecta para realizar una campaña de comunicación a tres bandas, entre la ONG, la pasarela y la modelo y su organización. No lo intenté porque la agencia que representaba a Nykhor en España le negó la posibilidad de realizar cualquier tipo de declaración o acción ligada a esas denuncias. Venía a trabajar. Nada más. Y, claro, la trajimos, pero solo se pudo hacer una entrevista.

Volví a acordarme de Nykhor leyendo el libro de Talley *En las trincheras de la moda,* donde se relata como auténtico hito la realización de la portada de *Vogue* de septiembre de 2018. Wintour «concedió a Beyoncé el control creativo sobre la imagen de la cubierta y el reportaje del interior». Siendo eso importante, Talley se la daba más aún a que el fotógrafo que la realizó a propuesta de la cantante fuese un joven de 23 años... «primer hombre negro que creaba la imagen de portada en los 125 años de vida de una de las revistas más prestigiosas que han existido». Hay que apuntar que también el autor del libro fue durante años el único hombre de raza negra que sobresalía —y no solo por tamaño— en el entorno internacional *fashion.* Y también conoció la discriminación: le llamaban *Queen Kong.* Cuenta que uno de los primeros diseñadores que utilizó a modelos negras en sus desfiles fue Saint Laurent, lo que condujo al estrellato a una de Martinica, Mounia, quien se convirtió en una especie de emperatriz. Emulándole, casi todos los diseñadores comenzaron a contratar a dos o tres modelos para sus desfiles. El que dio el aldabonazo fue Givenchy en 1978: en su colección de alta costura High Chic, solo usó maniquíes de esa raza. Siempre según Talley, Saint Laurent fue un gran defensor de Campbell, quien desfiló en Madrid en 1992 para LOEWE. Su empeño era que apareciera en la edición francesa de *Vogue,* y amenazó incluso con retirar la publicidad de la revista si se lo negaban. La ocupó en el número de agosto de 1988: fue la primera mujer negra en lograrlo. Un año después sería también la primera del mítico *september issue* de *Vogue América.*

Hoy no parece que el argumento sea emplear o no a africanas, afroamericanas, indias, chinas, etc., pues todas las pasarelas las incluyen en su *casting,* aunque dominen las blancas; actualmente el discurso está enriquecido: se contrata a modelos transgénero. Por ejemplo, la protagonista de una de las campañas de GAP de la segunda década del siglo XXI, la activista Rebekah Bruesehoff, o Indya Moor, para Tommy Hilfiger. Saben que trabajar con activistas, más allá de la acción de marca nombrada, crea una conexión especial de impacto con los consumidores. Son los nuevos valores, y entre ellos destaca especialmente la pasión por el *body positive,* la neutralidad en el género *(genderless)* y la lucha contra el edadismo.

Hace no tantos años que juzgar el cuerpo ajeno era moneda corriente; de hecho, brillaban en los quioscos publicaciones que vivían de eso, del juicio y la burla. En España vendió millones de ejemplares la revista *Cuore.* Ante mi estupor, la leían mujeres muy inteligentes, con carreras estelares. Les divertían esas fotos donde la celulitis era la protagonista. De pronto, la publicación comenzó a perder peso, ventas, dinero, y quiso el karma que se cruzara en mi camino profesional cuando fui nombrada directora general de revistas de Prensa Ibérica. Recibí un mandato muy claro: cerrarla. A pesar de que en un año tuve que despedir a casi la mitad de los trabajadores de la empresa (una vez hecho, prescindieron de mí), la idea de empezar mis días allí cortando cabezas y eliminando una cabecera no me parecía lo mejor. Desobediente, preferí descabezar su cúpula directiva, poner al frente de la edición impresa y digital a la misma persona, hasta entonces la directora del puntocom, y modular el contenido de la revista, así como dar un tiempo antes de cerrar la edición impresa, manteniendo la digital, que aún existe. Lo importante del caso es que yo quería entender por qué había dejado de venderse. En una reunión del equipo, una de sus miembros más talentosas me dio la clave: el movimiento *body positive.* Había llegado para quedarse, y en la publicación no se habían enterado. Seguían riéndose de las mujeres que no respondían a la supuesta normalidad, pero la sociedad ya no lo consentía.

Justamente cuando había alcanzado estas líneas del capítulo, fui invitada a participar en una campaña de la marca de helados Häagen-Dazs con motivo del día de la mujer (8 de marzo) de 2022. Cuatro españolas proclamábamos #NoMeDetengo. Una resultó ser la fundadora del movimiento #InTheMiddle, Beatriz E. Tícali, @bea.usted, venezolana, actriz y modelo de talla intermedia, ni flaca ni gorda... divina, quien, harta de tener que resumirse al cliché estético óseo, había optado por tomar la calle del medio. «*In The Middle* nació en 2019, después de graduarme en Comunicación Social, en la Universidad Católica de Caracas. Además, estudiaba actuación, y ahí no me pasaba tanto, pero en el modelaje siempre me pedían que bajara de peso. Utilizaban la palabra *perfección,* y en la última entrevista con una de las agencias más importantes me mandaron adelgazar 8 kg. Les dije que estaba siguiendo mucho el movimiento *body positive* y les pregunté si ellos estaban dentro de ese movimiento. Se rieron. Uno era *in the middle* y el otro estaba en la *plus size* y me dijeron que "no me lo creyera y que si yo fuese un diseñador y hubiese trabajado tan duro en una colección no querría que la modelaran gordas". Fue terrible. Cuando llevaba tres semanas de régimen y ejercicio, entré en una crisis y surgió *In The Middle*. Tuve apoyo de mi pareja, que fue fundamental, que me tomó fotos como soy yo, y comencé a hablar de *in the middle,* que en realidad es la media de la población. Terminé modelando para grandes marcas».

La corriente *body positive* se ha ido extendiendo como la pólvora y ha llegado a todas las empresas de moda, *castings* y medios de comunicación. Pero no siempre fue así: durante mis años como directora de revista, viví la pesadilla de las tallas de las modelos. Era publicar los especiales de tendencias con fotos de las pasarelas y recibir cartas de afectadas por la anorexia, bien de madres de hijas enfermas, bien de asociaciones de ayuda a las enfermas, que encontraban en las publicaciones femeninas la raíz y el objetivo de sus males. Gastábamos tiempo y partidas presupuestarias en retoques para disimular clavículas, costillas, brazos y piernas, a veces excesivamente huesudos. Eliminábamos fotos... Después, cuando fui directora de la pasarela MBFWMadrid, la pesadilla empeoró.

No descubro nada si digo que la costumbre ha sido usar modelos muy delgadas para los desfiles, a veces en exceso, y que los diseñadores en su inmensa mayoría las demandaban así. Pero IFEMA es una entidad de carácter público con un consejo rector formado por la Comunidad de Madrid, el Ayuntamiento y la Cámara de Comercio. Y la política interviene, y mucho, así que, durante el mandato de Esperanza Aguirre como presidenta, se comprometió a que las modelos tuvieran un saludable índice de masa corporal (IMC; cálculo obtenido de relacionar peso y estatura) y se lanzaron a una cruzada para que no parecieran anoréxicas. Bastante cabal, la verdad; diría que casi adelantándose a una cierta positividad de los cuerpos. Las que desfilaban en Madrid no podían bajar de 18.5, índice por debajo del que la Organización Mundial de la Salud hablaba de insuficiencia. Lo negativo del caso, y contra lo que se manifestaban modelos, agencias, diseñadores y desde luego la empresa encargada de la dirección artística de los desfiles, era el método de comprobación, pues durante muchos años se cometió lo que para mí era una aberración: pesar y medir a las modelos en el *backstage* de la pasarela para averiguar su IMC.

Personalmente, la imagen me parecía de feria de ganado. Eso por no hablar de las trampas que hacían algunas de las protagonistas y supuestas flacas compulsivas, como beberse 2 L de agua justo antes de la ceremonia de pesado. Me encontré entre dos fuegos cruzados: por un lado, el de las protagonistas y, por otro, el de la organización. Decidí apelar a mi sentido común: acabé con dicha ceremonia, vía pliego administrativo, con legalidad total, pero con el debido cuidado para que aquello no saltara a la prensa, que inmediatamente podría denunciar que habíamos vuelto a admitir a las hiperflacas, anoréxicas y demás..., como si las mujeres muy delgadas estuvieran necesariamente enfermas y solo la moda fuera la culpable de una triste enfermedad de la que hay que librar a cualquier mujer (y a hombres, aunque hay pocos afectados). Por ello, decidimos incluir en nuestro pliego de condiciones para la contratación de modelos la obligatoriedad de aportar un certificado de buena salud, que debían mostrar a Susana Monereo, en aquellos años jefa del Servicio de Endocrinología y Nutrición del Hospital Gregorio Marañón, quien nos acompañaba durante un par de días antes de los desfiles y hacía su *casting* particular, recibiendo el justificante y echando un vistazo a las modelos, quienes, si según su criterio tenían una delgadez excesiva, podían ser pesadas y, en su caso, expulsadas, lo que se produjo solo en dos ocasiones.

Poco a poco la diversidad de pesos y medidas ha ido entrando no solo en la publicidad, sino también en las publicaciones y, desde luego, en la pasarela. Así, las llamadas *curvys* dejaron de serlo para convertirse simplemente en modelos. Sin apellido. La diversidad, en uno de sus capítulos, entendida como tallas de todos los tipos, se ha convertido prácticamente en un derecho al servicio de todas las mujeres y patrimonio de todas las marcas, que en vez de hacer ascos a las tallas 44, 46 o 48, las incluyen en sus colecciones. Así, Mango, que había creado la enseña específica Violeta para ello, decidió cerrarla, con sus tiendas, para incluir esas prendas en la marca genérica.

La tendencia ha dado lugar a cierta fama para modelos que hace diez años habrían estado en el paro, como Paloma Elsesser, de madre afroamericana y padre suizo-chileno, reconocida modelo de 2020 por la web *models. com* y portada de *Vogue* y que también ha desfilado para FENDI o Alexander McQueen. Ella se describe como «regordeta, baja y de raza mixta». O como Lorena Durán, premio a la mejor modelo en la edición de septiembre de 2022 en MBFWMadrid. La sevillana ya fue famosa cuando se subió a los altares de la moda lencera como ángel de Victoria's Secret. Por cierto, en esa misma temporada, otra clásica en las pasarelas españolas, Neus Bermejo, daba otra campanada desfilando embarazada.

La otra gran tendencia fruto de nuestra época es, como he dicho, el *genderless,* que no tiene que ver con el unisex de la década de 1960, porque en este caso proclama el fin del binarismo. Quién iba a imaginar a Brad Pitt con falda pisando la alfombra roja en Berlín para el estreno de *Bullet Train* en julio de 2022. «Para combatir el calor», dijo... Las sentencias estaban dictadas hacía tiempo en los estudios no fílmicos, sino *fashion*. Y ahí tiene mucho que ver Londres y sus escuelas, especialmente la Central St. Martins. Pero al parecer hay muchos diseñadores españoles que siguen esa tendencia, con Palomo Spain a la cabeza, quien no estudió en esa escuela, sino en otra londinense, la London College of Fashion. Ha existido un movimiento económico que ha recomendado sin manual escrito unificar desfiles de hombre y de mujer, aunque las semanas de la moda masculina sigan existiendo. Y al mismo tiempo se ha empezado a incluir a mujeres en propuestas de grandes marcas y de creadores de hombre, y viceversa. Claro que, no nos engañemos, una cosa es que hombres y mujeres vistan casi igual, romper con el binarismo, filosofías y teorías, y otra muy distinta la práctica, con una barrera tan grande como el cuerpo y sus patrones. Ese fue un problema mayor para Palomo Spain. Alejandro, el fundador de la marca, decidió crear ropa femenina para hombres. Sus modelos, reconocidos como *palomos,* debían ser por tanto de una estructura corporal andrógina. Pero ocurrió entonces que también les gustaron sus colecciones a las mujeres. Finalmente diríamos que, por votación popular, ha acabado realizando ropa que también compran las mujeres. Incluso crea trajes de novia.

Mi querido y admirando Alejandro no es el único. También Carlota Barrera. Y hay más, como el barcelonés Archie Alled-Martínez (1990), quien dio otra vuelta de tuerca al presentar por primera vez en la Semana de la Moda Hombre de París, en enero de 2021, unas prendas pensadas y llevadas por una mujer. Además, se trata de una de las grandes esperanzas españolas del diseño tras realizar una colección cápsula para la marca Lagerfeld en junio de 2022. Otro español que ha desfilado en París, donde tiene su taller, Arturo Obegero, se reivindica en la misma corriente. Por cierto, de él se puede destacar también que solo trabaja con tejidos desechados. Y sigo con nombres que rompen el binarismo, aunque en este caso desde su vertiente mucho más clásica, como Oteyza, quien en sus últimas colecciones, presentadas también en la Semana de la Moda de París, ha introducido a mujeres luciendo sus capas, pantalones y trajes. Fuera etiquetas. En este último caso, no hay una declaración de principios, pero el movimiento se demuestra andando, por lo que el propio diseñador ha usado faldas en alguna ocasión.

Y hay marcas que llevan la declaración de principios adherida a su nombre, como No Gender, creada por Henry Michael Kahn, y española, aunque también con sede en Londres, producida al 100 % en Barcelona y cuya primera colección, en 2020, llevó por título Education About Diversity. Está clara una mayor concienciación juvenil en torno a los temas y problemas de género, sobre las desigualdades y las jerarquías, además del valor de la diversidad añadido a sus genes, lo que lo convierte en un fenómeno absolutamente natural, en el que parece además que se especializan algo más algunas semanas de la moda, como la londinense, porque, según la directora ejecutiva del British Fashion Council (BFC), Caroline Rush, «la pandemia nos hizo a todos repensar el sistema actual».

Otra tendencia predecible que la pandemia o, mejor dicho, los confinamientos que produjo trajeron consigo es una especie de reinado de las prendas deportivas. Amenazaba desde hacía mucho, entre otras cosas porque existe una red muy puntera de empresas especializadas en tejidos específicos para el deporte que han apostado por la innovación. Llevo mucho tiempo mirando los pies de la gente y encontrando que casi todo el mundo usa calzado deportivo. Si juzgo por mí misma, en 2014 apenas tenía. Hoy lo he contado y puedo presumir de ocho pares, más o menos de deporte, más o menos de salir. Y no creo ser un bicho raro. No lo soy, aunque me escandalizó un poco la alianza de una marca *premium* como es GUCCI con Adidas en la Milan Fashion Week de febrero de 2022, pero porque yo el «espíritu chándal» solo lo manejo, y poco, para el gimnasio. En 2019 el 55.02 % del negocio total generado en España por el equipamiento deportivo (7600 millones de euros) correspondió a uso en el tiempo libre, algo que, dada la fecha, no puede atribuirse a la pandemia, sino a la evolución de la moda, ya que en 2018 se situaba en el 54.47 %, según datos de la Asociación Española de Fabricantes y Distribuidores de Artículos Deportivos (Afydad). Y ahí hay grandes *players* ganadores, como Nike, que, por generar alianzas —no dinero— las ha cerrado incluso con Lidl.

Green is the new black

Durante muchos años he pertenecido al segmento de población que se vestía de negro de arriba abajo. Si trabajaba en la moda, era una seña de identidad. Una vez viajé a Copenhague con mis hijas y la pequeña me dijo: «Aquí cuando nace un niño lo primero que le compran es ropa negra»... Tal era el color callejero. Sin embargo, hoy probablemente es una de las ciudades en las que el verde es el nuevo negro por su labor en favor de la *green fashion* y desde la que se han lanzado más mensajes sobre la necesidad de emprender ese camino. De hecho, la Copenhagen Fashion Week (CPHFW) tiene el éxito que la ha alzado al pódium de las semanas de la moda del mundo no tanto por las marcas que en ella se exhiben, casi todas nórdicas, como por su compromiso sostenible. Cada año se celebra Copenhagen Fashion Summit con sus propuestas dentro de la Global Fashion Agenda (GFA), y tiene un mérito especial porque, para mayor complicación, se hace en agosto. Me gusta hablar de esta institución a la que tengo un cariño especial porque su directora de Asuntos Públicos es una española, María Luisa Martínez. Se trata de una organización sin ánimo de lucro que trabaja por que la moda esté representada en los lugares en los que se habla, trabaja y discute de sostenibilidad, siempre de modo holístico y transformador.

He vestido mucho de negro, pero mi corazón ha sido verde. En la década de 1990, cuando llegué a la dirección de *ELLE,* una de las primeras cosas que hice fue crear una página mensual que tenía por título ECO *ELLE*. También en *Yo Dona* lo tuve claro y desde sus primeros años organizamos las jornadas de Sostenibilidad y Moda y de Sostenibilidad y Diseño, y estoy hablando de la primera década del siglo XXI. Pero no era, como dicen los modernos, un tema *random;* ahora lo es, y mucho. Por necesidad. Porque el sistema se agota y, antes de consentirlo, debe cambiar. Y ha de hacerlo en una cadena de valor que es muy amplia porque incluye la agricultura, en tanto que recolección de materias primas, pero también la refinería petroquímica, el diseño, la producción de la ropa, la distribución y el comercio, a grandes rasgos. Y se trata de un cambio necesario también para todo ese mundo que no es nada pequeño. Es un proceso que hay que acelerar y del que se ha de hacer partícipe a la población en general por la vía de la información y la concienciación, pues llegamos tarde para mejorar la salud del planeta, aunque existan fundaciones, especialistas, periodistas, diseñadores y organizaciones que llevan ya mucho tiempo advirtiéndolo. Los datos son demoledores: cada año se confeccionan 100 000 millones de prendas en el mundo y, según las cifras del último informe *Pulse of the Fashion Industry* elaborado por la GFA, 92 millones de toneladas textiles acaban abarrotando el vertedero.

La UE juega fuerte para cambiar el modelo de negocio. Está tratando de acabar con los residuos, con la moda rápida, con el usar y tirar. En abril de 2022 ya dijo que por cada persona en la UE el consumo textil requiere 9 m^3, 400 m^2 de tierra y 391 kg de materias primas, y ya se ha contado una y mil veces que el cálculo aproximado de CO$_2$ de la industria textil en el mundo es de 12 millones de toneladas anuales, todo al tiempo que se empezaban a debatir en el Consejo y en el Parlamento Europeo medidas para la transformación esperada. Pero cuando el 26 de enero de 2022 vi las imágenes que publicó la BBC sobre los basureros en el desierto de Atacama, en Chile, solo me vino a la cabeza una palabra que adoro, aunque sea inglesa: *bullshit,* que es más fuerte que *mentira.* Cuando nos dicen que el sistema está cambiando y que los consumidores se conciencian es una mentira que nos creemos; la realidad es que la ropa que anualmente va a parar a ese desierto es el resultado de prendas desechadas especialmente de EE UU. y Europa. Pues eso, *bullshit.* Cada año llegan a ese desierto unas 59 000 toneladas de ropa para su reventa —decía la información—, con la particularidad de que aproximadamente 40 no se venden y acaban en basureros clandestinos. Hay más, porque si el estudio *The State of Fashion*, de McKinsey & Co, asegura que un 43 % de los jóvenes tienen en cuenta criterios de transparencia y sostenibilidad, a otros esto les importa un bledo. Y, si no, que algún alma caritativa me explique por qué existe incluso una actividad que consiste en comprar grandes cantidades de ropa que alguien se prueba por otros y se devuelve si no se corresponde con lo que te han encargado. O sea, una especie de asistente a lo bestia. Incluso se le ha puesto nombre: *haultryon.* Yo lo llamaría *irresponsabilidad.*

Si hablamos de devoluciones, este es uno de los grandes problemas que el sector tendrá que solucionar, ya que resulta absurdo el gasto energético ligado a ellas, que muchas veces ni siquiera vuelven a la tienda. Zara empezó a cobrar por este servicio en 2022, no por las devoluciones en tienda, sino por las que son en línea. Me decía en una conversación sobre el tema Goyeneche que para ECOALF el porcentaje es pequeño: «Un 21 % de devoluciones... Zalando está por encima del 43». ECOALF fue la primera compañía textil con el certificado B Corp en España —a finales de ese año lo tenían además Sepiia, Organic Cotton Colours y Parafina— y tiene compromiso de cero emisiones en 2030, ECOALF y sus *partners.*

No es que una compañía falte a la sostenibilidad por no estar certificada en B Corp. De hecho, la marca eco pionera en España, SKFK, no lo está y es neutra en emisiones desde antes de la pandemia. Pero la certificación corona a las empresas como líderes en sus estándares de trabajo social, ambiental, responsabilidad social y transparencia. Lo otorga la organización sin ánimo de lucro BLab y se obtiene a través de un proceso que funciona como un sistema de puntos divididos en cinco áreas: comunidad, clientes, medioambiente, gobernanza y trabajadores, a través de las cuales se mide el impacto social y medioambiental de una compañía. A finales de 2022 se contaba con 5660 certificados B Corp en el ámbito internacional, pero de ellas solo 229 estaban relacionadas con este sector.

Podría decir que la sostenibilidad en la moda se reduce a tres palabras, como el bolero, aunque no son las mismas: consumir menos recursos; podría hacerlo, pero acabaría un capítulo entero y además no daría las claves de lo que ocurre y debe ocurrir para gastar menos recursos, que en efecto y en definitiva constituye la clave y el objetivo. Y basta ya de juegos de palabras, porque no, esto no es palabrería, sino una cuestión de volumen, como escuché al presidente ejecutivo de la Fédération de la Haute Couture et de la Mode, Morand, durante la celebración de la cumbre de la Alianza Europea de la Moda. Demasiada ropa. ¿Datos? Preocupantes, como los que publicó Greenpeace en su informe *Timeout for fast fashion (Se le acabó el tiempo a la moda rápida):* las ventas de ropa habían pasado de un billón de euros en 2002 a 1.8 en 2015, con una proyección de llegar a 2.1 en 2025. La visión que tenemos de la moda hoy está empezando a corregir algunas malas praxis de la *fast fashion,* filosofía maléfica para el planeta y para nosotros mismos. Ya no es que hablemos de rápida, sino de supersónica, de ultrarrápida, y todos hemos cogido alguna vez billete para ese vuelo. Sí, reconócelo, tú también has dicho eso de: «Con lo barato que es, aunque me lo ponga un par de veces, lo rentabilizo». Yo tiro la primera piedra. Yo lo he dicho. Y hecho. Nos enseñaron así, y así hemos seguido hasta caer en la zafiedad del argumento y sus consecuencias.

La realidad es que, como he leído en alguno de los múltiples informes y libros que llevo años manejando sobre el tema, cada uno de nuestros actos tiene un efecto en el medioambiente, y hay que elegir cuál o cuáles estamos dispuestos a asumir. Así de claro. Y debemos asumir también el significado económico de los impactos y de la manera de consumir o de la de no consumir. De momento, lo claro es que ninguno de nuestros actos resulta inocente. Y se impone un cambio que pasa por un futuro en el que se vislumbra la circularidad, una innovación favorecedora de un recambio en toda la cadena de valor. Cuando hablamos de *modelo de futuro* lo estamos haciendo, por supuesto, de descarbonización, de aprovechar los recursos en lugar de gastar y gastar y de pensar en prendas duraderas, en lugar de en las de usar y tirar, y también de eliminar el desperdicio del proceso de producción y de acumulación, implicando así a empresas y a consumidores. Se trata de una responsabilidad social, empresarial e individual. Cada vez se escuchará hablar más del *zero waste* en el diseño, que conduce a una manera diferente de patronaje en la que ni 1 mm de tela se tira, como me enseñó hace años Pepa Salazar, y más recientemente Gisela Fortuna.

Como en el resto de la transformación de la economía lineal en circular, en el terreno que nos ocupa estas acciones pasan por disminuir el consumo de energías no renovables, especialmente el petróleo, el agua y los recursos naturales. Esto afecta a los procesos productivos de las prendas, que acabarán teniendo un sello eco como identificador de sostenibilidad, pero también, y muy especialmente, a la distribución, sobre todo a la logística, que con un mayor auge de la compra en línea está suponiendo un impacto energético tremendo que resulta una nueva pesadilla para el sector. He citado a industria y a consumidores, pero resulta vital la implicación política. Por eso aplaudí cuando la presidenta de la Comisión Europea, Ursula von der Leyen, puso sobre la mesa de la apertura de la Semana de la Moda de Francfórt en 2021 la necesidad de circularidad y la exigió como antídoto ante la moda rápida, que calificó de *venenosa* y que reclamó que fuera más lenta. En Bruselas se escucha con frecuencia la expresión: *textile is the new plastic* (el textil es el nuevo plástico). La guerra contra el plástico se está llevando a las últimas consecuencias y ha llegado a los hogares. Estamos en el camino de dar la primera batalla, empezando por generar negocios sostenibles.

Como me dijo el ya citado Pares, presidente de Textil Santanderina, el sector «está en un cambio de paradigma hacia un consumo mucho más selectivo e inteligente. Tenemos una moda que debe ser consecuente con los movimientos sociales, pero creo que los consumidores continúan desinformados y no hay que contribuir a que sigan estándolo. Siempre le digo a Goyeneche, frente a su campaña de que no existe un planeta b, que sí existe, es el que tú construyes. [...] La sostenibilidad tiene que ser capaz de encontrar el equilibrio entre el propósito, el planeta y el negocio»... y yo añadiría la creatividad, algo que sí ha conseguido ECOALF o que logró en su día Patagonia, creada por el escalador hoy octogenario Yvon Chouinard y que juega con eslóganes como «Hecho para toda la vida». Su última «escalada» ha sido sonada, porque Chouinard, quien lleva años donando un 1 % de sus beneficios para el cuidado del planeta, ha cedido todos a una organización que lucha por el entorno. La empresa apeló al capitalismo responsable, aunque eso le permitirá ahorrarse impuestos. Ha sido criticada, pero marcará el camino a otras. En su web anunció: «La tierra ahora es nuestro único accionista». Por supuesto, el control del negocio lo mantiene una sociedad de la propia Patagonia, Patagonia Purpose Trust, creada para salvaguardar los valores de la compañía, a la que se une The Hold Fast Collective, sin votos en su consejo, ONG creada para luchar contra la crisis medioambiental y defender la naturaleza.

Se dice mucho que hay que medir, se insiste en los nuevos KPI de la moda sostenible. Y, cuando medimos, las cifras vienen con una bofetada porque nos dicen que los terrícolas —que a veces parecemos marcianos— adquirimos 80 000 millones de prendas de vestir anualmente, a razón de 68 anuales por persona, incluyendo accesorios. Si hacemos una proyección y calculamos que en el año en el que deben cumplirse los Objetivos de Desarrollo Sostenible, es decir, en 2030, la población mundial podría ser de 8500 millones, el cálculo de consumo sería de unos 500 000 millones, según el Boston Consulting Group y la GFA. Si, además, usamos las prendas una media de quince veces al año y tiramos a la basura toneladas, la sinrazón está servida. He nombrado las disposiciones más importantes que en materia de sostenibilidad y derechos humanos se han establecido internacionalmente, los Objetivos de Desarrollo Sostenible (adoptados por la ONU en 2015 para tratar de garantizar una vida sin pobreza y en condiciones sostenibles entendidas como sociales, económicas y medioambientales), y resulta que estos objetivos que todas las naciones se han comprometido a alcanzar en 2030 (y vuelvo a los boleros para decir «lo dudo, lo dudo, lo dudo») y que están interrelacionados porque la acción de uno afecta a otros (y son 17) dan en la línea de flotación de todos los cambios que ha de acometer la moda. Es más, si los examinamos, encontramos impactos positivos y negativos relacionados con ellos y en los que es necesario trabajar, al menos, para positivar los negativos y utilizarlos como palanca de cambio. Veamos:

- **Número 1: Fin de la pobreza.** Esta industria ha sido un motor de trabajo y por tanto de transformación en algunas sociedades y ha dado un modo de vida a muchas comunidades. Ese es el impacto positivo. Por ejemplo, a finales de 2021 conocí a la diseñadora mexicana Patricia Govea, quien me contó cómo había cambiado la existencia de las mujeres wixárika en su país de origen al constituir con ellas empresas sociales. Evidentemente, este objetivo está relacionado con el segundo, «hambre cero».

- **Número 3: Salud y bienestar.** Está relacionado con el primero, en el sentido de que la moda tiene que velar por la salud de sus trabajadores. Leí un artículo publicado por la revista de la escuela de negocios IESE-Universidad de Navarra, firmado por Anna Sáez de Tejada Cuenca, Felipe Caro y Leonard Lane, que explicaba que, desde la tragedia de aquel gran almacén de talleres, el Rana Place, en Bangladés, en la que murieron 1135 trabajadores —volveremos a esto más adelante—, la industria tomó cartas en el asunto de la salud de sus operarios. No ha sido suficiente.

- **Número 5: Igualdad de género.** Estamos ante un sector donde las mujeres representan más del 80 %. Sin embargo, aún hay labor para rato cuando hablamos de igualdad salarial, representación en la línea superior del sector (aunque se han producido grandes avances), o imagen, donde continúan vigentes estereotipos que no favorecen a la mujer. Además, existe un tema colateral importantísimo: el desfase entre hombres y mujeres en carreras técnicas. Y sí, esto también tiene mucho que ver con la moda. Como hemos visto, la IA está cambiando el desarrollo industrial, de distribución y comercial, y es necesario que se incorporen las mujeres.

- **Número 6: Agua limpia.** La moda es responsable del 20 % de las aguas residuales y del 30 % de los desechos plásticos en los océanos. Este es de los aspectos en los que más se está trabajando a través del desarrollo y gracias a normativas y a la utilización progresiva de materiales que requieren menos uso del agua.
- **Número 7: Energía limpia y asequible.** Las empresas firmantes de la Carta de Acción Climática de la Industria de la Moda de las Naciones Unidas, renovada en 2021, acordaron que para 2030 las grandes marcas deberán funcionar con energía renovable, el carbón será eliminado de la alimentación de sus cadenas de suministro y la ropa estará hecha de materiales con impacto neto positivo en el planeta y reciclable un número infinito de veces.
- **Número 8: Trabajo decente y crecimiento económico.** El fin de la pobreza es alcanzable con trabajo digno, que genera crecimiento económico. Pero es fundamental localmente, especialmente en las comunidades más vulnerables y en núcleos de población en riesgo de exclusión. Es básico que la rentabilidad económica no sea el único foco de atención, sino potenciar el trabajo con las personas en el centro, lo que implica el cambio favorable de los seres humanos y de las sociedades en las que están integrados.
- **Número 9: Industrias, innovación e infraestructura.** Será imposible acometer el cambio real de este negocio sin el desarrollo industrial, tecnológico y de innovación necesario.
- **Número 10: Desigualdades reducidas.** Cuando hablamos de sostenibilidad, lo habitual es mirar primero la cuestión medioambiental, pero si abrimos la mirada sostenible a factores ESG (ambiental, social y de gobierno corporativo), comprobaremos que las sociales y de gobernanza son esenciales en la economía circular. Además de la igualdad de género, no resulta moral el trabajo de los niños y es vital contratar a trabajadores con salarios justos y en igualdad.
- **Número 12: Producción y consumo responsables.** Se ha nombrado al comienzo de este apartado y aparecerá continuamente el cambio en el modelo de producción y de distribución, y en el uso de materiales.

Pero, tal y como se ha dicho también, es necesario transformar el modelo de consumo.

- **Número 13: Acción climática.** Las 130 marcas signatarias de la Carta de Acción Climática de la Industria de la Moda de las Naciones Unidas se comprometieron en 2021 a llegar a 2030 con un 50 % menos de emisiones de gases de efecto invernadero inherentes al sector. Eso es importante, si lo comparamos con compromisos anteriores, porque en 2018 se había firmado un 30 %. Y es fundamental para alcanzar las emisiones cero en 2050.

- **Número 17: Alianzas para las metas.** Es clave el trabajo en asociación junto con otras empresas del sector buscando sinergias y contribuyendo a crear ecosistemas de innovación y tecnología. Las alianzas equivalen al trabajo de unos diseñadores con otros, a la asociación de unas marcas con creadores con los que pueden trabajar en el viaje sostenible y a la unión con la tecnología que lo hará posible, y desde luego a alianzas del lujo y de la *fast fashion* con proveedores capaces de hacer frente a la sostenibilidad y a la evolución de esta industria.

Las 5 R de la sostenibilidad

___

Está claro: es necesario cambiar el actual modelo de sobreproducción y sobreconsumo, abandonando un modelo de extracción, fabricación para usar y tirar..., especialmente sabiendo que cada año se desechan 40 millones de toneladas de textil en vertederos o incineradoras, según la Ellen MacArthur Foundation. Solo en España se desechan, anualmente, entre 10 y 14 kg de ropa por persona. Y en EE. UU., donde la reglamentación es menos estricta que en Europa, un 65.2 % de los residuos textiles terminan en vertederos, un 18.7 % se incinera y solamente un 14.5 % se recicla, según datos de la Agencia de Protección Ambiental de Estados Unidos (EPA). Por lo tanto, el trabajo que se debe hacer para abordar este problema es muy profundo. Debemos aprender a conjugar otros verbos, como los que se conocen como las 5 R de la sostenibilidad: reducir, reciclar, reparar, revender y rentar.

1. Reducir

No le demos más vueltas: reducir solo quiere decir eso, rebajar la producción, el consumo y el gasto. Y hacerlo de manera equilibrada y consciente. El problema del consumo compulsivo y el miedo a perderse algo (FOMO) han creado una generación de compradores que adquieren prendas que apenas utilizan, lo que ha gestado una crisis en la industria de la moda. Para solucionar esto, es fundamental cumplir con los compromisos establecidos en la COP26 y la Carta de la Moda Sostenible. En esta cumbre, China y Estados Unidos firmaron un acuerdo para reducir sus emisiones, mientras que en Europa se busca reducir las emisiones de CO2 en un 55 % para 2030 a través de un Plan de Acción de Economía Circular y la implementación de Reglas de Categoría de Huella Ambiental del Producto (PEFCR).

Esto es especialmente importante cuando consideramos que, según la Conferencia de las Naciones Unidas sobre Comercio y Desarrollo (CNUCYD), la moda utiliza 93 billones de m³ de agua. Dicho así puede parecer mucho... o poco, pero nos hace pensar si lo comparamos con la cantidad que consumen cinco millones de personas, o sea, esa. Otro dato: para fabricar una simple camiseta de algodón se necesita 1931 L de agua de riego, la llamada *agua azul,* además de 6003 L de agua de lluvia por cada kilo de fibra, que es más o menos lo que se usa para una camiseta. ¿Mucho o poco? Es lo que consumimos cada uno de nosotros en dos años. Y según la ONU, en 2025 dos tercios de la población mundial vivirá bajo condiciones de estrés hídrico...

Se trabaja por reducir el gasto de energía y de agua, pero hay otra disminución no precisamente menor para no crear más *residuos,* palabra que, aplicada al textil, introduce Europa en 2018 con su Directiva 2018/851, por la que hace responsables a los productores del textil de esos residuos. Esto implica cambios legales como, por ejemplo, que antes del 31 de diciembre de 2024 tendrá que haber recogida selectiva de textil en contenedores específicos. Hay que preparar esos residuos para su reciclaje. De hecho, ya 2021 significó el fin de la destrucción de producto textil no vendido, recayendo la responsabilidad financiera y organizativa en las empresas implicadas. Ese mismo año se supo del compromiso de poner en marcha los grandes centros de reciclaje textil europeos, ubicados en España, pero también en Bélgica, Italia, Finlandia y Alemania. La ley de 2021 que prohíbe la destrucción de excedentes no vendidos continuó en 2022 con la obligación de recoger los residuos posconsumo a través de puntos de recogida en tiendas u otros lugares. El tercer paso será el de mayor calado: establecer objetivos de reutilización y reciclaje de los residuos recogidos.

Reducir es una necesidad. La Fundación Ellen MacArthur, reconocida con el Premio Princesa de Asturias de Cooperación Internacional en 2022 por su trabajo de investigación y divulgación sobre la economía circular, defiende que los consumidores podemos ser actores del cambio con pequeñas acciones. Por ejemplo, si duplicáramos el número de veces que utilizamos nuestras prendas, podríamos reducir hasta el 44 % de las emisiones de gases de efecto invernadero relacionadas con su ciclo de vida. Además, al compartir nuestras prendas usadas con otros, podemos evitar que se conviertan en desperdicios innecesarios y darles una nueva vida. Según otra frase mágica de la Fundación: «Lo que para unos es basura, para otros es un tesoro».

2. Reciclar

Parece comprensible e incluso una actividad sencilla. Negativo: reciclar ropa es difícil por la cantidad de mezcla de tejidos que suele tener. De hecho, según el informe *Fashion on Climate Report,* publicado en 2021 por McKinsey & Company y la GFA, solo el 1 % de los materiales utilizados en la producción textil se recicla para fabricar nuevas piezas. Eso no significa que no se acometan acciones de reciclado y a lo grande. Por ejemplo, también en 2021, H&M presentó su colección otoño-invierno de la línea Studio en la Semana de la moda de Copenhague, hecha a base de residuos. Además, hay otra cuestión peliaguda: ¿qué se hace para reciclar y qué sucede después de crear algo nuevo con ese material reciclado? Porque, si la ropa se recoge en Rusia, se recicla en China y se vende en Europa, no se puede hablar de un proceso sostenible. Por eso cada vez más nos dirigimos hacia modelos de producción y distribución más local. Eso sí, falta tiempo para verlo. Yo me habré jubilado con creces.

Hablando de *reciclaje,* he intentado no escribir otra palabra que a veces se usa inadecuadamente para referirse a él: *upcycling,* también conocido como *suprarreciclaje.* El primero es un proceso industrial que consiste en transformar un residuo o material que ha acabado su vida útil en otro nuevo, mientras que el segundo transforma residuos en objetos de valor, generalmente reinventando el objeto original. Por ejemplo, si tomamos una botella de vidrio usada, fundimos el vidrio y con él creamos una lámpara, estaremos reciclando. Si esa misma botella la limpiamos, reparamos y utilizamos como base para una nueva lámpara, es *upcycling.*

Un ejemplo de *upcycling* en moda es la marca española Vacas Flacas, muy conocida en la década de 1990, que desfiló en la entonces pasarela Cibeles con prendas realizadas a base de calcetines, guantes o piezas de vaqueros. Lagerfeld, que había sido invitado a la pasarela en 1993, declaró que lo que más le había interesado había sido ese ejercicio de la marca creada por Miriam Cobo y Carolina Azcona, que cerró doce meses antes de cambiar de siglo. Muchos años después María Escoté realizó un desfile en la pasarela madrileña patrocinado por Wallapop, una de las grandes empresas de venta de productos de segunda mano, donde presentó ropa hecha a partir de prendas reutilizadas. Funcionó muy bien. Por su parte, la diseñadora o más bien artista María Lafuente utilizó ropa de lana fría procedente del departamento de sastrería de El Corte Inglés para crear su colección de primavera-verano 2023. También Loreak Mendian emplea sábanas para sus colecciones o Tanya Marcial, quien ha vestido a la cantante Nathy Peluso con prendas reutilizadas, ya que esta ha decidido no seguir comprando tejidos debido a la sobreproducción de prendas que la industria ha llevado colapsando durante las últimas décadas.

He dicho que es complicado reciclar, pero uno de los grandes cambios que se están produciendo va en esa dirección. También los nuevos tejidos, como el poliéster reciclado, según Cyndi Roadhes, material ideal. Se lo escuché en la serie de entrevistas sobre sostenibilidad *Fashion Sustainability Shots,* realizada por *modaes. es:* «Se puede vislumbrar un futuro en el que los consumidores usarán poliéster circular 100 %, mientras reducimos nuestra dependencia del algodón y evolucionamos hacia formas de producir menos volumen, al tiempo que reutilizan y reciclan la celulosa existente». Las firmas, en general, están trabajando para reciclar sus tejidos no usados, como el grupo francés Louis Vuitton Moet Henessy (LVMH). En su plataforma Nona Source, creada y lanzada en marzo de 2021, comercializa las telas y pieles sobrantes de las marcas del grupo a un tercio del precio mayorista. En España existe otro negocio modélico, Recovo, que en septiembre de 2022 presumía de tener 460 clientes y de estar en contacto con las grandes. ¿Su modelo? Comprar a unos y vender a otros. ¿Su objetivo? Acabar con los excedentes a través de una plataforma de comercio electrónico. Pone a la venta tejidos de cualquier marca: «Recibimos muestras, las fotografiamos, las cargamos en la plataforma y realizamos tareas de marketing, aunque el material sigue en manos de la marca». Así me lo describía su CMO y cofundador, Gonzalo Sáez Escudero, quien me confió que más del 40 % de las ventas se realizan fuera de España. «Además, nos hemos asociado con la consultora Dcycle para estudiar y ofrecer a las empresas las métricas de lo que estamos ahorrando en gasto de energía, emisiones de CO_2 y financieramente hablando, porque los tejidos que se venden pueden ser un 30 %

más baratos de lo normal, pero, al tratarse en general de empresas que por volumen ya obtienen unos buenos precios, el ahorro neto es mayor».

Es un gran cambio y acicate pensar que las marcas de lujo también se han interesado en la máquina de reciclar. Y digo «máquina» porque las fórmulas son variadas. Por ejemplo, asociaciones con empresas que reciclan o recuperan fibras para crear hilo, como la del grupo LVMH con WeTurn, o las de varias firmas de Kering con Revalorem, que genera materia prima a partir de artículos de lujo no vendidos. El lujo está dando lecciones de reciclaje, como LOEWE con el bolso The Surplus Project, realizado a partir de sobrantes de piel de colecciones anteriores cortada en estrechas tiras que se trenzan.

Es tarea de todos. Así, en el verano de 2022, Zara anunció su alianza con la empresa Renewcell, que utiliza una tecnología para transformar residuos textiles en pulpa de celulosa, que a su vez se utiliza para producir viscosa, lo que contribuye a la circularidad y reduce la presión sobre los recursos naturales, en este caso los bosques. A finales de 2021 se sabía de su alianza con la empresa LanzaTech para crear un hilo de poliéster a partir de emisiones de CO_2 reciclado producido por una especie de fermentación, pero con el que se marcaron una colección cápsula de vestidos de fiesta. Hay muchos otros ejemplos, pero me gusta destacar el de Levi's, que en el verano de 2021 firmó una alianza con la empresa Infinite Denim para reciclar sus vaqueros usados y darles una nueva vida. Otro de mis casos favoritos viene de la asociación entre Adidas y BASF. Ambos han realizado varios proyectos juntos, pero en 2021 fueron más allá con el claro objetivo de contribuir a circularizar la moda y la sociedad. Crearon una nueva zapatilla para correr, futurecraft.loop, realizada completamente de un solo material, cordones incluidos, un polímero de BASF. Así, al final de su vida útil, la deportiva se tritura y se genera otra nueva con el mismo material, al que se añade el necesario para completar el desgaste.

3. Reparar

La primera mujer «sostenible» que conocí fue mi madre, experta en reciclaje y *upcycling*. Alguna vez la vi deshacer un jersey y reutilizar su lana para otro. Madre de cinco hijos y esposa de periodista, dedicaba mucho tiempo a la costura. ¿Porque le gustaba? En absoluto. ¿Porque sabía? No. Ni sabía ni le gustaba ni le apetecía. Los pequeños heredaban de los mayores, los mayores de alguna prima y ella trabajaba aquellas prendas con mucho cariño para darles nueva vida. Y, por supuesto, reparaba cuellos y bajos y ponía piezas, rodilleras, coderas, etc. Era una revolucionaria. Esa es la tesis del libro *Loved Clothes Last Longer* de la italiana Orsola de Castro, quien defiende la reparación y reutilización de nuestras prendas como un acto revolucionario. Y sabe lo que dice: no solo es escritora y diseñadora, sino cofundadora y directora creativa de *Fashion Revolution,* movimiento que fomenta la sostenibilidad en la moda.

En realidad, reparar tiene sentido cuando la pieza es lo suficientemente importante para no tirarla. No hay que confundir *valor* y *precio*. Podría parecer que con mi anterior frase me desdigo, pero no es así; a veces, incluso las prendas más económicas merecen una segunda oportunidad si son de calidad y nos importan. Cada vez más, la reparación es una opción más destacable. Tanto, que, por ejemplo, en verano de 2021, Farfetch se asoció con The Restory, un negocio de reparación de prendas y accesorios de alta gama con sede en Londres, para lanzar Farfetch fix. Aunque no es barato, por 50 euros prometían renovar un bolso de firma y por unos 120 los zapatos, suela incluida. Las grandes marcas tienen sus propios reparadores. El caso de Hermès es llamativo, ya que comanda un equipo de más de setenta especialistas repartidos por todo el mundo. Y otras, como Brunello Cucinelli, garantizan que la prenda será reparada en caso de cualquier desperfecto durante toda su vida útil. A otro nivel está Nike, que desarrolló el programa Nike Refurbished en abril de 2021 con el que la compañía dio un salto de gigante en su compromiso por avanzar hacia un nuevo modelo circular. Irá escalando y es una revolución. La marca quiere extender la vida útil de las zapatillas de cualquier cliente que las devuelva en sesenta días. No importa si están nuevas o ligeramente usadas, el equipo de Nike las clasificará y reparará en caso de ser necesario. Si la reparación resulta imposible, las zapatillas se donarán a fines sociales.

4. Revender

Parece que hemos inventado recientemente el negocio de la segunda mano. Pero no es tan nuevo, eBay inauguró la primera plataforma a mitad de la década de los noventa. Desde ahí hasta la eclosión actual, es curioso comprobar su evolución, incluida la semántica. Hubo una época en la que la llamada segunda mano estaba mal vista y se comenzó a hablar de *vintage,* que lustraba el estigma de lo viejo. No podíamos imaginar entonces lo importante y grande que acabaría siendo, gracias, entre otras cosas, a las plataformas tecnológicas, y tampoco que, según un informe de thredUP, se espera que sea el sistema preferido por los compradores en los próximos cinco años. Según la consultora Mazars, el mercado global de productos de segunda mano de lujo alcanzó una cifra anual de 31 000 millones de euros en 2022, y se espera que crezca un 50 % para 2030, según el informe LuxCo2030: *Una visión del lujo sostenible* elaborado por Bain & Company.

Ciertamente, a efectos económicos no debe de ser mala opción cuando un gran planeta del universo de la moda como Kering se convirtió, en 2021, en accionista de la plataforma de ventas más importante de artículos de lujo de segunda mano, Vestiaire Collective, realmente más de lujo desde noviembre de 2022 cuando anunció que no vendería prendas *fast fashion*. Además de Vestiaire Collective, la que dicen que es la reina de la venta de moda de lujo de segunda mano es la plataforma TheRealReal, con sede en San Francisco, fundada en 2011 pero también con tiendas físicas en Manhattan y Hollywood.

Pero la segunda mano no solo se centra en productos de lujo. Plataformas más populares como Vinted, con más de seis millones de usuarios en España, uno de sus principales mercados en la actualidad, también han ganado terreno. Esta empresa lituana se ha expandido por Europa y otros mercados, incluso atreviéndose con la venta de trajes de novia, y se ha convertido en la primera compañía unicornio de su país, con una cifra de negocio superior a los 1000 millones de dólares, tras comprar en 2019 la aplicación española Chicfy por 10 millones de euros.

En el desarrollo de todo este sistema, la tecnología, la investigación, los datos y la influencia de las redes sociales, especialmente Instagram, son fundamentales. Me resulta interesante citar Depop, precisamente porque su CEO es la española María Raga. Con una facturación de 13 billones de dólares, la aplicación, que ha sido descrita como una mezcla entre Instagram y eBay, fue creada en Italia y tiene sedes en Milán, Londres y Manhattan. Depop se presenta como la plataforma más joven de venta de segunda mano y su objetivo, según cuenta su CEO, «es llegar a gente a la que le gusta la moda y de segunda mano, pero moda a fin de cuentas, una plataforma para personas que diferencian entre ropa y moda. De la misma manera que los grandes diseñadores se inspiran en lo que están viendo en la calle para crear sus colecciones, Depop es ropa de calle para la calle».

Hablando de España, es justo mencionar BEST FOR LESS, lanzada en plena pandemia, aunque su fundadora y CEO, Carmen Sáenz Varona, llevaba muchos años gestándola tras darse cuenta «precisamente impartiendo unas clases sobre lujo y sostenibilidad en el Máster de Comunicación y Moda de *Vogue* de que se hablaba mucho de RSC (responsabilidad social corporativa) y poco de RSI (responsabilidad social individual)». Esta experta en lujo, que apuesta por la artesanía o la herencia, se niega a demonizar la *fast fashion* «por la tarea de democratización que ha realizado, más allá de sus defectos». BEST FOR LESS, que se dedica exclusivamente a mujeres y cada vez se enfoca más en la venta de ropa de segunda mano de alta calidad, estaba en un momento de crecimiento en 2022 gracias a la financiación externa y tenía planes para crear un segmento VIP con servicio de curaduría dentro de su aplicación, así como una sección de alquiler, como forma de profundizar en la circularidad. También me gusta la española Good Karma, que defiende que «la vida es más fácil cuando dejamos ir lo que ya no nos sirve».

Desde que empecé a escribir hasta que este libro esté en la calle, es posible que surjan más y más plataformas de venta de segunda mano. Incluso algunas que ni siquiera sean de venta, es decir, en las que no haya que depositar dinero, y no porque se trate de criptoventa. Es el caso de Run To Wear, donde se intercambia ropa, pero no dinero. Su fundadora, Claudia Ojeda, me explicó que las prendas no se venden, se permutan y no tienen un precio, sino un valor que se evalúa en tókenes, de manera que las prendas se intercambian en función de la equivalencia en tókenes. Unas semanas antes de darle el punto final a este libro recibí la noticia de una evolución de esta plataforma que me pareció un bombazo en favor de la transparencia y la trazabilidad: la incorporación de códigos en las prendas, con el histórico tanto de esta como de la marca, facilitando que el propietario pueda interactuar con Run To Wear, por ejemplo, con descuentos en prendas nuevas por tókenes.

Más allá de la acción de estos nuevos *players,* resulta especialmente curioso que los principales lo incorporen a su combo empresarial. Incluso la *fast fashion.* Me refiero a la operación de Zara que abrió en Reino Unido, la plataforma Pre-Owned en noviembre de 2022, y a Shein anunciando su Shein Exchange, donde los consumidores pueden revender sus prendas. Al respecto, en Inditex me contaron que «Zara es la segunda marca más vendida en las plataformas de segunda mano; la primera es Nike». Las grandes marcas se han subido al carro, viendo que ellas mismas podían hacer este papel y no dejar a otros esta parte del pastel que crece sin necesidad de levadura. Hace ya tiempo que Patagonia ofrece un vale de compra a cambio de entregar las prendas viejas, que limpia y revende rebajadas. Y no será la única. Se abren apuestas. Tanto se está generalizando la compra de ropa de segunda mano, que el último informe de 2022 de The RealReal aseguraba que un porcentaje elevado de consumidores de la generación Z (el 36 % de los que habían participado en la elaboración) compraban semanal o mensualmente. Atención a este punto crucial que afecta a distribución y devoluciones, con todas sus consecuencias. Hay voces que empiezan a estar en contra de este negocio porque aseguran que se está reproduciendo en la segunda mano la misma ansiedad y compulsión que en el consumo rápido.

5. Rentar (alquilar)

Cuando en 2021 me enteré de que Carrie Symonds, la última esposa de Boris Johnson, se había casado con un traje alquilado, sentí que realmente el entonces primer ministro del Reino Unido estaba experimentando un cambio —y no, no tenía que ver con sus fiestas y desatinos, que le condujeron a dimitir un año después—; un cambio, para empezar, en su economía familiar, pues su novia-esposa había gastado el equivalente a 50 euros en MY WARDROBE HQ, una plataforma de alquiler de ropa de lujo, en lugar de los 3500 euros que le habría costado el modelo de Christos Costarellos en *net-à-porter*. En España la plataforma Borow está tratando de convencer a las mujeres del alquiler de trajes de invitadas y accesorios para ceremonias. Las hermanas Chen, Eva y Joanna han inventado un sugerente eslogan, *Your sister's Closet,* como idea de que siempre hay un armario abierto para la ocasión. En 2021, Ralph Lauren anunció su entrada en el negocio del alquiler mediante un sistema de suscripción. A través de The Lauren Look, los consumidores pueden alquilar artículos de su línea más barata, Lauren, por una tarifa mensual de 125 dólares.

El citado informe *LuxCo2030* pronostica que para el año 2030, la facturación por alquiler de prendas y calzado aumentará en un 25%. Lo interesante de esta tendencia es la sofisticación en los modelos de alquiler, donde no solo se rentan prendas, sino también accesorios, como Pislow. O directamente se alquila entre consumidores, con el modelo AirBnb como guía, en By Rotation, donde es posible alquilar por un día o por períodos. Y también se pasa al negocio de suscripción Adolfo Domínguez que, basándose en un cuestionario y con el consejo de un equipo de estilistas, envía cinco prendas a domicilio para probar y, en su caso, comprar. O el de Pantala (pantala.es), donde por 69 euros mensuales se eligen tres prendas de marcas españolas que, transcurrido ese tiempo, se pueden devolver, comprar o sustituir por otras (parecido a un *renting*). Incluso podemos pasar al intercambio entre amigos, o sea, lo que hacíamos entre hermanos con bronca, pero con felicidad, buena música, conciencia sostenible y título en inglés, que es más *cool: swap parties*.

Circularidad: transformar la industria hacia la sostenibilidad

Estos cinco mandamientos *R* se encierran en uno: circularidad. Mandamiento y también mandato y modelo, que no es de montañeros, pero que entraña una subida hacia una cumbre desde la que parece que vamos a respirar aire fresco, vislumbrar la verdad y descender con otros criterios para la existencia sostenible del planeta y, por tanto, la nuestra. Es así y será así, o no será. Según el informe publicado en 2021 *Scaling Circularity* de GFA, elaborado con McKinsey, el 80 % de la industria de la moda podría ser circular en 2030, aunque en gran medida ese dato estará supeditado a las inversiones necesarias en tecnología, que deben estar entre 5000 y 7000 millones de dólares hasta 2026. Soy un ser positivo, pero lo veo complicado.

Como periodista, he tenido un gran compromiso con la sostenibilidad. Como directora de la Fashion Week de Madrid, tuve muy claro que era uno de los cuatro puntos cardinales de mi gestión; de hecho, formamos un comité de sostenibilidad para que la empresa de reciclaje Ecoembes patrocinara un desfile en la pasarela. Con él se eligió a Juanjo Oliva para crear una colección usando al menos un 80 % de tejido sostenible. Fue magnífica, y lo más importante es que Oliva me confesó que a partir de entonces contaría con ellos entre su catálogo de telas.

Como asesora y consejera independiente, he seguido trabajando intensamente para estudiar y asesorar en todos los campos relacionados con la sostenibilidad. Incluso pertenezco a la asociación Women Action Sustainability (WAS), que trabaja en esa dirección. Con ella publicamos el informe *Transformación social de la moda hacia la sostenibilidad,* realizado con la consultora KPMG. Entrevistamos a muchos actores del sector español, desde pequeños diseñadores y empresas hasta Inditex, de modo individual o bajo el modelo *focus group.* Todos tuvieron clara la misma conclusión: se requiere una mirada transformadora de la sociedad donde prime la calidad frente a la cantidad, trabajando por la auténtica igualdad, favoreciendo la moda de autor que contribuye al desarrollo de una economía diversificada y que trabaja con la artesanía, usando tejidos que no contaminen e impartiendo sostenibilidad a los alumnos de escuelas de diseño.

La circularidad es la única salida para este problemático y finito mundo. Y ahora, cuando las marcas y los consumidores toman más conciencia, resulta el momento perfecto para actuar. Necesitamos reducir el consumo y producir prendas con más durabilidad, desaprender la forma de comprar y aprender la del desprendimiento para entender que podemos no ser sus últimos propietarios. Al mismo tiempo, las propias redes de distribución deben cambiar su modelo lineal por el circular. Y el activismo está servido, hasta el punto de que en la Semana de la Moda de París de octubre de 2021 una manifestante se coló en la pasarela con un cartel que decía *Overconsumption = Extinction.* Posó unos minutos con las modelos sobre la pasarela hasta que la sacaron a la fuerza del desfile. Incómodo. Muy incómodo.

Me decía un día de la primavera de 2022 mi querida y admirada Kavita Parmar: «Hay quienes están intentando arreglar un sistema que está roto y quienes solo quieren que vuelva el pasado. Es fundamental ir a otro porque todo ha cambiado y no podemos basar el futuro en uno del siglo XVIII». Lo sabe bien, pues estuvo en el antiguo con sus firmas Raasta y Suzie Wong antes de lanzar en 2011 el proyecto IOU (*I Owe You,* Te lo debo): «El modelo está quebrado. No es sostenible. Hay que producir menos y trabajar otras fórmulas de relación con los consumidores, con experiencias, talleres, encuentros directos con ellos, pero hay que producir menos ropa». Frente a las conclusiones generalizadas que resumen el nuevo modelo en reducir, reusar y reciclar, o como mucho en las cinco R enunciadas, ella insiste en otra fundamental, la de reeducar. Esa nueva educación afecta a consumidores y a

Desfile de Juanjo Oliva con tejidos PET, elaborados a partir de plástico reciclado, en colaboración con Ecoembes, en la pasarela MBFWMADRID 2018.

industria. Y, ojo, porque un consumidor reeducado pedirá otra fórmula en el modelo de la moda.

«Ya hay una generación con el mismo espíritu y la misma hambre que teníamos nosotros en la década de los ochenta», asegura la diseñadora catalana Teresa Helbig, con tienda-taller en Barcelona y Madrid. «Son mentes brillantísimas con una sensibilidad extraordinaria que, utilizando como palanca herramientas y realidades nunca vistas, liderarán el cambio hacia una nueva era más crítica, honesta y a largo plazo. Pero hay una fiebre de consumo generalizada. Hoy, precio, novedad e inmediatez son prioritarios, se consume mucha más moda y mucho más rápido. Por lo tanto, las colecciones que realizan las marcas son efímeras y se queman rapidísimo. De esta forma, es imposible que los creativos ideen conceptos frescos y novedosos cada temporada y además hay una sobre producción de prendas que hace que cada vez se desperdicien más recursos».

Buenas ideas. Grandes retos. Grandes oportunidades. Al mismo tiempo, oscuridad. Porque según informes de la Fundación MacArthur, la circularidad es la gran tarea pendiente. Por ejemplo, solo el 0.5 % del mercado mundial de fibras en 2020 se produjo a partir de textiles reciclados tanto antes como después del consumo. No soy pesimista, todo lo contrario, pero hay que realizar una transformación gigantesca sin la que nada puede cambiar. Y más vale hacerlo de verdad, no solo mediante marketing. Me encantó que durante la COP26 Greta Thunberg cuestionara la conciencia del sector, que gasta «enormes cantidades» en campañas para venderse como sostenible. La realidad es que las jóvenes generaciones presumen de serlo, y al menos muestran una mayor sensibilidad hacia el tema, pero son quienes compran en Shein (*it's a shame* [es una vergüenza], corean sus detractores), que en el verano de 2022 abrió en España, primero en Madrid y después en Barcelona, tiendas físicas efímeras. Esta marca ha pronosticado unas ventas de 50 000 millones en 2025, superando la facturación conjunta de Inditex y H & M. Su CEO presumió de crear mil modelos nuevos diarios (leí esto último en *La moda justa,* de Marta D. Riezu). Los jóvenes, aunque no solo ellos, están dispuestos a comprar camisetas por 3 euros y vestidos por 10, ignoro si conociendo o desconociendo que su producción radica en el corazón de la industria china, es decir, en la ciudad de Guangzhou. Se ha acusado a Shein de tener a trabajadores poco menos que en régimen de esclavitud, si bien al mismo tiempo ha sido capaz de atraer a grandes inversores, como Sequoia

Capital, y ha terminado contratando a un director de ESG... contradicciones de la sostenibilidad y de nuestra época.

Y me gustó aún más que durante la COP27, celebrada entre el 6 y el 18 de noviembre de 2022, en Egipto, las grandes marcas reconocieran sus graves problemas con los proveedores, que además son muchos; 800, por ejemplo, en el caso de H & M, según su jefa de Sostenibilidad, Leyla Ertur. La responsable de sostenibilidad de Kering, Marie-Claire Daveu, aseguró que ni siquiera ellos eran «lo suficientemente grandes para cambiar todas las cadenas de suministro; la colaboración es clave». En la cumbre, gigantes como Inditex, H & M, Stella McCartney o Kering, junto con empresas ajenas a la moda, como Ben & Jerry's, se comprometieron a comprar medio millón de toneladas de fibras alternativas bajas en carbono para la fabricación textil y los empaquetados con la idea de reducir las emisiones de gases hasta 2.2 millones de toneladas.

A mediados de 2022 leí algo que me llevó a pensar en las contradicciones de la vida y en aquellas a las que nos tiene acostumbrados el sector: según el *European Fashion Report,* elaborado por la agencia YouGov y la Comisión Europea, en diez países del continente la llamada *moda limpia* es requisito imprescindible para dos de cada cinco personas. «Qué interesante», pensé, aunque me descompuse después al leer en el mismo estudio que el 68 % de europeos compra por precio, porcentaje que se eleva hasta el 79 en España.

«La sostenibilidad es lo único verdaderamente inteligente que hoy puede hacer una empresa», sentenció Elena Fraguas, consejera adjunta a la presidencia de Mirto, en una de nuestras charlas sobre la necesidad de cambiar el modelo de producción. Me contó cómo la marca, especializadísima en camisas y en ropa masculina y con un brazo cada vez más largo destinado a la mujer, distribuía sus tejidos sobrantes para que confeccionaran diferentes prendas en los talleres de la ONG APRAMP. Además de la acción solidaria por parte de Mirto, que también ha contratado a dos de esas trabajadoras, Fraguas lo entendía como una línea más en el capítulo de la circularidad, una gran oportunidad social. Y no es tan difícil. Resulta fundamental que las industrias produzcan lo justo y los consumidores consuman bien y destinen al reciclaje. Es intolerable seguir viendo imágenes como las que a principios de 2023 se difundieron sobre vertederos en Kenia. Y se precisan la reglamentación y la concienciación desde las máximas autoridades. Se requieren reglamentaciones, pero no son suficientes, si no se genera una nueva forma de pensar. Resulta vergonzoso seguir tirando toneladas de ropa cada año sin vender, sin usar. La circularidad es la solución: convertir los residuos en nueva materia prima para el sector textil al tiempo que se reducen, y también el consumo de nuevos materiales. Para eso, por supuesto, los consumidores necesitan información justa y veraz. La creadora Stella McCartney, defensora desde hace mucho de una moda más sostenible, dijo en Glasgow (COP26): «Cuanto más aprendan sobre los hábitos sucios de esta industria, menos los tolerarán».

Su ejemplo, que veremos en detalle más adelante, lo han seguido muchas marcas, grandes y pequeñas: Inditex recogiendo la ropa usada; H & M con una máquina llamada Looop en la que entra una prenda lista para tirar y sale otra nueva, y El Ganso (marca española) con la certificación Global Recycled Standard (GRS) con prendas recicladas y circulares al 100 % y con huella cero, entre otras cosas gracias al uso de hilos Ecolife, sostenibles, fabricados con materiales reciclados y orgánicos.

La teoría es bonita; la práctica puede que también, pero es muy complicada. Si queremos circularidad, hay que pensar y trabajar las prendas desde el momento en el que se conciben. Para ello, no solo la industria, sino los diseñadores deben trabajar con información y formación. Es fundamental el desarrollo de tecnología aplicada a procedimientos, producción, diversas formas de venta y *retail*. Pero lo crucial consiste en un cambio en el modelo de negocio. Si atendemos al último informe de la Fundación Ellen MacArthur, los circulares podrían representar el 23 % del mercado mundial de la moda en 2030.

El cambio de mentalidad está en el ambiente. Me encanta leer declaraciones de Verino, quien habla del *armario emocional* para defender esas prendas que se quedan guardadas y que no se usan, pero tienen un significado especial y por ello no deberían desecharse. Y desde luego me encantó la campaña de Adolfo Domínguez en 2020 con el paradójico título «Ropa Vieja». Explicaba así el concepto: «¿Cuánto dura una temporada? ¿Quién dijo que lo nuevo era mejor? ¿Que repetir es de mal gusto? ¿Qué tiene de malo la ropa vieja? Hay prendas con treinta años que parecen nuevas y otras que son del mes pasado y ya parecen de otra época. Si sigue funcionando, sigue poniéndolo. Si algo te gusta, repite. Si algo te encanta, no dejes de usarlo. Enamórate tanto de lo que entre en tu armario, que no lo dejes marchar nunca. Piensa más. Necesita menos. Compra ropa hoy que quieras usar mañana. Compra ropa que dure más que las modas».

¿Existen fórmulas para vender? Puede. Yo subrayaría que para vender mejor. Por supuesto que las compañías tienen que estar saneadas —lo he tripitido—, pero no alcanzarán esa sostenibilidad si no son capaces de mirar el efecto de sus actos. Y si no, ya están los consumidores para juzgarlo. ¿Un tipo de consumidor? Negativo. Todos están bebiendo de la misma fuente, aunque cada uno dirige el agua hacia un propósito. No existe una sola tipología de consumo responsable: para unos equivale a comprar menos y para otros, mejor. Algunos quieren prendas que duren toda la vida. O compran pasado. O pensando en el futuro. Y desde luego para casi todos significa tener en cuenta los materiales y su posibilidad de reciclaje. Al menos, para las nuevas generaciones, para las que diseñan creadores como Pablo Erroz, quien trabaja en prendas con materiales sostenibles, sin temporadas ni género. Prefiere hablar de *trazabilidad:* «Contemos lo que hacemos y cómo lo hacemos. Si te dedicas al textil, sabes que los recursos no son ilimitados... Por eso hablo de *marcas morales,* que son honestas pero que no tienen que ser perfectas. La marca ha empezado a funcionar muy bien cuando hemos sido totalmente honestos con nosotros mismos. Es muy importante escucharte. Si no, pierdes el foco». Otro diseñador español, Moisés Nieto, quien lleva mucho haciendo el camino de la sostenibilidad, ha incorporado la trazabilidad a sus prendas en su comercio electrónico: «Así se reconocen los materiales y el consumidor sabe el camino que han hecho hasta llegar a él». En su tienda en línea pone al servicio de los clientes la información sobre el país del que procede la hilatura, dónde se tejen o estampan los tejidos y el lugar de confección y de los acabados. Otro gran ejemplo, este internacional, es Chloé, que se ha comprometido a tener en 2025 un identificador digital para mostrar la trazabilidad del 100 % de sus productos, con información sobre los materiales, sobre las prendas, procedencia o fabricación. Hay que recordar que la enseña, diseñada por Gabriela Hearst desde 2020, se convirtió en la primera de lujo en tener la certificación B Corp.

Escuché hace un tiempo a Carmen Hijosa, fundadora y *chief creative and innovation* de Piñatex, una reflexión que me impactó mucho: que la sostenibilidad no es lo que podemos definir en un primer término, las materias primas o los efectos medioambientales: «En principio, en el principio la sostenibilidad somos nosotros, nuestra conciencia como consumidores. Es una conciencia personal, social, medioambiental, ecológica e industrial. Y esa conciencia nos obliga a pensar, a averiguar, a preguntar, a preguntarnos sobre quiénes han realizado una prenda, cuánto les hemos pagado».

Según un estudio de *Fashion Revolution,* el 69 % de los consumidores quiere saber dónde se ha producido su ropa. Asimismo, para el 71 % los Gobiernos deberían poner en marcha mecanismos que permitieran comprarla de forma más sostenible. La realidad es que de momento obras no son amores, solo buenas razones: a pesar de esa preocupación, además de los anteriores argumentos dados sobre marcas como Shein, en 2022 solo el 14 % de los clientes compraba ropa de segunda mano en vez de prendas nuevas, por ejemplo. Pero sí se veía la tendencia a exigir a las marcas de moda: un 72 % de los encuestados consideraba importante que las compañías del sector tuvieran certificaciones éticas y un 80 %, alguna de sostenibilidad.

Curiosamente, días después de escribir esta frase, supe de una iniciativa de la Diputación Foral de Medio Ambiente y Obras Hidráulicas de Gipuzkoa en colaboración con Slow Fashion Next, un *cluster* de moda sostenible, el GK Green Fashion, constituido por 41 microempresas y pymes. Lo que empezó dedicado a proyectos de reciclaje se ha convertido cn una plataforma que relaciona el trabajo de toda la cadena de valor con los 17 Objetivos de Desarrollo Sostenible.

Así, como quien no quiere la cosa, hemos entrado en un meollo de la sostenibilidad y pieza clave de la circularidad: la trazabilidad y la transparencia, que cada vez será más factible de implementar, entre otras cosas, gracias a la tecnología, con especiales reverencias a *blockchain*. Este sistema permite la autenticidad a través de una especie de ordenadores en cadena. Es como una especie de ADN inalterable y, por tanto, facilita que se pueda decretar si un artículo o su información son genuinos. En la moda ha logrado entrar poco a poco. Por ejemplo, en 2019 se puso en marcha la empresa Aura Blockchain, en la que se unieron LVMH, Prada y Richemont, para autentificar los diseños que con sus marcas eran vendidos en el mercado de segunda mano.

La tecnología es también la clave en los códigos QR que aseguran esa transparencia y trazabilidad. Mango, por ejemplo, anunció que a partir de 2023 eliminaría su etiqueta Committed, que utilizaba en determinadas prendas, y empezaría a usar códigos QR con información sobre ellas como una manera, además, de prepararse para el futuro pasaporte sostenible. Es fundamental que, en este camino hacia la ropa sostenible, la industria conozca la verdad, la cuente y, a partir de ahí, genere un relato y unas prendas sostenibles de verdad. Y no está claro que siempre se haga; de hecho, según el informe *Swap* de la Comisión Europea publicado en febrero de 2021, el 57 % de las empresas analizadas (de las que el 24 % pertenecía al sector textil) no facilitó información fehaciente sobre su compromiso medioambiental; algunas usaban términos tan poco precisos como «consciente», «ecológico» o «sostenible». Pero esto va a cambiar porque, según la futura legislación europea, tanto grandes marcas como pymes tendrán que informar sobre diferentes detalles de sus cadenas de suministro y actuar para reducir riesgos. Soy una fan de Parmar, quien, además de apoyar a artesanos de la India y a españoles, ha puesto en marcha XTANT, un evento global que promociona la artesanía de calidad. He hablado mucho y muchas veces con ella, pero me gusta transmitir una reflexión que le escuché en una entrevista de la plataforma Knowledge Waves. Decía que las marcas no podían mantener la opacidad, entre otras cosas porque todos, con un teléfono inteligente —que ella llama arma de destrucción masiva—, somos capaces de dictar sentencia.

Algunas ya están fundando no solo su filosofía sino su comunicación en esa base transparente. Es el caso de SOHUMAN, creada por el valenciano Javier Aparici, quien la etiqueta como «moda de transparencia radical» porque el cliente sabe incluso el beneficio final para el creador. Ha llegado lejos, tanto como para abrir tres veces seguidas la London Fashion Week, en septiembre de 2021 y en las dos ediciones de 2022. Otras enseñas llegan al límite de presentar una especie de escandallo al consumidor, como, por ejemplo, hizo Sepiia en su cuenta de Instagram, @sepiia2090. Publicó una imagen con esta información: «Precio transparente de una camisa Sepiia», y especificaba lo que costaban el tejido (7.03 euros), los materiales y el *packaging* (0.46 euros), la confección (6.30 euros), el almacenaje y el transporte (1.20 euros), así como el margen (13.93 euros) para la marca. Todo hacía un total de 28.93 euros, a los que, sumado el IVA (6.07 euros), significaba un total de 35 euros. El margen se destinaba a pagar gastos operativos, nóminas, comunicación, etc. También, daba las gracias por confiar en la marca, que además produce en España y en Portugal, lo que es más costoso, pero ofrece más garantías sociales y ambientales. Por otro lado, explicaba algo lógico y que cada vez se tiene más en cuenta: ese consumo local revierte en beneficios para la propia comunidad o el país en el que se reside, impuestos mediante. Ojalá sirviera como referencia. Por cierto, la marca abrió tienda física en Madrid en 2022, con previsión de dos más.

Llegados a este punto, y dado que todos siempre tenemos en mente a Primark como epítome de insostenible, me topo con una información suculenta que me hizo pensar que, en estos temas, como en la vida en general, suele haber más de una cara. Hasta agosto de 2022, la marca irlandesa se ha aliado ya dos veces con la empresa española centenaria Hilaturas Ferré, concretamente con su marca Recover, con la que ha creado una colección de prendas sostenibles y deportivas. Camisetas a 8 euros con la fibra RColorBlend, obtenida de mezclar algodón reciclado proveniente de residuos textiles y poliéster reciclado de bajo impacto. Es muy interesante el caso de Hilaturas Ferré, especializada en la producción de hilos reciclados, que ha pasado de producir materia prima para fregonas a vivir su época dorada más de cien años después de su fundación en 1914. Claro que su vocación sostenible viene de lejos, de 1985, cuando creó su propio sistema para lograr colores precisos en el tejido sin usar agua ni productos químicos. Aunque para tildarse sostenible hace falta más que un hilo. Lo digo por Primark, aunque lo genial es al menos iniciar el camino.

Fomentar la trazabilidad es clave. Podríamos hablar de árbol genealógico en profundidad, porque una chaqueta puede ser la heredera de Willy Fogg. Imaginemos que se ha producido en Turquía, pero ¿y si los botones vienen de Polonia o de cualquier otra parte fuera de Europa? ¿Y qué pasa con el forro? Ah ¡y tiene un gancho para colgar!... Una aventurera, vaya. En Instagram existe el *hashtag* #WhoMadeMyClothes con mucho éxito: en marzo de 2023 contaba con 972 000 publicaciones. Se trata de un movimiento lanzado en 2014 por los fundadores de *Fashion Revolution,* Orsola de Castro y Carry Somers, si bien en origen fue idea de la ya nombrada Parmar, quien la implementó como una acción más en la transparencia y trazabilidad de sus prendas IOU. Me resulta curioso escuchar a algunas empresas quejarse de falta de datos, de información... para conocer su estado sostenible. También que hay demasiadas certificaciones. Tantas, que pueden echar hacia atrás a productores o a consumidores. Y lo malo es que algunas fallan. Hubo un momento en el que parecía que se podía contar con un instrumento eficaz de autoevaluación, el índice de Higg, creado por la Coalición de ropa sostenible (SAC), que podríamos resumir como un medidor sostenible universal con cinco herramientas básicas para saber si la empresa lo está haciendo bien, especialmente en lo que tiene que ver con el desarrollo sostenible medioambiental y social de toda la cadena de valor; *sostenible* porque se trata de medir los impactos y *universal* porque es una plataforma abierta en la que cualquier empresa puede darse de alta.

Lo malo es que este índice resultó ser defectuoso en 2022 ya que se encontró que la herramienta se basaba en datos que podrían ser directamente *greenwashing*. De hecho, la Autoridad Noruega de la Competencia prohibió en junio de ese año que se usaran los de desempeño ambiental para informar a los consumidores, por no ser fiables. Hablé de este tema con la directora y fundadora de la consultora Slow Fashion Next, Gema Gómez, quien consideraba que lo ideal es trabajar «la trazabilidad y la transparencia. Las certificaciones ayudan porque obligan a poner consciencia en puntos que hay que seguir... Incluso cuando se han producido escándalos con las certificaciones del algodón, al menos ayuda a enfocar la importancia de utilizar el orgánico. Las certificaciones ayudan a poner el foco, pero las empresas tienen que empoderarse de la propia cadena de suministro y no echar balones fuera. Actualmente se está poniendo el peso en los proveedores».

No hay duda de que la sociedad está en transformación y de que tardamos más de lo que sería ideal e incluso recomendable, pero hay mucha empresa poniendo las bases y a veces mucho más, y existen grandes proyectos que están contribuyendo a «circularizar» la sociedad. Sin embargo, el tema de la sostenibilidad es tan complicado y vasto, que prefiero seguir usando como base los factores ESG porque ayudan a centrar el tiro.

Repensar la moda desde la perspectiva medioambiental

«La Iglesia también dictará un nuevo mandamiento que se le había olvidado a Dios: amarás a la Naturaleza, de la que formas parte» (Eduardo Galeano). Leí esta frase e inmediatamente la apliqué a este sector porque en realidad, varíen o no los datos de unos observatorios a otros, se trata de una industria altamente contaminante. Necesitamos reducir las emisiones de CO_2 (la moda está generando 1025 gigatoneladas, según el estudio de 2021 del Instituto de Recursos Mundiales [WRI]) y colaborar para que se cumplan los objetivos de la Cumbre del Clima de París. Por si no ha quedado claro, el compromiso es llegar a emisiones cero en 2050. Según *The BOF sustainability Index,* elaborado a principios de 2021 con datos de las quince empresas más importantes de la moda, tanto de lujo como de calle o de deporte, se deduce que las emisiones de gas de esta industria están entre un 4 y un 10 % de las globales, una horquilla muy amplia. Y no es el único dato. Según el informe *Fashion on Climate,* publicado en 2020 por McKinsey & Company y GFA, la moda fue responsable de al menos el 4 % del total de emisiones de gases de efecto invernadero globalmente en 2018, lo que equivale a lo emitido en un año por Francia, Reino Unido y Alemania combinados. Basándose, entre otras cosas, en este informe, el grupo británico The Eco Experts ha situado esta industria como la sexta más contaminante, un dato corrector después de haber leído innumerables veces que era la segunda.

Las marcas, los consumidores, la distribución, solo juntos somos capaces de conseguir las reducciones necesarias. Toda la cadena de valor ha de cambiar sus procesos en su revisión de este aspecto crucial para el futuro, pero también para el presente, que es el impacto medioambiental. Y ojo con las fórmulas, pues si la circularidad resulta crucial, mal entendida puede generar un daño tanto o más importante que el de la creación de nuevas prendas. En los últimos años he escuchado muchas veces que los consumidores lavamos excesivamente la ropa, y eso supone un perpetuo lanzamiento de microplásticos, entre otros, al agua, por no hablar del consumo extremo de esta en el lavado. Según se dice se vierten al océano medio millón de toneladas de microfibras de plástico, lo que equivale a más de 50 000 millones de botellas de plástico. Eso conduce a recomendar que lavemos menos. Y cada vez que lo escucho creo que aprendo, pero luego me indigno porque la respuesta no está en el consumidor, o no solo. Es tarea común. Pero el mayor problema de impacto se produce antes de la compra. Si hablamos de agua, su consumo en la producción es enorme, por ejemplo, 7500 litros para unos vaqueros. En esto los consumidores no pueden hacer nada, salvo informarse. Sin embargo, hay otros factores, como el de la distribución, donde tenemos la posibilidad de cambiar o ayudar a hacerlo. Lo imprescindible es disponer de toda la información para saber cómo se ha hecho, cómo se ha enviado la materia prima a los lugares de fabricación, cómo se ha distribuido, qué materiales contiene y por qué medios ha llegado (no es lo mismo que lo haga en avión, en barco, en tren o en camión). Y luego, además, que el consumidor no sea tan irresponsable que compre en línea cuatro prendas y devuelva tres o las cuatro, con lo que eso significa de vaivén de transporte.

Cuando hablamos de gasto energético, lo hacemos de consumo de agua, según datos de la CNUCYD. Cada año la industria de la moda utiliza 93 billones de m^3 de agua, suficiente para satisfacer las necesidades de consumo de cinco millones de personas. Pero no debemos olvidarnos de las sustancias contaminantes usadas en algunos cultivos, de los desechos provenientes de la fabricación, de las prendas que se tiran... Estos son los principales efectos de la moda en el medioambiente. A ver cómo lo solucionamos; desde luego no con los mismos métodos con los que los hemos creado.

La regulación es crucial. Por supuesto, hay que contar con la concienciación, pero a veces, como no nos corten de raíz, no avanzamos. Mucho tiempo y muchas cosas han pasado desde que, por ejemplo, Burberry fuera desenmascarado en 2017 por un artículo aparecido en *The Times* en el que se explicaba que había quemado *stocks* durante años por valor de 100 millones de euros. Marcas como Inditex recogen ropa vieja en sus tiendas y están comprometidas con que ya en 2023 no se envíen residuos procedentes de sus instalaciones a vertederos. La auténtica presión será la de la ya nombrada Ley de Residuos, que desde 2022 obliga a recoger las prendas no vendidas, desechadas, etc., tanto a través de las tiendas como por otras vías. Ojalá se cumpla: mientras escribo esto leo con horror que solamente el mercado chino produce 20 millones de toneladas de esos desechos al año y que cada español generó en 2019 unos 10 kg anuales de residuos textiles. Y una mala noticia: según *Expansión,* Inditex, H & M o Nike han aumentado un 41 % sus *stocks*. ¿Temor a los problemas derivados de la crisis que llevaron a la falta de materia prima y de los componentes necesarios para la producción? ¿Irresponsabilidad? ¿Ansia de enriquecimiento? Llámalo como quieras, pero no se puede estar predicando sostenibilidad y llenar los almacenes, justamente uno de los puntos triplemente negros de la moda.

Nuevos materiales y soluciones sostenibles

Si hablamos de medioambiente, hay que referirse a los materiales, en los que se está avanzando mucho, y también a una paulatina mayor eficacia en la utilización de fibras naturales y en la tecnología que consiga menor uso de los provenientes de energías fósiles y de una buena gestión del agua. Es fundamental y una de las soluciones sostenibles, pero no es la única. Y no es solo sostenibilidad el uso de materiales sostenibles. Posiblemente lo haya dicho, pero en este caso no me importa repetirlo. Es más, me gusta.

Podemos hablar de algodón regenerativo, de lino, de poliamidas, de *lyocell,* pero, como anoté tras aquella conversación con Pares, presidente de Textil Santanderina, lo fundamental es la velocidad con la que ahora se está trabajando y el uso de la tecnología. Aunque me he desinflado tras escuchar otras declaraciones, como las de Ximena Banegas, asesora de campañas de la fundación Changing Markets, quien, en cierta medida reconocía la prevalencia de las fibras sintéticas dentro del sector textil, a *modaes.es*. Hablaba de la temida palabra *greenwashing,* fruto de una presión de la industria que invita a comprometerse con la sostenibilidad y su incumplimiento. De hecho, reconocía que, según un informe de la fundación, «el 59 % de las declaraciones sostenibles que realizan las diferentes empresas de moda europeas no están bien fundamentadas».

Escuché una vez a la experta en estrategia y en la industria textil, Gloria Jover, que «las fibras sintéticas no son muchas, pero hacen mucho daño». Si se usan, seguimos dependiendo de combustibles fósiles. Y si, según su criterio se está dependiendo en gran medida de fibra fruto del reciclaje del plástico PET, se están desprendiendo microplásticos que van al mar, microplásticos que comemos, así que a la crisis climática se le suma un problema de salud y económico, pues conozco cada vez a más consumidores que huyen del pescado o que solo se fían del de piscifactoría. Total, que lo que en la década de 1930 fue un milagro, concretamente cuando los laboratorios DuPont comenzaron a experimentar con polímeros que dieron lugar al neopreno, la seda artificial o el nailon, hoy es una especie de maldición. Dado que el nailon es un derivado del petróleo, resulta importante encontrar sustitutos, y uno de los más interesantes es *econyl*, creado por la empresa Acuario, un nailon regenerado compuesto a partir de alfombras usadas, así como de redes de tela de pesca y de restos de tela (GUCCI lanzó en abril de 2021 una colección con este material).

Otra pesadilla es el poliéster, el más barato y utilizado de todos los materiales: se necesitan casi 70 millones de barriles de crudo anualmente para el que se produce, aparte de que no es biodegradable. Según Changing Markets, en los últimos veinte años su uso se ha duplicado —y se ha multiplicado por 9 en los últimos cincuenta—. Las fibras sostenibles aumentan, según se deduce de determinados estudios, pero los mismos aseguran que siguen siendo menos de una quinta parte de las que se producen. En el pódium se encuentra el poliéster reciclado, fruto fundamentalmente de las botellas de plástico PET, y le siguen el algodón reciclado y las fibras de celulosa. Como ocurre en el caso de la comida, en la moda la consigna es el *from farm to fashion*. Aquí se trata de cuidar todo el ciclo de la fibra. Por ejemplo, en el caso del poliéster reciclado, en el momento de escribir este libro superaba el 15 %, si bien se busca que para 2025 su uso sea del 45 %. Hay empresas que han adquirido ya el compromiso de utilizar solo este poliéster, como Adidas, que se da de plazo hasta 2024 para que todos sus poliésteres lo sean, o Inditex, que se da un año más para conseguirlo.

El tema de los materiales no es baladí. De hecho, más allá de la sostenibilidad están los vaivenes sociopolíticos a los que se ven sometidos. No es casualidad que en los últimos años haya crecido la oferta de ropa fabricada con lino. ¿Por las bondades de un tejido que requiere menos agua en su transformación y producción? No solo por esta razón. La subida del precio del algodón ha sido parte importante de esta corriente, ya que pasó de 0.50 centavos la libra en 2020 a 1.40 en marzo de 2022, a la espera de mayores incrementos. Por otra parte, el lino es muy europeo (entre el 75 y el 80 % es francés). Y podría seguir hablando del algodón, pero estamos tratando los nuevos materiales y además el tema es tan complicado que merece un capítulo aparte.

Los materiales son algo que pueden controlar la industria y los diseñadores, incluso los incluidos en la denominación *moda de autor,* llamados así según Pepa Bueno, directora ejecutiva de ACME, por ser «firmas en las que la creación, el diseño, es el gran activo. También, analizando el trabajo de todas, llegamos a la conclusión de que eran *slow fashion* antes de que esta se definiera, y de que en sus debilidades radica también su fortaleza, pues muchas, pymes o micropymes, estructuralmente tienen producción pequeña, generalmente de cercanía, y trabajan bajo pedido o con una previsión, con lo que el tema de la inundación del mercado con producto no existe. Además, producen prendas que en ningún caso están pensadas para usar y tirar, hechas con mano de obra local, generalmente por profesionales artesanos, con gran conocimiento del oficio, con lo que no se van a estropear al siguiente uso; tienen una voluntad de perdurar, incluso por el estilo».

No se me vayan a ofender otros; ya he destacado a Moisés Nieto o a Pablo Erroz como diseñadores que llevan años realizando moda sostenible. Me llamó especialmente la atención una acción de otra española, aunque no muy popular en nuestro país, Sonia Carrasco, en la *fashion week* londinense en febrero de 2021. No solo es que usara hilo de algodón suprarreciclado y poliéster reciclado de botellas de plástico, sino que algunas prendas llevaban códigos QR con información sobre el criador de las ovejas, el origen de sus lanas, el número de ovejas de su rebaño, etc. He leído con esperanza en *modaes.es* que el uso de los llamados *materiales preferentes* ya supuso un 50 % en 2021, según Textil Exchange en el informe *Material Change Insights Report,* que daba porcentajes optimistas como que el 65 % del algodón utilizado en el sector es sostenible.

Tejidos naturales, tejidos artificiales, ¿dónde están las diferencias? Básicamente en los procesos. Hay fibras artificiales, como la viscosa (el 20 % de la producción mundial procede de Austria, de la empresa Lenzing), que en realidad sale de la pulpa de los árboles. Y, hablando de pulpa de los árboles, cada vez se hace un mayor esfuerzo para conseguir fibras que provengan de ellos y que gasten menos en su conversión a tejido. Por ejemplo, la viscosa usa 30 litros de agua por cada kilo de material, mientras que en otros, como el *lyocell* TENCEL, que debe estar producido a partir de eucalipto con certificaciones FSC y PEFC, el porcentaje se invierte: por cada 30 kg de material se usa 1 L de agua, aparte de que prácticamente no contamina y es biodegradable, con una degradación relativamente rápida (7-8 semanas). Además, todos los líquidos usados para la transformación de la madera son reciclables.

En la primavera de 2020 Adolfo Domínguez lanzó una campaña para informar sobre sus prendas realizadas con *lyocell* TENCEL donde resaltó que esta fibra no utiliza el cultivo intensivo (palabra clave), su menor consumo de insecticidas y su menor impacto medioambiental respecto al poliéster. Pero este *lyocell* no es la única alternativa a la viscosa; de hecho, en una conferencia organizada por *modaes.es* aprendí de Jover que hay otras fibras celulósicas que pueden usarse, como el ecovero, procedente de bosques sostenibles y generador de un 50 % menos de emisiones, así como la refibra TM *lyocell,* fruto de la mezcla de algodón reciclado y de pulpa de madera; o el *fillsense,* que es *lyocell* fibra continua, de aspecto más parecido a la seda y de mayor resistencia, y la *circulose,* 100 % creada a partir de residuos textiles, como los vaqueros. Por supuesto, todo ello sin olvidar los materiales que ya llevan años produciéndose a partir de los desechos plásticos encontrados en el mar, así como los provenientes del reciclaje de neumáticos.

En aquella misma conferencia, que fue una tesis de aprendizaje, escuché a Jover hablar de otros materiales, de otras fibras naturales sostenibles, que todos conocemos pero que desarrolló perfectamente. Me interesó especialmente su explicación sobre el BCI *cotton,* certificado por Better Cotton, asociación que agrupa a agricultores, fabricantes y distribuidores de algodón que garantiza su uso responsable tanto en cuanto a impacto medioambiental como social. Y atención, porque BCI no es algodón orgánico, sino una manera de cultivar que permite la producción a gran escala con uso de pesticidas y transgénicos, al contrario de lo que ocurre con el orgánico. Aunque hable más adelante del algodón, nombremos el reciclado, obtenido de prendas desechadas, que se puede mezclar con el orgánico o convencional y que resulta un poco menos refinado, y desde luego el orgánico, que no es transgénico, como el convencional, ni usa pesticidas y se cultiva en sistema de rotación, por lo que el suelo no se desgasta tanto.

He leído que es posible obtener hilo a partir de pelo de perro o de la fibra de soja, que llaman el *cashmere vegano,* o de la de leche, la caseína, o de la de naranja, y esta precisamente no es una quimera, porque la llamada *orange fiber* ya la ha usado Salvatore Ferragamo para una colección cápsula de camisas, vestidos y pantalones. Se están generando tejidos e incluso lentejuelas a partir de algas. Pepe Jeans las ha introducido para sustituir el algodón. Se logra tejido de cáñamo, bambú y caucho natural con el desecho de la piña o con el maíz, como en las deportivas ilicitanas Arze, o con cuero a partir de cactus. Una marca española, Vegtus, produce *sneakers* con este material, para el que dice usar solo 1 litro de agua en lugar de los 8000 que requieren las convencionales. Y también hay fibras a través del café, que además neutralizan olor, o un sucedáneo del cuero a partir de hongos. Stella McCartney y Hermès han usado cuero vegano generado en laboratorio a partir de micelios, estructuras de los champiñones. Una nueva generación de *semejantes al cuero,* denominación que prefiero, está siendo un aldabonazo. Proviene nada más y nada menos que de proteínas de las plantas y sirve para realizar bolsos que cuestan 225 dólares, y con marca reconocida, Everlane, según información de *The Business of Fashion.* Camper primero y después otras marcas, como New Balance, han incorporado el *mirum,* también de origen vegetal y con ausencia absoluta de plástico. Ojo, porque hay que tener mucho cuidado con lo que se vende como sostenible. Por ejemplo, en el caso de los hongos, leí unas declaraciones de María Cano, creadora de la marca vegana Canussa y miembro de la Asociación Española de Moda Ética y Sostenible, que alertaba contra los tratamientos que necesitan estos materiales para darles elasticidad para lo que se suelen usar otros derivados del plástico.

En el terreno de tejidos fruto de desechos, me resultó especialmente interesante el empleo de la piel de pescado por parte de la diseñadora hondureña Pili Luna, aunque antes la española Elisa Palomino ya lo había utilizado colaborando con John Galliano. Luna no solo crea zapatos, sino otros accesorios, como billeteras, e incluso se está planteando la decoración de barcos de lujo. Trabaja con asociaciones de pescadores artesanales, quienes habitualmente tiraban al mar 44 000 pies de cuero al mes (un pie equivale a 12 pulgadas, 30.48 en centímetros), convirtiendo cada pie en dos o tres pares de zapatos. «Lo importante es que estamos recuperando una piel que produce acidificación del agua, aspecto negativo para las especies marinas. Además, les he enseñado a curtir la piel. Si tenemos en cuenta que se tiran al mar 39 000 millones de toneladas en el mundo, imagino la labor que podríamos hacer».

Hablando de materiales y de mujeres, dio la casualidad, aunque yo no creo en ellas... Mejor dicho, dieron varias, pues varias personas me hablaron de un mismo nombre por estar haciendo bien las cosas, PYRATEX, y de su creadora, Regina Polanco. Después de haber estudiado Derecho, imaginó un tejido alineado con el planeta, funcional «en el sentido de permitirnos vivir mejor y más tiempo. En realidad, soy contraria a la palabra *sostenible* porque quiere decir todo y nada. Empecé estudiando algo que nos hiciera vivir mejor y me di cuenta de que, frente a otras industrias que utilizan la naturaleza, como la medicina o la parafarmacia, en textil se usaban pocos ingredientes naturales». Descubrió su pasión. Comenzó en 2015 estudiando un tejido con fibra vegetal relajante, «y empecé a trabajar con los cinco primeros, uno con fibra de bambú transformada de manera que se mantienen sus propiedades». En 2022 contaba con cuarenta fibras funcionales. Me explicó que no usa química, que mide el agua que consume y el CO_2 que emite y que produce localmente, incluso cuando trabaja con ortigas del Himalaya. Para no querer hablar de sostenibilidad no está nada mal... Su éxito empresarial está más que probado: ha trabajado con Dior, Chanel, Hermès o Adolfo Domínguez.

Parafraseando a Clinton: «es la innovación, idiota», porque es la madre de la ciencia, en general, y de la aplicada al cambio sostenible, en especial. Fue lo que más me impresionó cuando hace más de quince años conocí a Javier Goyeneche. Me habría gustado que me preguntara aquello que en 1983 le dijo Jobs al que era CEO de Pepsi, John Sculley: «¿Quieres seguir vendiendo agua con azúcar toda tu vida o venirte conmigo a cambiar el mundo?». En nuestro caso, me habría preguntado si quería seguir vendiendo revistas toda la vida o irme con él a cambiar el mundo. Hoy sé que no lo habría dudado, porque el fundador de ECOALF estaba contribuyendo a transformar el sistema cuando en 2009 me contó que empezaba a rastrear mares para conseguir hilo de la basura y me habló de sus acuerdos con pescadores para usar sus redes viejas. Sigue trabajando para mejorar los tejidos. «Tenemos ya el 96 % en monofilamento, por eso podemos reciclar. Y estamos presentando una fibra que tiene prácticamente cero microfilamentos además de un algodón casi 100 % reciclado». Entre las críticas hechas a la marca he escuchado las que tenían que ver con el gasto en mover sus materias primas para la fabricación de las prendas. Consciente de que no es así, le pedí un mapa de sus basuras y fabricaciones, que en algún momento podría variar pero que en julio de 2022 quedaba así: con su proyecto estrella, *Upcycling the Oceans,* trabajaba con más de cinco mil pescadores en España, Grecia, Francia e Italia extrayendo basura del fondo del mar y convirtiéndola en hilo con el objetivo de llegar a 10 000 en 2025 y de sacar 1000 toneladas de basura. La fabricación se realiza en España y se ha replicado en Tailandia, donde se genera hilo en Bangkok, que va a las fábricas de Bangladés y China. La lana se consigue en Italia, donde se elaboran las prendas correspondientes. Lo que tiene que ver con neumáticos se recicla y fabrica en España, en Arnedo, con redes de pesca se trabaja en Corea e Italia, con café, en Taiwán, y con algodón, en Marruecos y Portugal. «No movemos la basura», decía.

En este apartado de los materiales he dejado para el final ese que más se usa y más quebraderos de cabeza proporciona, hasta el punto de plantear sin parar crisis reputacionales: me refiero al controvertido algodón, del que en el siglo XIX el propio Karl Marx dijo que sin la esclavitud no habría existido, aunque aclaró que sin ese material tampoco habría industria moderna. Y desde luego así se escribió la historia, pues este tejido fue la base económica de las colonias británicas. Lo cultivaban los esclavos y llegaba a las fábricas de Arkwright, Inglaterra. Según cuenta Thomas en *Fashionopolis,* la mitad de la mano de obra en Gran Bretaña correspondía a mujeres, y había tantos trabajadores menores como mayores de 18 años. También explica en su obra que la edad de inicio solía ser los ocho o nueve años.

La historia del algodón tiene eso, mucha historia. Para no ponerme en plan enciclopédico, diré solo que seis siglos antes de Cristo Heródoto lo definió como «una lana que excede en belleza y generosidad la de la oveja». En la actualidad se cultivan alrededor de 27 000 millones de kg en más de cien países, siendo India, China y EE. UU., por ese orden, los principales productores. Ahora se habla de algodón *convencional* y *orgánico* en una pugna en la que sigue ganando el primero. Y uno se pregunta si algo ha cambiado, si es que su cultivo no fue orgánico en un principio. Y hay que contestar que sí, que, como todo cultivo, lo fue cuando no se utilizaban pesticidas, cuando no se jugaba con el uso de los fertilizantes, cuando no se sabía aún modificar genéticamente las semillas. Hablamos del material para el textil más contaminante desde su cultivo; de hecho, según explica en su libro Thomas, una décima parte de los pesticidas y una quinta de los insecticidas se dedican a su protección. Y es desmesurada la cantidad de agua que requiere el algodón tanto en su cultivo como en el procesado de las prendas hechas con él; no es exagerado decir que por cada kilo de cultivo se utilizan 10 000 L. Según Santi Mallorquí, fundador de Organic Cotton Colours, en los Fashion Sustainability Shot de *modaes.es,* la cantidad de agua que se necesita para abastecer el consumo de una ciudad de 300 000 habitantes durante tres meses es la que se emplea para cultivar todo el algodón convencional en Brasil, pero también la que se necesita para aplicar los productos químicos que se requiere en el cultivo convencional. A eso hay que añadir la utilizada en los procesos húmedos y en los tintes. Thomas cita en su libro a la madre del algodón orgánico moderno, la estadounidense, Sally Fox. Cerca de Sacramento, descubrió que los taninos que daban color al algodón también lo hacían resistente a las enfermedades y a los insectos de manera natural, y así empezó a cultivar el orgánico y fundó Natural Cotton Color.

Si en el siglo XIX había esclavitud, en el XXI se siguen practicando abusos contra sus cultivadores: en 2021 se produjo una gran crisis tras conocerse públicamente—me temo que saberse ya se sabía— que en la región china de Xinjiang, en la que se produce el 20 % del algodón mundial, se sometía a trabajos forzados, controles de natalidad y reeducación a la minoría musulmana uigur. Y lo comunicaba Mike Pompeo en febrero de 2021 y a menos de 24 h de dejar su cargo de secretario de Estado de EE. UU. Unas semanas antes la Oficina de Aduanas y Protección Fronteriza estadounidense había prohibido la importación de algodón de esta región por la misma causa y por las sostenidas violaciones de derechos humanos. Y un año después, en junio de 2022 —mucho no corrieron—, entró en vigor la Ley de Prevención de Trabajo Forzoso Uigur, que, prohibiendo la importación de productos de la región, significaba un auténtico veto a su algodón. Según información de *modaes.es* del 26 de julio, esta ley prohibía la importación de cualquier producto parcial o totalmente manufacturado por suponerse que podría haberse usado trabajo forzoso. Así las cosas, la producción de algodón orgánico no para de crecer: según datos de Textile Exchange, organización creada en 2002 para promover su uso, 222 134 granjeros de algodón orgánico en el mundo cultivan 418 935 Ha de tierra… y parece que sigue faltando oferta, mientras crece la demanda. Pero tampoco está exento de catástrofes, y no precisamente naturales, sino por malas prácticas que hacen que no sea orgánico todo lo que reluce; de hecho, de la lista de países productores cada año salen algunos por incumplir. ¿Quién lo garantiza? En 2002, la organización Global Organic Textile Standard (GOTS), impulsada por la International Association of Natural Textile Industry (iVN), la Organización de Algodón Orgánico de Japón (JOCA), la Asociación de Comercio Orgánico (OTA) y la Soil Association (SA), fue creada para armonizar los estándares de algodón orgánico. Todo muy bonito, si no fuera por los errores: en 2020 se produjeron, por ejemplo, varias acusaciones de fraude en las certificaciones de GOTS. El problema no era nimio: 20 000 toneladas de algodón indio certificado como orgánico no lo eran. Dicho esto, la certificación GOT sigue siendo bandera para muchas marcas, aunque las hay como la ya nombrada pionera española SKFK, nacida en la década de los noventa, que presume además de usar algodón de comercio justo. Su fundador y director general Mikel Feijoo me aseguró que compraban la producción —en su caso a agricultores hindúes— antes incluso de que se plantara el algodón.

Se trate del algodón que se trate, estamos hablando de agricultura. Y es muy interesante e importante el trabajo que se está realizando relacionado con la regenerativa. Es como si todo volviera, o al menos aquel todo que no se ha modificado, de manera que, como dijo en 2022 Stella McCartney en las conferencias Closing Fashion's Sustainability Gap, «aquellas granjas ancestrales son ahora maravillosos centros de biodiversidad, y no solo para conseguir algodón orgánico, sino como hogar de pájaros y árboles». Como escuché al ya nombrado Mallorquí, en el cultivo regenerativo no es que se minimice el impacto negativo, sino que se maximiza el positivo, de manera que la tierra en la que se cultiva mejora cada año. La diseñadora británica no es un bicho raro en la defensa de esta agricultura; a su nivel, hay otras marcas, tan conocidas como Patagonia, Timberland y las que forman parte del grupo Kering e Inditex. Stella McCartney utiliza lana de granjas sostenibles de Nueva Zelanda, viscosa de celulosa de madera o un algodón de una variedad orgánica cultivada en Egipto. Y no solamente de materiales vive su conciencia sostenible, sino de la economía y el gobierno corporativo de la empresa: usa el *Enviromental Profit and Loss Account* (EP & L), un informe de pérdidas y beneficios ambientales. ¿Y cuáles son esos datos, esos nuevos KPI del buen uso sostenible de la empresa? El número de emisiones de gases de efecto invernadero, la contaminación del aire y del agua, el consumo del agua, los residuos generados y la explotación de la tierra. Según cuenta Thomas en *Fashionopolis,* gracias al EP & L, Stella McCartney descubrió que el impacto del *cashmere* virgen era cien veces más negativo que el de la lana: «Se necesitan cuatro cabras para un jersey de *cashmere* frente a una oveja para hacer cinco jerséis de lana». Explica Thomas que Mongolia pasó de ser una economía comunista centralizada a un mercado libre, y eso unido al auge de la moda rápida condujo al país a empezar a producir jerséis de *cashmere* de mala calidad debido a que los pastores cuadruplicaron el número de cabras, pasando de cinco millones en 1990 a 21 a finales de la segunda década del siglo XXI ¡para la misma superficie! Conclusión: la tierra se ha desertificado. No es que Stella McCartney haya dejado de creer en el *cashmere,* sino que desde que descubrió el pastel utiliza uno recuperado producido con restos de fabricación.

Visto lo visto y teniendo en cuenta el desarrollo sostenible necesario del planeta, esta nueva cuenta de pérdidas y ganancias es fundamental, y no solo la aplica Stella McCartney, sino las empresas del grupo Kering con el que operó en una *joint venture* del 50 % de 2001 a 2018 (un año después vendió una participación minoritaria al grupo de la competencia, LVMH, en el que actúa como asesora de sostenibilidad).

He nombrado varias veces los esfuerzos y compromisos de Inditex en materia de sostenibilidad, pero no son los únicos. España es un buen ejemplo de trabajo industrial por la sostenibilidad, pero también del que están realizando algunos creadores. Por ejemplo, en la pasarela MBFWMadrid de abril de 2021, Moisés Nieto presentó una colección con un porcentaje importante de materiales sostenibles con tela vaquera de Tejidos Royo, empresa que ha patentado un sistema de tintado que reduce su contaminación; de hecho, con su técnica Dry Indigo elimina el 100 % del uso de agua, logrando llevar a cero los vertidos de las residuales, así como reducir la energía en un 65 % y el uso de productos químicos en un 89 %. El asunto de los tintados es de los más preocupantes en esta industria, ya que muchos de los químicos que se emplean son negativos no solo para el planeta, sino para el cuerpo. Otra marca puntera internacional que se ha iniciado en el desarrollo de nuevos tintados es Ralph Lauren con su sistema *color on demand,* que asegura que tiñe el algodón de manera más sostenible, eficaz y rápida. Se supone que para 2025 implementará el sistema en el 80 % del algodón que utiliza. Con su método se recicla y reutiliza el agua del teñido, rebajando así su uso hasta un 40 %, y disminuyen los productos químicos en un 85 % y la energía en un 90 %.

Vuelvo a España para hablar de los cracs de la sostenibilidad en territorio vaquero, concretamente en Valencia. La empresa Jeanología, fundada por Enrique Silla, ha creado un proceso que reduce el consumo de agua en más del 70 % y trabaja en un sistema de tres pasos. En el primero, reduciendo energía, productos químicos y agua; dicen que ahora utilizan un vaso de agua por cada vaquero. Además, han sustituido el chorro de arena, el lijado y el marcador químico por rayos láser. El segundo paso consiste en el uso de ozono para ablandar las telas sin química. Y el tercero es el conocido como *e-flow,* un lavado que disminuye el empleo del agua en un 90 %. Lo que resulta fundamental es que su sistema lo han implementado (o ya están en ello) muchas marcas, unas al completo y otras en alguna de sus fases, por ejemplo, Levi's y Uniqlo, propiedad de Fast Retailing. En cuanto a tejidos sostenibles, ya he nombrado Textil Santanderina. Con una facturación cercana a los 200 millones de euros (antes del golpe de la COVID-19), produce cada año 7 millones de prendas, 40 millones de m de tejido y 40 000 toneladas de hilo y exporta el 70 % de su producción a más de quince países. La empresa, fundada en 1923, produce tejidos cargados con iones negativos (esos que quedan en el aire cuando descarga una tormenta) que calman las emociones —no en vano se llaman Emotions—, pero también otros que mantienen un océano limpio, como Seaqual, fabricados con hilo de poliéster de alta calidad elaborado a partir de materiales reciclados que incluyen botellas de plástico posconsumo y plástico capturado del mar, por lo que contribuyen a preservar los recursos naturales y a mantener los océanos más limpios. En lo que tiene que ver con producto acabado ya he nombrado a SKFK y ECOALF, con sus diferentes líneas, la principal, la *premium* y la de deporte, pero también me gusta recordar el trabajo que ha hecho desde hace años la marca Adolfo Domínguez, y en los últimos tiempos especialmente su colección de lino Limited Edition.

Ninguna de estas grandes industrias tendría el desarrollo que muestra sin la innovación y la tecnología; es más, a tenor de lo visto, podríamos decir que los biólogos moleculares y los bioquímicos pueden ser los nuevos trabajadores de la moda. Tanto, que se están creando materiales con colágeno puro muy parecidos al cuero más fino y desarrollando métodos químicos para unir costuras sin coser como si fuera un pegamento... o magia.

Me gustaría acabar este apartado con una frase y unas recomendaciones: «Lo que no se comunica no existe». Parece un tópico manido, pero no lo es; es más, cada vez somos más conscientes, estamos más informados, tenemos más acceso a la información, y está claro que, en la medida en la que los consumidores tengamos más información, dispondremos de mayor poder para decidir la compra. En este sentido es importante tener en cuenta qué debemos saber si de verdad nos interesa el pasado de la prenda que estamos a punto de adquirir. Y hay un elemento clave que no podemos olvidar, como ya ha quedado más que demostrado: sus materiales. Las recomendaciones pasan por reclamar información veraz y por darla.

Las autoridades competentes están poniendo cada vez más freno a posibles atropellos, que en este tema significan engaños. Por ejemplo, la Netherlands Authority for Consumers and Markets (ACM) acusó a H & M en el verano de 2022 de hacer declaraciones engañosas respecto a la sostenibilidad de sus prendas, concretamente al consumo de agua de algunas. Para paliar su crisis reputacional la empresa donó aproximadamente medio millón de euros a organizaciones que trabajaban en favor de la sostenibilidad, pero el daño estaba hecho.

Como consumidores, es importante saber sobre qué tejidos se asientan las prendas que compramos y, desde luego, en la medida de lo posible rechazar las compuestas por un batiburrillo porque sabemos que no van a reciclarse. Podemos mirar si en la etiqueta aparece alguno de estos sellos, que son una especie de seguro de que la marca sigue buenas prácticas: GOT, OEKO-TEX, NFS, Cradle to Cradle, Sustainable Fiber Alliance, WRAP, Ecolabel, Bluesign, Global Recycled Standard, PETA Approved o Regenerative Orgánicos Certification (ROC). En el caso de las fibras, podemos preguntar sobre su procedencia, es decir, si es natural, artificial o sintética, y, en el caso de ser natural, sobre el tipo de semilla usada. Además, interesa el tipo de cultivo: intensivo, de rotación o biodinámico. Incluso podemos saber el alimento de los animales en el origen de la fibra. También interesa conocer la huella hídrica, energética y de toxicidad, así como el nivel de biodegradabilidad y compostabilidad, y, desde luego, el grado de proximidad, esto es, si se ha producido cerca o lejos del lugar de distribución.

Las pieles en el punto de mira

En el Antiguo Egipto la piel de leopardo simbolizaba poder sobrenatural y solo los sacerdotes estaban autorizados a utilizarla. *Supremacía* era su palabra y su significado. Durante el Renacimiento, era variar entre 5 y 7 cm el ancho de los adornos de piel de una prenda y saber el rango y la categoría de los dignatarios que la portaban. Y las martas, ¡ay las cibelinas!, cómo ornamentaban las coronas y las capas de los zares... Valían casi su peso en oro, dice Maguelonne Toussaint-Samat en *Historia técnica y moral del vestido*. Eso por no hablar del sombrero de los grandes caballeros europeos entre los siglos XVI y XIX, realizado en fieltro de piel de castor, símbolo de estatus.

¿Voy a hablar de historia? No. Pero si hablamos de moda, hablamos de sostenibilidad y de nueva era... y hay que referirse a los animales. Reflexioné y dudé muy mucho si les dedicaría un espacio en este libro porque ocurre siempre: hay que mantener el equilibrio más allá de los gustos personales. Y resulta difícil conseguirlo en este caso porque se trata de un tema espinoso que levanta ampollas y pasiones, con defensas y ofensas casi religiosas. Pero voy a hacerlo intentando ser lo más objetiva posible.

Podría haber decidido decir que la moda no debería usar pieles de origen animal, como ya lo hicieron Calvin Klein en 1994, Ralph Lauren en 2006 y Tommy Hilfiger en 2007 y como llevan pregonando desde 2018 marcas como

Versace, Burberry, Victoria Beckham o Chanel, que empezaron a dejar de utilizarlas y se propusieron su fin para 2023. O como GUCCI, Prada o las componentes del grupo Kering, que en septiembre de 2021 comunicaron que dejaban de usarlas por coherencia con su compromiso con la sostenibilidad. Podría alinearme con la Semana de la Moda de Londres, que en ese mismo año impidió tajantemente su uso. O con Israel, país pionero que ha vetado su comercio para su empleo en la moda. O tal vez con el gran almacén de lujo Neiman Marcus, que dejará de vender productos realizados con pieles en 2023, fecha en la que las publicaciones de la revista *ELLE* se han puesto como objetivo que en sus más de cuarenta ediciones mundiales no se publiquen artículos ni objetos realizados con pieles.

He dicho que no voy a opinar y no lo haré; dejaré que lo hagan otros, los que están a favor y los que están en contra, quienes, como Jesús Lorenzo, director de Groenlandia, dicen que «lo sintético es plástico y no es biodegradable, mientras que en la peletería hay circularidad, se usan los retales y es biodegradable. En cuanto a si matas animales, ya es otra cuestión, pero estos se utilizan además para otras industrias». La vicepresidenta de la Spanish Fur Association, Myriam Buenaventura, diseñadora además de la marca que lleva su nombre, insiste en que se trata de un producto «renovable natural, duradero décadas y décadas», alejado del usar y tirar, más bien aliado del «limpiar y reformar, ya que es una materia prima cara que acaba siendo una gran inversión. La piel está estigmatizada, pero si eres sostenible no puedes usar sintético, que es plástico proveniente del petróleo». Me impresionó una campaña de Woolmark en septiembre de 2022 en la que se denunciaba la falsa piel diciendo que cada 25 min se usa un equivalente en petróleo del volumen de una piscina olímpica para elaborar ropa sintética. Daba grima la imagen de un par de modelos saliendo como manchados por chapapote que, retirándoselo como si fuera un jersey, dejaban a la vista prendas supuestamente de lana y declaraban que la de oveja es renovable, natural y biodegradable.

Los defensores de las pieles aseguran que se trabaja con un certificado de bienestar animal en las granjas desde 2016, pero defienden el uso de las salvajes no solo porque ayudan a la subsistencia de poblaciones que viven prácticamente de ellas y que además necesitan abrigarse: «La piel salvaje es prácticamente un 15 % de la que se utiliza y los tramperos que la consigue han de tener certificados, hacer cursos y usar trampas con las que el animal no sufra». Y hablan de que desde 2020 las cinco principales casas de subastas de

Marcas como GANT y Mango también usan tejido sostenible
de la empresa Manteco para prendas de abrigo.

Fotografía: gant.es y mango.com

pieles del mundo se comprometieron a venderlas certificadas de animales criados en granjas y salvajes a través del sello de garantía FurMark, un programa global de certificación sistemática que supervisa la trazabilidad y certificación del comercio de pieles. Existe también el programa WelFur de evaluación del bienestar animal, que certifica las granjas de visón, zorro y mapache finlandés en Europa y vigila cuatro principios del bienestar animal: alojamiento, alimentación, salud y comportamiento apropiado.

Más allá de certificaciones, los defensores de las pieles arguyen que son ejemplo de economía circular, de producto artesanal y lujo sostenible en la medida en la que suelen pasar de una generación a otra, pero fundamentalmente porque, por ejemplo, visones y zorros se alimentan principalmente de desechos de la cadena alimentaria humana, como la industria de carne de vacuno, pollo y productos lácteos, lo que contribuye a reducir los desperdicios que terminarían en vertederos. «Las carcasas de visón tienen el mismo valor calórico que las astillas de madera. La harina de huesos se utiliza como fertilizante. La ceniza de los animales, como componente en la elaboración de cemento, hormigón y asfalto. La grasa de los visones se destina a la producción de biodiésel, lo que contribuye a reducir las emisiones de CO_2».

De la biodiversidad defendiendo las pieles ha hablado por ejemplo FENDI. Pero es que, dentro de la estrategia de sostenibilidad del grupo LVMH, llamada Life360, del que la marca forma parte (75 empresas), se ha decidido que cada una sea libre de tomar una decisión sobre la eliminación de las pieles, centrando mucho más el tiro de la sostenibilidad en la economía circular de sus siempre acérrimos defensores. Así, pretenden dar prioridad a trazabilidad, transparencia, clima o biodiversidad y se han comprometido a que los materiales sean éticos en 2026.

No voy a opinar, ya lo he dicho, pero los animalistas, quienes están en contra del uso de pieles, se preguntan dónde quedan los animales. Y lo que se aprecia cada vez más es que los jóvenes no están por la labor de comprar pieles, lo que además coincide con el cambio climático, que sube las temperaturas incluso en los lugares más fríos. Y quienes pelean por que los animales no sufran no se refieren solo a los zorros o los conejos; llegan a los gusanos. Y entonces hablamos de *seda apacible (peace silk),* de seda orgánica, en la que no se les sacrifica para su obtención: se coge el capullo y, en lugar de sumergirlo en agua hirviendo, con lo que se mataría al gusano, se espera a que se convierta en mariposa para trabajar después con el capullo. También afecta a las ovejas y su lana, prefiriendo la *slowool,* sin manchas de sangre. Marcas como Max Mara, Saint Laurent o Burberry están usando la de la empresa Manteco, producida sin esquilado masivo, sino con una tecnología específica que además usa energía renovable (Zara ha comercializado alguna colección de abrigos con esta compañía). Con las ovejas hay otro problema: el de la lana de las más bastas, que se desecha o se ha estado desechando y ahora se está trabajando para recuperar. La empresa vasca Ternua rellena prendas térmicas de invierno (ya se usaba antiguamente para colchones) y la diseñadora María Clè ha conseguido un tejido compuesto en un 55 % por lana de oveja latxa (la burda, de cuya leche básicamente se consigue el queso de Idiazábal) y el resto con fibras naturales y sintéticas recicladas.

Acabo este apartado con el ejemplo de dos diseñadores españoles, uno a favor y otro en contra de las pieles. Adolfo Domínguez ya hizo un manifiesto en favor del bienestar animal en 2010 y hace más de una década que las pieles desaparecieron de sus prendas. Sus bolsos veganos son hipervendidos, un sueño, y han conseguido un plus de diseño que no hace pensar en el material del que están hechos. Yo me apunté a sus abrigos de pelo que no es tal y los lavo en la lavadora. Por el contrario, hay creadores como la española Odette Álvarez que trabajan su moda y la peletería de manera artesanal. Además, aseguran que, cuando ven las falsas pieles y las analizan, ven que «son más contaminantes, por sus materiales y por los tintados, al margen de que casi todas se fabrican en China y, por tanto, tienen un coste mayor que implica el transporte... y son más caras que las pieles de animales criados con el fin de usarse para el diseño y que provienen todas de la UE».

Sostenibilidad desde el punto de vista social

El textil siempre ha estado en tela de juicio. Ya en el siglo XIX se litigaba contra los talleres clandestinos y en su último año se creó la Liga Nacional de Consumidores para exigir una producción más moderna y mejor distribución; incluso se introdujo la etiqueta blanca, que garantizaba que las fábricas habían aplicado la legalidad y la seguridad en el empleo. Todavía estamos reclamando. De hecho, el primer código de conducta de la industria de la moda lo firmó Lévi-Strauss en 1992 para garantizar la dignidad, el respeto y las condiciones seguras y saludables no solo de sus propias fábricas sino de las de sus proveedores. Sin embargo, en Sri Lanka no se han enterado aún: tienen las llamadas *zonas francas (Free Trade Zones)* —imploro por que hayan desaparecido cuando este libro vea la luz—, donde se explota a los trabajadores, quienes viven en condiciones deplorables, como no poder descansar en todo el día.

Leí en el libro *La moda justa* que en el mundo trabajan en la confección de ropa 75 millones de personas, pero menos del 2 % gana lo suficiente para vivir. Me da vértigo decir que se va a acabar porque los consumidores están alzando la voz contra esta tropelía… y digo «vértigo» porque me acuerdo de Shein. Según un informe de McKinsey, el 66 % de los consumidores estaría dispuesto a dejar de comprar o a hacerlo en menor medida sabiendo que los trabajadores de una marca no están tratados adecuadamente. He discutido mucho cuando en alguna clase o charla alguien me ha sugerido o preguntado sobre la relación de algunos grandes *players* con este tipo de actuaciones inmorales. Siempre digo que ha habido malas praxis, pero también gracias a muchos de estos consorcios se ha contribuido a cambiar la vida y la legislación laboral de muchas naciones. Incluso podría afirmarse que ciertas normativas laborales se han creado a sus instancias al negarse a mantener prácticas abusivas. Hay quien me lo discute. Yo creo que es así. Y en general se están dando cada vez más pasos para adoptar códigos de conducta socialmente responsables y alineados con los derechos humanos. Pasos. No diré más. Porque no es menos cierto que los problemas vienen muchas veces de los proveedores... Y aquí apelo a la responsabilidad global de esas empresas. No solo tienen que trabajar por su propia sostenibilidad sino exigir la de aquellas que les proveen.

Siento gran indignación sabiendo de la esclavitud en el siglo XXI, y mucho más después de leer un reportaje en la revista *Vein* en el que se glosan unos datos extraídos de un informe de Freedom Fund que apuntan a que en 2019 a.d.c. (antes de la COVID) cuarenta millones de personas se encontraban en situaciones de esclavitud en el sector (y no precisamente por ser *fashion victims*); incluso el Parlamento Europeo habla de *trabajo esclavo* cuando se refiere a las condiciones de trabajadores del textil en Asia. A ver cómo deglutes que muchas de estas trabajadoras, que viven generalmente en el desarraigo social y familiar, ganen menos de 2 euros al día o que su inmensa mayoría sea incapaz de costear necesidades básicas, como alimentación adecuada, hogar o atención médica, y que, además, según Sustain Your Style, muchas trabajen 14 o 16 horas diarias. Por no hablar del acoso sexual en el lugar de trabajo que, según parece, sufre una de cada tres... Y no queda tan lejos el trabajo con niños. Vuelvo a rememorar con estupor una historia triste del siglo XXI: en 2016 se descubrió que empresas como H & M, Next o Sprit estaban utilizando a niños refugiados sirios para coser y transportar ropa de talleres subcontratados en Turquía. Por supuesto, las marcas subsanaron la situación. No vale ya eso de recurrir a materiales sostenibles y ser antisocial en las decisiones de los trabajadores que los manipulan. Thomas define Bangladés como el Mánchester del siglo XXI, uno de los lugares peores del mundo en los que producir. Es el segundo mayor productor de ropa después de China, y el 83 % de sus divisas provienen de la moda, de la que podría decirse que depende su población, pero de sus 168 millones de habitantes una cuarta parte viven por debajo del umbral de la pobreza.

Todos nos llevamos las manos a la cabeza cuando recordamos el desastre del edificio Rana Plaza, en las afueras de Dhaka, en Bangladés, donde en 2013 murieron 1134 personas y resultaron heridas 2500. Fue el accidente más letal de la historia de la moda, pero no el único y, sobre todo, no el primero, porque entre 2006 y 2012 más de quinientos trabajadores de la confección de ese país murieron en incendios de fábricas. Tras la gran catástrofe, muchas empresas se pusieron las pilas; de hecho, en seis semanas 46 compañías, entre ellas Inditex, H & M y Primark, firmaron un acuerdo de seguridad contra incendios y llegaron a doscientos miembros en pocos meses. El accidente fue un gran regulador de la industria: en cinco años se rectificaron 97 000 infracciones de seguridad, como puertas bloqueadas o salidas de incendio inexistente y cableados deficientes, y el Gobierno cerró 900 fábricas que no cumplían los estándares obligatorios. Lo cuenta Thomas.

Reportaje sobre el derrumbe del Rana Plaza, fábrica textil de Bangladesh, y las nuevas medidas para garantizar la seguridad de los trabajadores del sector textil. YouTube @unitednations.

Leo que la modelo y *celeb* internacional Kylie Jenner puede hacerse con casi un millón de dólares por publicación en Instagram (986 000, según un reportaje de *El País* publicado el 16 de julio de 2020). Y no, no me he equivocado de apartado. Simplemente quiero comparar esa cifra con los 0.32 dólares diarios que un trabajador textil puede ganar en Bangladés, y se me revuelve lo que estaba deglutiendo. Y sigo: una investigación realizada por Deloitte para Oxfam Australia reveló que generalmente el 3 % del precio de una prenda de moda rápida vendida en ese país se destina a los salarios de los trabajadores de la confección. Y ahora que alguien me pregunte si existe o no explotación. ¿Lo peor del cuento? Sería muy sencillo cambiarle el final. Bastaría con aumentar el precio de venta al público de cada prenda en un 1 % (por ejemplo, 10 cts. a una camiseta de 10 euros) para conseguirles a sus trabajadores un salario digno. Ahora, si quieres, conversamos sobre las bondades de la jornada laboral de cuatro días y luego nos damos una vuelta por la web de Shein...

Prometo mirar antes de comprar, aunque siempre me debato en estos temas. Por un lado, pienso que, si todos dejamos de comprar estas prendas, las fábricas cerrarán y los trabajadores no tendrán trabajo (casi mejor, exigir un cambio global). Difícil dilema moral además de económico. Y se complica con la relocalización que viene, pues, de igual manera que la deslocalización fue la moda de finales del siglo pasado, la nueva industria textil apostará cada vez más por recuperar la producción de cercanía. Para que esta relocalización sea posible como fórmula y revalorizar la moda lenta se necesitan tres cosas: información valiosa al consumidor que le haga partícipe de la buena compra que realiza cuando adquiere prendas que no son masivas, comunicación que le haga entender el precio; mayor inversión en tecnología por parte de algunos talleres que se han quedado obsoletos, y personal cualificado para trabajar, lo que no es tan sencillo.

Lo que está claro es que el lugar elegido para la producción no es un capricho: se realiza donde están las fábricas. Ya se ha explicado el cambio arancelario que en la década de 1980 intensificó la deslocalización de la fabricación hacia el Sudeste asiático. Desde Inditex aseguran que ellos han mantenido un sistema de fabricación diferente «porque preferíamos tener una parte de la producción geográficamente más cerca de nuestros centros de decisión; esto hace que seamos de los pocos distribuidores de moda con producción en Europa; parte en España, pero también en Portugal, y en otros países cercanos, como Marruecos o Turquía». Una porción de la industria textil marroquí corresponde a empresas europeas (francesas, españolas, portuguesas, etc.) que trasladaron su producción allí. «Pero el aumento de los costes que se produce en China a partir del comienzo de siglo hace que parte de la producción vuelva a relocalizarse en otros países asiáticos, con empresas pertenecientes a grupos de origen chino o coreano. El desarrollo fabril de esos países ha hecho que ahora muchas de esas empresas sean de capital local, de Bangladés, Vietnam o Camboya». Según Inditex la pandemia provocó algunos problemas en la cadena de suministro, pero no han variado sustancialmente los orígenes «porque siempre hemos tenido mucha fabricación de cercanía».

Me comentaba el diseñador Modesto Lomba que en sus colecciones *prêt-à-porter* realizadas con la empresa gallega Marina Ribeiro Creaciones Hortensia fabrican en la localidad gallega de Taragoña, La Coruña, «y muchas de las señoras que trabajan ahí el resto del año cultivan sus campos. Fabricando fuera hay problemas de abastecimiento. Pero tiene que haber un apoyo político que provoque un soporte social para que el consumidor lo tome como suyo. A través de la moda se puede conseguir que otros sectores se unan en el concepto de vender país. Y tenemos que formar a trabajadores. Para ello sería muy importante una buena formación profesional, porque, por ejemplo, mi principal modista se ha retirado con ochenta años y hemos tenido que contratar a alguien que viene de fuera de España. No encontramos a gente de excelencia».

Sus reflexiones me recuerdan otro aspecto social del universo de la moda del que poco se habla y que repercute también en una cuestión económica. Lomba habla de la importancia de mostrar la marca España. La identidad cultural del país a través de la moda es, parafraseando un término muy *fashion,* un «fondo de armario». Lo es en cualquier nación; a veces, incluso en términos de reivindicación o de llamada de atención, como cuando la reina Letizia usó en marzo de 2022 una blusa típica ucraniana, una *vyshyvanka,* a los pocos días de la invasión del país por parte del ejército ruso. Desde ese momento, las marcas empezaron su particular cruzada para emular esa prenda popular y artesanal, que pudo verse parecida sin parecerse por doquier ese año, gesto maravilloso que alguien puede denominar *apropiación cultural* (no el de la reina, por supuesto, sino el de las marcas comerciales), término muy de moda y con el que me había puesto en contacto desde noviembre de 2021 cuando me invitaron a participar en unas mesas redondas de la feria Original en México y unos meses después en ISEM-Universidad de Navarra. La experiencia mexicana fue muy interesante porque se trataba de un encuentro de diferentes artesanías del país reunidas en el que fuera palacio de presidentes, el complejo cultural Los Pinos. No se trataba de una feria más; la identidad cultural, la apropiación cultural o, mejor dicho, el trabajo contra ella estaba en el fondo de su actividad. Lo que allí encontré no tenía nada que ver con lo que se halla aquí en mercados o tiendas que se dicen mexicanas porque era la manifestación cultural de diferentes localidades del país, cada una con su significado, su historia, su especificidad. Allí fui consciente de cómo lo que habitualmente para nosotros es un trozo de tela con bordado para otros es parte de su cultura. Los dibujos, los bordados, las técnicas que son bonitas para los compradores, cuando se trata de sus hacedores se convierten en ritos, en modelos ancestrales de luz de un pueblo. Y cuando se entiende eso se entiende el respeto. Y este es el antídoto contra la apropiación cultural, tal y como lo definió la activista de los derechos humanos Seno Tsuha en el encuentro Voices 2021, organizado por la publicación *The Business of Fashion.*

En definitiva, la apropiación cultural significa tomar sin consentimiento formas y motivos producidos por culturas que no disponen de medios para darse a conocer. Y lo peor es que se convierte en algo puramente comercial porque sí, porque es bonito, porque es tendencia, sin más. Y así, con la base de sus diseños, no solo es que se produzcan prendas hermosas, sino que se obtienen beneficios por su uso que no se comparten con quienes ostentan sus derechos de propiedad. De esa manera se da una especie de relación de dominación, una forma novedosa de explotación. Entendí que no era aceptable tomar temas de otras culturas sin darles su reconocimiento ni invitarlas a participar. En México, donde existen 68 pueblos indígenas, cada uno con su lengua y su arte popular, estaban muy enojados con unas prendas que había realizado la diseñadora francesa Isabelle Marant inspirándose en bordados y motivos de alguna cultura del país. De hecho, en los días que pasé allí conocí a un colaborador de la firma que juraría que había acudido no sé si en son de paz, pero sí de pacificar. Lo más interesante es la búsqueda de un sincretismo cultural, de un equilibrio que permita que determinadas prendas cumplan su función una vez sacadas de contexto; es decir, construir un relato que posibilite utilizarlas más allá del folclore, allende cada frontera, es el objetivo.

Desde el punto de vista de esta *S* de social, son muy interesantes las colaboraciones entre el mundo del lujo y las ONG o diseñadores que trabajan con otras culturas. Por ejemplo, LOEWE las ha realizado con colectivos de mujeres del norte de Kenia y con el colectivo de Medellín, la corporación Oficio y Arte. Explican que buscaban unir su maestría con el cuero a materiales y técnicas de otras culturas y dar voz a colectivos que tiene mucho que aportar. En junio de 2022 disfruté muchísimo una tarde conociendo la colaboración entre la marca de lujo TOT-HOM y la diseñadora valenciana Leticia Valera y sus telas y patrones traídos de Senegal. Para cualquier entendido en moda no hay que explicar que la empresa de Marta Rota es de esas grandes de alta costura que existen en España, así que contemplar su arte llevado a África, no solo por las telas sino también por los diseños, era una delicia elevada a la enésima potencia. Dos grandes. Y me gusta poner las cosas en su sitio y decir que este tipo de acciones no ocurren por generación espontánea sino por la acción de las personas, y en esta había una muy concreta que ya he nombrado en otra ocasión, Carmen Valiño. Recuerdo como si fuera ayer la primera reunión en la que Valiño y Valera se conocieron. Lo recuerdo porque para mí también era la primera y porque a las tres nos unía una cuarta, amiga común, la periodista y escritora

Marta Robles, en un intento de que acometiéramos una empresa que nunca cuajó pero que dio como mínimo estos otros frutos de la colaboración con TOT-HOM y su edición especial, que está anunciado que se repetirá.

En realidad, Valera lleva mucho tiempo trabajando para Senegal y para las senegalesas; de hecho, su moda forma parte de la labor que realiza con ellas. Hace ya más de 18 años que fundó la ONG Kassumay, con la que ha creado escuelas que escolarizan a más de seiscientos niños y niñas. Lo primero fue un viaje de turismo justo que se convirtió en un trabajo justo que da trabajo justo a esas mujeres que se distinguen por su altura y elegancia, pero sobre todo por su capacidad para ser «la columna vertebral del continente. Lo que te propongas hacer con ellas va a salir», asegura. De encontrarse con una mandinga cuyo gran deseo era trabajar, Valera pasó a tener un par de talleres en Dakar y M'Bour que hoy emplean a más de trece costureras, así como uno en Valencia para inmigrantes víctimas de violencia de género. No confeccionan un vestido ni un bolso igual a otro. Tienen impacto medioambiental porque los tejidos, orgánicos y reciclados, son atemporales y de nueva creación; sin duda social, por el trabajo que se realiza con mujeres, quienes además reciben salario por prenda terminada, y cultural, pues se emplean telas *wax,* tejidos típicos de la cuenca occidental africana que siempre han servido para comunicarse, para mandar mensajes, tejidos mágicos, protectores cuando los enrollan al cuerpo, un «nuevo lujo, hecho con amor, con esmero, desde el movimiento *slow*» desde su marca creada en 2015 con un eslogan muy descriptivo: «Viste tu espíritu».

Hablando de África, me gustaría añadir algunas líneas en torno al capítulo de negritud en la moda, más allá de lo contado en el apartado de nuevas tendencias, porque reclamar y poner en valor a las modelos de raza negra no deja de formar parte de lo que llamaríamos *factor social* en la medida en la que hablamos de diversidad. Y la industria se lo ha tomado en serio, hasta el punto de que se ha creado incluso una empresa que reivindica lo racial y busca empleo a personas de raza negra, ColorComm Search, especializada en la caza de cerebros diversos para moda y belleza. Y socialmente tienen importancia los referentes que unen raza negra y moda, como en el caso de la poeta Amanda Gorman —¿alguien recuerda aquellas bellas palabras en la toma de posesión del presidente Joe Biden?—, reclutada para la publicidad de Prada, por ejemplo, y que ocupó portadas de publicaciones. En septiembre de 2021 se anunció su acuerdo por tres años con el grupo de cosmética Estée Lauder, un compromiso solidario por el que la enseña cosmética contribuiría durante tres años con 3 millones de dólares al proyecto educativo Writing Change para empoderar a las niñas a través de la escritura.

Hay otras iniciativas, como la de trabajar con la modelo Winnie Harlow, quien sufre vitíligo, o el caso de Marián Ávila, bastante conocida en España, o el de la británica Ellie Goldstein, ambas con síndrome de Down. La segunda alcanzó fama con la publicidad de belleza de GUCCI después de haber trabajado con Mytheresa, Zalando o Victoria's Secret. En este caso es muy interesante que la fotografió David P.D. Hyde, quien también sufre una discapacidad.

¿Es esto moda solidaria? Yo diría que forma parte del concepto, claro que también se me ocurren otros ejemplos en los que, a través del producto, programas específicos o compromiso personal, se trabaja para favorecer a diferentes colectivos ligados o ligándose con el sector textil. Al margen de algunos que se han ido relatando en diferentes apartados del libro, en España, por ejemplo, la marca de lencería y ropa de baño Andrés Sardá colabora con la fundación Área, que trabaja con reclusas en Barcelona y preside la modelo icónica Judit Mascó. Otras, como Mango o Women'secret, han desarrollado moda íntima para mujeres con un solo pecho después de una mastectomía. Hay uniones para proyectos concretos y otras más duraderas, como la de Gabriela Hearst con la cooperativa Manos de Uruguay. Y hay proyectos que buscan la recurrencia, como el de Ethical Fashion Iniciative, programa de la ONU que pone en contacto a trabajadores textiles de países en vías de desarrollo con marcas que desean un relato diferente y transparente.

Lo importante de todas estas acciones es que no se queden en un mero lavado de imagen, sino que contribuyan al cambio profundo. No sé si lo hacen; habiendo conocido el negocio desde sus entrañas, he visto de todo. Ocurre algo similar con la edad. Se realizan campañas, se incluye a mujeres mayores (nosotras envejecemos; ellos maduran) en desfiles, pero la realidad es que la obsesión por mantenerse joven externamente obedece a unos cánones que marcan que a partir de los cincuenta las miradas tornan... solo hacia las jóvenes. Incluso Zara empezó hace un tiempo a incluir a modelos mayores en sus redes sociales, y también a partir del desfile #MiEdadPerfecta en la pasarela madrileña, patrocinado por L'Oréal en 2020, se llegó al compromiso de ofrecer modelos mayores en los *castings,* pero pocos diseñadores las reclaman. El edadismo es una cuestión social que va más allá de la moda, pero a lo largo de este libro ya queda bastante demostrado su poder en el constructo intelectual y social.

Sostenibilidad desde el punto de vista de la gobernanza

La sostenibilidad entendida desde la globalidad incluye un efecto económico básico como objetivo, pues si la empresa no se construye como rentable, el resto de la ecuación falla. En ese horizonte económico, además de los aspectos ya mencionados, resulta crucial la manera en la que la compañía está compuesta, sus protocolos de crecimiento, su consejo de administración y su comité de dirección. La regulación internacional y nacional, pero especialmente la impulsada por la UE, está dando lugar a una transformación del sector textil donde sobre todo en las grandes empresas se está pasando de decisiones pensando en los accionistas *(shareholders)* a en los grupos de interés *(stakeholders)*. Las compañías en este nuevo orden en el que la sostenibilidad es nodal y transversal deben buscar no solo el beneficio de los primeros sino centrarse en el bienestar de los segundos, en los que se incluye la sociedad en su conjunto, además de los proveedores y los propios trabajadores de las empresas. Y, por otro lado, como muy bien comentó en el Barcelona Fashion Summit de 2023 organizado por *modaes.es,* Ignacio Sierra, director general corporativo de Tendam, con la petición al regulador de que la reglamentación sea homogénea.

Las empresas de moda no son ajenas a una de las palabras más usadas en la segunda década del siglo XXI: *propósito,* la creación de valor más allá del económico, un valor compartido con la sociedad que revierte en ella, lo que significa que las inversiones no son solo especulativas. Más allá de creérselo o no, es una realidad que está en la base de muchos de los cambios que estamos comprobando y sobre todo de los que vendrán. Me contó Marisa Selfa, CEO de North Sails, cómo le había marcado e impresionado su trabajo para la marca Timberland, que en 2006 ya tenía una semana de trabajo solidario pagado por la empresa. Allí se hablaba de «hacerlo bien y hacer bien». «Fue la primera vez que trabajé en una firma que aplicaba las tres *P: Profit, Person* y *Planet* (beneficios, personas y planeta). Y ya no podría trabajar en una compañía sin objetivo triple. Las empresas no sostenibles tienen fecha de caducidad».

Hay que relacionar economía circular y finanzas. Sí, también las *fashion.* Me lo explicaba una gran amiga especialista en economía, Eva Ballesté, quien me recordaba sus tesis sobre ecología industrial: «La tecnología es fundamental para hacer más con menos recursos, reduciendo el consumo energético. Tampoco es sostenible la producción en la otra parte del mundo. Y luego se está generando un nuevo fenómeno, y es que antes tú producías y vendías y el que se encargaba de reciclar era el cliente; ahora hay que reinsertar el reciclaje en el precio y el cliente tiene que ser capaz de pagar, ya que es la empresa productora la encargada del reciclaje».

Aviso para navegantes: se supone que para 2025 entre el 41 y el 57 % de fondos de inversión en Europa consideren aspectos ESG más allá de los financieros. Y quien más quien menos se pone las pilas a la hora de aplicarlos. Me impactó como medida interesante leer que Desigual, por ejemplo, había implantado la semana de cuatro días, votada por sus empleados, con uno de ellos de teletrabajo y con todas las jornadas cubiertas gracias a diferentes turnos. Y también el relato de Rosa Tous, vicepresidenta corporativa y *Reach & Relevance Officer* de la marca de joyería y accesorios, quien aseguraba que habían sido conscientes de crear una comisión de sostenibilidad dentro del consejo de administración, de la que ella es presidenta y desde la que habían identificado seis Objetivos de Desarrollo Sostenible con los que querían influir desde la compañía, así como trabajar con la trazabilidad de las joyas.

Tiene que ver también con el gobierno corporativo el mínimo número de mujeres CEO de las compañías de moda, algo extrapolable a cualquier grupo o sector empresarial. Algunas están haciendo los deberes, como el grupo Kering, donde la mujer constituye el 63 % de la fuerza de trabajo; un 33 %, del comité ejecutivo, y un 55 %, del consejo de administración. En España, en varios grupos de origen familiar aparecen las mujeres con mando en plaza. Ya he nombrado a Adriana Domínguez, presidenta ejecutiva de Adolfo Domínguez. También en Tous la presidenta es otra de las hijas, Alba. Aunque, claro, el final de 2021 marcó un hito histórico en la empresa de distribución de moda más importante en el ámbito internacional con el nombramiento, el 30 de noviembre, de Marta Ortega como presidenta no ejecutiva, sustituta de Isla, con el nada despreciable sueldo de un millón de euros al año, 900 000 como presidenta y 100 000 como miembro del consejo de administración.

La moda, una vez más, no es ajena al devenir social y económico de otros mundos. Por ello, aunque no haya muchas CEO, cada vez hay más. Por ejemplo, Helena Helmersson, nombrada CEO de H & M Group en 2020, quien sucedió nada más y nada menos que al nieto del fundador de la cadena sueca, Karl-Johan Persson. Es de justicia recordar a Patagonia y su CEO durante cuarenta años, Eileen Fisher, quien en verano de 2022 se hacía a un lado para dejar su sitio a Lisa Williams, hasta entonces *Chief Product Officer,* así como a la CEO de Pomellato, Sabina Belli. En 2022 las ejecutivas de la moda españolas copaban el 34 % de los puestos de alta dirección (dos puntos más que en 2021) de los cuatro principales grupos del sector: Inditex, Mango, Tendam y Desigual. En 2019 el grupo español All We Wear Group, que agrupa marcas como Pepe Jeans, Hackett y Façonnable nombró CEO a Marcella Wartenbergh. También desde ese mismo año Marta Álvarez es presidenta de El Corte Inglés.

Si ser mujer y CEO en el universo *fashion* es un hito, cuando a la diversidad de género se unen otras diversidades, como las de raza, ya se convierte en una cadena de hitos. Por ejemplo, Wintour, nombró directora de moda de *Vogue* Scandinavia a Rawdah Mohamed. La modelo noruego-somalí (@rawdis) se ha distinguido por su defensa del uso de la *hijab* por parte de las mujeres musulmanas, y así trabaja ella. El segundo caso es el de Chanel, que contrató a Leena Nair como CEO global en diciembre de 2021. Su reclutamiento es de los más políticamente incorrectos en el sector y el más políticamente correcto acorde con la nueva era, pues nació en la India (Kolhapur, 1969), no procede del mundo de la moda, sino del de la alimentación y el gran consumo, Unilever. Si nos atenemos a aquello de poner a la persona en el centro, esta es la mujer que el grupo necesitaba.

Tercera
parte

*¿Hacia dónde dirige
sus pasos el universo
fashion?*

Un camino
sin retorno

————

En mis clases y charlas sobre moda hay una frase que cito siempre. La dijo un magnífico entre los magníficos, el creador dominicano Oscar de la Renta: «Lo que realmente hace grande a la moda es que siempre sabe mirar hacia adelante». Por necesidad o virtud, la moda siempre ha mirado hacia el futuro; de hecho, incluso los tejidos suelen comprarse en ferias que se celebran dos años antes de que se presente una colección y, mientras no cambien las cosas, la temporada de primavera-verano se prepara y presenta seis meses antes de que se ponga a la venta, y lo mismo ocurre con las colecciones de otoño-invierno o las crucero. Muchos diseñadores, marcas y medios de comunicación han sido lentos en adoptar los cambios tecnológicos que han afectado y afectarán dramáticamente al sector, así como en adaptarse a los criterios de sostenibilidad, pero a pesar de ello la moda sigue mirando hacia el futuro con la ayuda de las regulaciones, especialmente las que provienen de Europa, como la etiqueta ecológica que desde enero de 2023 deben llevar las prendas que se venden en la Unión Europea. En ella ha de informarse sobre la composición de todas las fibras textiles utilizadas, así como de cualquier parte no textil de origen animal.

    ¿Pero cómo afectarán los cambios que estamos experimentando hoy en el futuro inmediato y lejano del sector? ¿Cuál es su futuro y qué palancas se deben mover para que el negocio prospere?

¿Cómo vamos a seguir comprando tras la normalización global del turismo? ¿Superaremos ese consumo de moda en los viajes que antes de la pandemia equivalía al 30-40 % de las ventas de las marcas de lujo? ¿Se impondrá o al menos se incrementará ese otro consumo más local? ¿Conseguiremos que en España compremos orgullosos más moda española?

¿Qué ocurrirá con la dependencia de China, que, a pesar de los buenos propósitos, se ha ido elevando hasta el punto de que, según informaciones de *modaes.es,* el 20.8 % de las importaciones en 2022 procedían de ese país, 1.4 puntos más que en 2021?

¿Cómo repercutirán el torbellino de la sostenibilidad y el huracán tecnológico en marcas y diseñadores?

En una ocasión Jobs dijo: «Nuestra tarea es leer cosas que todavía no están en la página». ¿Qué leerán las marcas, las empresas, los negocios de moda? Hay voces que hablan de que habría que escuchar al consumidor. ¿Deberían pedirle cita y preguntar? Me lo decía mi querida Isabel Berz, diseñadora, profesora e investigadora, ya nombrada: «La moda tiene una gran oportunidad porque lleva demasiado tiempo haciendo las cosas igual, sin moverse de sus preceptos». Me gustó la respuesta que me dio el periodista Jesús María Montes-Fernández, director del programa *Flash Moda,* cuando le pregunté hacia dónde debía ir el sector: «Se enfrenta a un gran reto. En la década de 1990 hubo una primera revolución, de la que tuve la suerte de formar parte, en la que la moda pasaba al formato televisivo y dejaba de ser estática. El concepto de revista convivía con uno más cercano y visual. En esta nueva década, el sector de la moda tiene que ponerse en consonancia con las nuevas tecnologías y las redes sociales. Al hablar de nuevas formas me refiero a que todas las grandes marcas se encuentran inmersas en un estudio y en una inversión enorme en la experiencia de compra que ha cambiado radicalmente debido a la compra en línea. Este eje y el de una compra socialmente responsable son los pilares por los que debe transitar la moda para que firmas y compradores, pasado y futuro de una casa de moda, no se alejen de la espuma del día a día».

Dijo una vez Rupert Murdoch que «el mundo está cambiando muy rápido, pero los más grandes no van a ser los que se coman a los pequeños, sino los que sean más rápidos en entender el cambio». Entender lo que ocurre, dónde estamos, el *zeitgeist,* el espíritu de la época, resulta fundamental. Se trata de aprender el nuevo idioma de la moda. Al mismo tiempo, es básico hacer un buen testamento con lo que vamos a dejar a nuestros hijos y nietos. Pero sin necesidad de notario, pues los notarios somos nosotros mismos, y el testamento lo redactamos a diario también nosotros: instituciones, Gobiernos y escuelas. Y en ese testamento hay solo una parte «legítima»: legar a las siguientes generaciones un mundo mejor del que recibimos nosotros. ¿Es posible? Yo diría que sí, a través de la educación, en las familias, los colegios y las escuelas de diseño, pero también en las de negocio, porque hay que diseñar pensando en sostenible y formar a líderes responsables que piensen en propósito y en impacto positivo. Y, desde luego, también depende de los consumidores, a quienes hay que empoderar y proporcionar la información necesaria para que sepan elegir.

En esta tercera parte del libro analizo las posibles transformaciones futuras en el sector de la moda y la posible evolución del sector: compradores, *retail,* pasarelas, diseñadores, tecnología, sostenibilidad y educación. Hay que llamar a las cosas por su nombre, y en este sentido me inspiró mucho una conversación con Iria Pérez Gestal, directora de *modaes.es,* medio que tanto estoy nombrando aquí: «Hay que dilucidar sobre el volumen, porque se habla de *fast fashion* pero el negocio del volumen no siempre es rápido. Y hay que decidir si crecemos por volumen o por valor. Por demografía va a haber menos clientes y por tanto menos volumen que habrá que compensar con valor. La transformación sostenible se puede aprovechar para darle una vía de crecimiento al sector, pero por el valor. Y a su vez esto entronca con que habría que impulsar modelos de negocio como el de la segunda mano o el del alquiler... que por ahora está en una fase temprana. Esto no sé si es una utopía. Sería pasar de un modelo de pago por propiedad a uno de pago por uso».

Otro aspecto fundamental para el futuro de la moda es la tecnología, vital para que la sostenibilidad prospere. Buen ejemplo de ello es la inclusión entre sus premios de la categoría de Diseñador para metaverso por primera vez en los Fashion Awards otorgados por el British Fashion Council en noviembre de 2021. Con la tecnología y la sostenibilidad como coordenadas, podemos crear todas las variables que necesitemos, ya que en ellas se encuentran los dos mandamientos del cambio de la moda. En cuanto al metaverso, resulta importante definir la transformación que supondrá, como la diferencia entre las monedas de uso corriente y las criptomonedas. Además, no será suficiente como experiencia aislada; el metaverso requerirá las suyas propias, así como su inclusión en la omnicanalidad. Ya he mencionado anteriormente que esta constituye una nueva manera de vender, y cada vez lo será más. Por tanto, el trato directo con el cliente ha de aumentar en todas las formas de venta, incluyendo el metaverso. También resulta fundamental estudiar su impacto en el ecosistema sostenible, trabajando en mediciones específicas de su huella de carbono. Es probable que surjan consultorías concretas, como Eco-Verse, lanzada por Eco-Age, para que las empresas evalúen su impacto medioambiental. Por último, resulta fundamental reglamentar el metaverso desde el punto de vista legal y descubrir las posibilidades futuras, lo que exigirá la formación de especialistas en este campo.

Los nuevos consumidores: ¿cómo serán y qué comprarán?

La palabra *consumidor* parece empezar a estar en desuso. Se está pasando al término *cliente,* creo que en una especie de lavado de conciencia, porque parece que lo de consumir queda cada vez más feo. Es una cuestión semántica, pero no por ello de menor interés. Dicho esto, si me pongo en modo marca y pienso en la necesidad de tener cintura, mucha, porque estamos en pleno cambio, y así vamos a seguir, pero, como decía en la segunda parte del libro, vivimos surfeando, y en la práctica de este deporte hay seres que sienten estrés frente a la rapidez de las transformaciones (a veces incluso miedos); otros, sobreestimulación; otros, hastío ante tanto estímulo, y algunos siguen enganchados a las experiencias y a la necesidad de vivirlas, por no hablar de lo que significa pasar de la realidad física a la digital, y no digamos cuando nos acostumbremos de verdad a la virtual.

Según el informe de la consultora WGSN, *Future Consumer 2024,* publicado a mediados de 2022, existen cuatro tipos de clientes, que se resumen en cuatro tipos de consumidores:

- **Reguladores.** Sienten la necesidad de equilibrio ante tanto vaivén y se agarran a lo más conservador y clásico como tabla de salvación. En general están en la mitad de los cuarenta e incluso en los cincuenta, muchos y muchas son jefes y jefazas y no quieren más sustos. Serán consumidores básicamente de compra en línea y recogida en tienda.
- **Conectores.** Persiguen un cambio más radical y muchos han sido los protagonistas de la llamada *gran renuncia,* que ha hecho que en los primeros años de la segunda década del siglo XXI hombres y mujeres hayan abandonado sus trabajos en busca de otras vidas. Buscan un estilo sostenible basado en la transparencia, la trazabilidad y el pago por uso. Suelen compartir coche o vivienda y priorizan la calidad de vida.
- **Creadores de memoria.** Han decidido transformar las emociones vividas en el confinamiento por aglutinar familia y redefinir la vida. Miran al pasado y conviven con cierta melancolía retro. Pretenden pasar el tiempo con quienes realmente les suman y romper cualquier tipo de toxicidad relacional. Priorizan una buena vida y un buen envejecimiento. Su consumo será más plancentero, estético y personalizado.
- **Nuevos sensorialistas.** Desean un consumo híbrido, como su existencia, *phygital,* y están dispuestos al uso de la realidad virtual, a comprar NFT y a utilizar criptomonedas.

Además, habrá una supracategoría —o eso se espera—, la del consumidor consciente. Siempre que lo escucho, leo, digo o escribo, pongo en duda que se trate de creencia en lo conveniente *(whisful thinking)*. ¿Será así? ¿Dejaremos de comprar por impulsos, porque nos hemos separado, nos hemos enamorado, hemos vendido una casa, nos la han comprado, hemos aprobado o hemos suspendido? ¿Dejaremos de comprar porque nos lo merecemos o por imitar a *influencers*? El sociólogo Gilles Lipovetsky habla en su libro *La estetización del mundo* del comercio de las emociones, de la compra de la estética, que al mismo tiempo es una estética emocional. Hasta ahora hemos buscado la felicidad o sus pequeñas porciones a través de esos pequeños episodios de *shopping*. ¿Y en adelante? ¿Cómo compraremos sabiendo lo que sabemos sobre la injusticia de la moda y sus repercusiones planetarias? ¿Seguiremos guardando ropa en el armario sin usar o usada como mucho veinte veces? Y a esa pregunta le corresponde su paralela: ¿continuará produciéndose ropa al ritmo actual, que se ha duplicado desde 2000? Porque si la respuesta es sí, la realidad será que el consumo de ropa aumentará un 60 % para 2030.

El fenómeno es tan desaforado, que leí en el ya citado libro *La moda justa* que en sueco existe una palabra para expresar la vergüenza que produce comprar ropa sin necesidad: *köpskam*. Los datos que se manejan no dejan de mantenerme perpleja por sus contradicciones. Por ejemplo, en el Barcelona Fashion Summit, organizado por *modaes.es* en febrero de 2021, la vicepresidenta del sector Mujer en Zalando, Sara Díez, explicó que un 25 % de los consumidores afirmaba que antes de hacer una compra se planteaban aspectos relacionados con la sostenibilidad, un 40 % adquirieron más productos sostenibles entre enero y mayo de 2020, un 34 % de sus compradores consideraba que la sostenibilidad se ha convertido en un aspecto más importante después de la COVID-19 y un 90 % estaría dispuesto a boicotear una marca de moda si descubriera que no es sostenible. Y ojo con las mentiras, que también cuentan y son penalizadas. Me río: marcas como Shein siguen en ascenso, y con ella KiK o Pepko.

En la segunda parte del libro menciono a Carmen Hijosa, fundadora y *chief creative and innovation officer* de Piñatex. Quedé impresionada por el negocio de esta empresaria asturiana, quien ha logrado convertir las hojas de piña en un material suave, duradero y versátil que es una alternativa sostenible al cuero. Hago un paréntesis para explicar que, según parece, la producción de hojas de piña es tal, que entre los diez principales países productores podrían conseguir suplir más de la mitad de la producción mundial de cuero. Sin embargo, lo que realmente me llamó la atención de Hijosa fue lo que declaró sobre el consumidor: dijo que, si conociéramos nuestro poder, seríamos capaces de cambiar el sistema. Pero no me agrada poner tanto peso de responsabilidad en el cliente, no me parece justo; tendrá que ser una tarea global. Y los consumidores están evolucionando, pasando de considerarse parte del problema, como víctimas, a ser parte de la solución. Y más que van a cambiar. Aparte de los datos ya expuestos, en EE. UU. un tercio de los *millennials* y de los pertenecientes a la generación Z dicen que estarían dispuestos a pagar más por marcas probadas y trazablemente responsables y sostenibles. Además, según el informe *Consumer Sentiment on Sustainability in Fashion,* realizado por McKinsey en abril de 2020 entre dos mil consumidores británicos y alemanes, un 67 % consideraba uno de los factores decisorios de compra el uso de materiales sostenibles, un 70 % determinaba que las marcas deberían ser absolutamente transparentes en torno a la sostenibilidad y un 57 % tendía a reparar la ropa para prolongar su uso.

Un informe de McKinsey publicado en junio de 2022 predecía que, para finales de la década, un 30 % de la ropa desechada podrá ser reciclado y convertido en nuevo material utilizable. No obstante, existen graves problemas logísticos y de coste que hay que superar. La consultora apuesta por reciclar un 18-26 % de los residuos textiles brutos en 2030, lo que originaría un negocio de 4500 millones de euros. Se trata de una nueva industria en sí misma, con generación de nuevos puestos de trabajo. Un ejemplo es el *cluster* de reciclaje en Olot, en Gerona, que hasta ahora se había considerado el hermano pobre de la moda, pero ahora está emergiendo gracias a la entrada en vigor de la llamada Ley de Residuos y a la creciente conciencia sobre la importancia del reciclaje. La necesidad de profundizar en esta materia es tal, que según McKinsey se necesitarán más de dos mil fábricas de reciclaje en Europa. Si se crean los medios necesarios, se podría incrementar del 30 al 35 % la recogida de residuos y el volumen de los reciclables podría ascender a 2.2 millones de toneladas en 2030.

¿Qué pueden hacer las marcas para seducir a estos nuevos consumidores? Innovar, y eso aplica tanto a materiales como a la manera de producir, de presentar el producto en las tiendas, al propio *retail,* a la distribución; hay que ofrecer un marketing fidelizador que no tiene que pasar solo por los programas de descuentos, sino por la experiencia, donde el marketing con causa tiene bastante que decir. Y hay que trabajar mucho más no solamente la sostenibilidad, sino la manera de comunicar lo que se hace, sin duda implicando a los consumidores en decisiones y causas. Ante una producción en general desmedida y un consumidor cada vez más informado al que se le está torpedeando con la idea de consumir mejor, el servicio bajo demanda resultará fundamental. Leí sobre una nueva fórmula, *Creator Demand,* anunciada en octubre de 2021 por H & M precisamente en este sentido: la idea es que otras marcas puedan tener acceso a este servicio B2B, que facilita que los diseñadores hagan su producción bajo demanda, con impresión digital y con el comercio electrónico integrado. El objetivo es «mover el mundo hacia la producción bajo demanda mientras se ayuda a los comerciantes a construir negocios sostenibles».

La segmentación siempre ha sido importante en la moda, y lo será aún más en el futuro; de hecho, ya lo es en el presente. Por tanto, resulta fundamental buscar a los clientes donde están en función del producto, la marca y su estilo de vida. Eso no significa eliminar los viejos canales, que, como los rockeros, nunca mueren, sino dirigirse a cada uno allí donde se encuentra y con su lenguaje y, en cualquier caso, comunicar. Abre tu armario y piensa lo que arrastras durante todo el año sin concesiones a las estaciones. Me lo decía la ya nombrada Marisa Selfa: «Hay que ayudar a transformar la cultura de cambiar el armario cada temporada y eso de que no puedan verte la ropa más de tres veces, comunicando una durabilidad superior, al tiempo que influyendo en que se compren marcas comprometidas, comunicándolo con humildad, sin arrogancia, con veracidad. En nuestro caso, por ejemplo, tenemos que comunicar nuestro trabajo en favor de los océanos, y eso es muy importante, porque de otra manera una camiseta o un polo no dejan de ser solo eso».

Con información, servicios e iniciativas que fusionen tecnología y sostenibilidad se establecen vínculos más fuertes con un ser pensante que es más que un cliente. Esto ha dado lugar al término *prosumidor,* el consumidor proactivo, quien tiene y crea contenido, que además comparte. Si bien durante un tiempo se ha dicho que el consumidor de moda en línea carecía de la emoción de tocar, oler y sentir una prenda, con la llegada de la web3 y su experiencia virtual, la cercanía a la realidad será impresionante. Eso sí, se necesitará una mejora en la tecnología 3D y en las plataformas de comercio electrónico para hacer la venta física cada vez más interactiva, gamificada, atractiva y, al mismo tiempo, muy digital, así como contar con la seguridad de transparencia de toda la cadena de valor.

Cómo compraremos en los próximos años

Palabra clave: *experiencia*. Me encantó la explicación de Dior tras reabrir su espacio en el n.º 30 de la *Avenue Montaigne* en París. La marca aseguró que aquel lugar en el que había desde tienda hasta pastelería pasando por museo y por una *suite* de lujo era un universo. Y no le falta razón. La obra, realizada por el interiorista y artista Peter Marino, quien ya había diseñado otras *boutiques* de la marca, se convierte en un restaurante, un hotel de lujo y mucho más. Tuve la oportunidad de asistir a la inauguración de una de las *boutiques* de Dior en Hong Kong en 2014. No era solo una tienda, sino un centro de arte donde cada mesa era una obra maestra. Dior no es la única marca de lujo que ha hecho de la experiencia una virtud de compra. Los hoteles de Bvlgari, los restaurantes de FENDI y el icónico de Ralph Lauren en el *Boulevard Saint Germain* en París son solo algunos ejemplos. En nuestro país también podemos mencionar a LOEWE, con sus Casa Loewe en Madrid y Barcelona, en las que incluyen desde flores hasta arte.

La realidad no me la pudo dejar más clara el presidente del grupo Tendam, Jaume Miquel: «Los clientes están aburridos de las marcas, que tienen que buscar nuevas fórmulas». ¿El *retail* ha muerto? ¡Viva el *retail*! Por supuesto, repensado. Porque este sector, que cuenta con 5.5 millones de empresas en Europa, de las que el 99.9 % son pymes, emplea a 29.8 millones de trabajadores y aporta el 11.5 % del valor añadido de la UE, tiene grandes desafíos. Es fundamental que avance en su desarrollo digital y que se adapte a las necesidades de la sostenibilidad. Estoy convencida de que en el futuro se cerrarán muchas tiendas físicas, pero sería demasiado fácil y cruel afirmar que toda la venta será en línea; de hecho, marcas como Hawkers, la firma de gafas de sol procedente de Elche, Alicante, que inició su andadura en el mundo digital, acabó abriendo tiendas físicas, lo que demuestra la importancia de ofrecer a los clientes una experiencia omnicanal. Y el festival será interesante con la incorporación de las tiendas físicas de Amazon en EE. UU. copiando el propio modelo impuesto por la compañía con Amazon Go, los súper que llegarán a Europa en 2024 y que ya existen en EE. UU. y en el Reino Unido, donde la experiencia de usuario presencial con mezcla en línea es realmente un *must,* hasta el punto de que no hay cajeros, como en Internet. En este sentido, la desaparición de las cajas está cada vez más cerca, ya que los pagos con el teléfono móvil están ganando terreno. Este se convierte ya en una especie de llave maestra que identifica a través de códigos QR o que por geolocalización recomienda compras. Así las cosas, se impondrá el estilo *showroom.* En realidad, esa disposición es de lo más interesante. Y no digo «lo más» porque lo que parece «lo más» es la selección de productos y la sensación de pequeñas *boutiques* dentro de la grande, respondiendo a diferentes estilos de cliente. Inditex lleva mucho tiempo haciéndolo con el modo tienda en la experiencia digital. En sus nuevos centros sí que el vaivén de lo físico a lo digital funciona como si lo hubiera creado Jobs, con la posibilidad de comprar físicamente lo que se ha seleccionado en línea, y viceversa, de pagar en línea, de mandar directamente al probador una vez que se ha comprobado que está disponible la talla vía código o directamente al punto de recogida. El *retail* tiene que estar hiperconectado, utilizar reglas de venta copiadas de las redes sociales y ofrecer una experiencia híbrida de compra.

Diego de Vicente, CEO de MODDO, especializada en soluciones tecnológicas para empresas de *retail,* comercio electrónico y centros comerciales, apuesta por «la venta por *streaming,* que ya realizan muchas enseñas, de manera que, a pesar de comprar de forma digital, la experiencia se acerca mucho a la clásica». La sensación es que te está vendiendo alguien con cara y ojos. Esta podría ser una gran apuesta para diseñadores españoles que sirven básicamente bajo demanda. Sería como hacer una presentación de su ropa por Internet con alguna de sus musas mostrándola y ellos mismos explicándola. Solo una idea. Meses después de esta conversación, leí que en Occidente se estaba viendo con cierta sensación de fracaso este tipo de venta que había sido y era la panacea en China, así que hay que ponerlo en el capítulo de «está por ver». Lo que no está por ver sino por llegar por necesidad es la búsqueda de la experiencia emocional con el cliente también en el comercio electrónico. No se pueden suplir la sensación de tocar la prenda o de olerla o las risas con las amigas cuando se va de compras, pero a través del vídeo y de *influencers* es posible despertar las emociones de los compradores.

También apuesta De Vicente por modelos en los que no se pierda la fuerza de los centros comerciales y al mismo tiempo se efectúen ventas digitales. La palabra clave en estos casos es *especialización,* sobre todo cuando hablamos de centros comerciales. Él pone la vista más en *tiktokers* que en *instagramers* para vender a los más jóvenes, usando a los que tienen uno o dos millones de seguidores. Y la creación de contenidos vuelve a ser un *must,* porque cada vez será más complicado vender porque sí; habrá que envolver la venta con un contenido «y de calidad con interactividad». A ello añade el crecimiento de la venta a través de WhatsApp: «No es posible dirigirse al consumidor como antes. A lo mejor al hombre puedes; a la mujer, no, y a los jóvenes, menos aún. Hay que adaptar lo que tienes a las plataformas actuales».

¿Está preparado el sistema? Lo que yo he comprobado es que solo en el caso de los grandes; en el de los diseñadores españoles, lo dudo. Pero lo seguro es la expansión del negocio en línea. Aunque el *boom* producido por la pandemia de 2020 se ha estancado y empresas como Zalando han tenido que realizar ajustes financieros y de personal, Euromonitor International predice que en 2026 la India llegará al 70.9 %, adelantando a Alemania, Reino Unido y Japón hasta colocarse en la tercera posición de la lista de los principales mercados de consumo. China seguirá siendo el primer mercado de moda (439 000 millones de dólares, un 19 % más) y EE. UU. podría alcanzar los 365 000 millones en 2026. Hasta 2026 el comercio electrónico de moda se disparará un 47.8 %, hasta 742 365 millones de dólares. Según los últimos datos de la consultora, el conjunto del sector facturará 1.94 billones de dólares en 2025 y 1.97 millones de dólares al año siguiente, por lo que el comercio electrónico aportaría alrededor de un 37.6 % de la facturación total.

¿Entonces continuaremos comprando en tiendas físicas? Parece que sí, pero no serán solamente lugares de compra, pues cada vez se crearán más tiendas diferentes, más pequeñas, especializadas, para fomentar el comercio de cercanía también en la moda. Vamos hacia la experiencia del taller al armario.

Hay estudiosos que hablan de diferentes tipos de usos de las tiendas. En primer lugar, la que actúa como imagen de marca. Y según lo escribo recuerdo una que ya existía en los Campos Elíseos en París a principios de este siglo cuando yo vivía allí y que aún existe: Atelier Renault. ¿Era un concesionario? Por supuesto que no. Se trataba de un escaparate de la marca donde, si se iba a lanzar el coche eléctrico, ahí estaba; o donde se exhibía el último vehículo ganador o participante en la Fórmula 1. Se vendía su equivalente en juguete. Pero también se veían películas, se compraba ropa de la marca y tenía un restaurante en el que desayunar, comer, merendar o cenar. Las tiendas podrán ser también un centro de información, de contacto, de servicio de recogida o de arreglos. O un lugar que cree comunidad. O, sin más, un espacio de entretenimiento inmersivo en el que disfrutar de desfiles, comprar libros, mantener encuentros, etc. Un ejemplo impresionante fue la *flagship* de Primark en Birmingham, Reino Unido, que es en sí misma un centro comercial, donde además de varios restaurantes hay salón de belleza o peluquería en sus 15 000 m².

Según expuso Elena Carasso, directora de Digital y de Cliente de Mango, en el Fashion Ideas Fórum organizado por *modaes.es,* las tiendas físicas tienen futuro con tecnología «aportando valor, porque para comprar en una pantalla, prefiero hacerlo desde casa. Estamos en un sector muy atomizado y las marcas tenemos que ser relevantes, y para eso debemos captar los valores de nuestros consumidores». En aquella intervención, Carasso también puso de manifiesto la tendencia hacia la fabricación bajo demanda. También se vislumbra la venta a través de citas previas, una manera de individualizar, de diferenciar, también mantras importantes de la nueva era. Y ojo, porque esas citas no tienen por qué producirse solo en las tiendas; pueden —podrán— ser en casa, por Zoom, etc.

Existe otro debate en torno a si es mejor para los creadores y marcas de moda tener su propia página de venta en línea o vender a través de un *marketplace*. Desde mi experiencia, siempre recomiendo comenzar con la creación de su propia tienda en línea, pero no hay por qué negarse a la segunda opción. Depende de la situación económica, pero en España la favorita entre creadores es la segunda. Muchos de los que se enmarcan en la moda de autor se han unido a ES Fascinante, a su web y a su tienda física, de la que hablaré más adelante y que parece ocupar el lugar de multimarca para ellos que tan pocas veces han tenido. «El futuro es más de alianzas. Hoy en día el cliente está cada vez más informado, y hay que estar en los canales en los que él está, yendo a ecosistemas más abiertos. Nuestra plataforma busca eso: dar servicio al cliente», afirmaba el presidente de Tendam. Estará cada vez más empoderado, lo que hará que proliferen plataformas como la aplicación Sourcewhere, creada por Erica Wright, quien trabajó en las relaciones públicas tanto de NET-A-PORTER como de Mytheresa, ideada para que los usuarios puedan pedir un artículo de lujo que están buscando de cualquier temporada y recibir un *match* cuando un *personal shopper* lo encuentra. ¿El negocio? La comisión que paga el vendedor.

Pensar en estas opciones se hace pequeño cuando, abriendo los ojos y la mente, vemos dónde estamos metidos y cuando nos asomamos siquiera un poco por lo que será el metaverso, «un canal de venta más», en palabras de Coro Saldaña, CEO de Sight Group. La conocí cuando ella trabajaba en Accenture y yo en la *fashion week*. Pretendíamos implementar métodos digitales en la pasarela, pero digitales de verdad, de manera que pudiera comprarse al tiempo que se veía un desfile o crear aplicaciones para que los asistentes a él o quienes lo vieran por transmisión en vivo calificaran las prendas presentadas. Eso sí que hubiera significado un cambio, pero no pudimos acometerlo; no estábamos preparados. «Vamos a la tienda conectada *on* y *off*, pero también al canal virtual, y por supuesto tiene que estar preparada la tecnología». Escuchando y charlando con ella, no me cabe duda de que tenemos que dejar de hablar de *e-commerce* para hablar de *c-commerce*, de las tiendas conectadas en y a cualquier canal. Y además entiendo que para el futuro se presentan cuatro grandes desafíos: los dispositivos —y ya he dicho que las gafas de realidad virtual aún no son grandes aliadas—; la conectividad, con una notable mejoría del 5G; la unificación de los metaversos y la estandarización de protocolos, y la buena utilización del dato y de la IA. Esto redundaría en llegar de verdad a la auténtica personalización de la compra en línea o de la compra omnicanal, en la que inevitablemente hay que unir ya el canal virtual. Esa personalización resulta clave y solo se alcanzará con el dato, pero también con la vocación certera de humanizar lo digital. «En la compra en línea nos enfrentamos a la que yo llamo *paradoja de la elección*. Se te hace como bola. En la tienda digital puedes meter todo y a la gente le cuesta trabajo elegir entre tantas referencias, así que o personalizas o corres el riesgo de que el cliente abandone el carrito».

En su opinión, no deberíamos sentir vértigo ante el cambio que significa el metaverso y los NFT porque el «gran salto ya lo dimos en 2000. No nos imaginábamos cómo íbamos a comprar moda sin tocarla, y lo hemos he-cho...». Coro entiende que estamos ante una nueva popularización del lujo. Así las cosas, si hasta ahora las grandes marcas sabían que el acercamiento más popular se producía a través de una barra de labios o de un perfume, tal vez de un accesorio, en el futuro se dará a partir de la adquisición de NFT. «En un entorno virtual se es más atrevido». Y no se refiere solo a los propios clientes, sino a las marcas. Hay que tener en cuenta que al principio las tien-das en línea eran una especie de catálogo, pero ahora están ganando en la experiencia de compra. Están yendo por el camino de las tres dimensiones, de jugar a lo que en su día jugaron las marcas de automóviles que tenían simuladores. Ahora te puedes pasear por un espacio, sea o no una tienda, y comprar lo que te ofrecen.

Cómo serán las tiendas del futuro

Este apartado podría llamarse Dimas Gimeno y me quedaría tan ancha, pero tiene que ir un poco más allá. Reconozco que en 2022 el fenómeno WOW, un modelo de negocio disruptivo que combina presencia en línea con un nuevo concepto de tienda física, impulsado por quien fue presidente de El Corte Inglés entre 2014 y 2018, me impresionó bastante. Aunque ha sufrido y sufre muchas críticas, es muy interesante. Gimeno ha aplicado a WOW —cuya segunda tienda espera abrir en la calle Serrano, en el mismo local que fue Celso García, Mark & Spencer y El Corte Inglés Man— gran parte de las características del comercio electrónico explicadas anteriormente, aunque a su éxito no está contribuyendo precisamente la comunicación, capítulo muy superable. Antes de la inauguración de su tienda física en Madrid, en Gran Vía, n.º 18, con siete plantas y una inversión previa de 10 millones de euros en lo que fue el mítico Hotel Roma y en pleno barullo, contestó a unas preguntas para este libro explicando que su propósito era la creación de *marketplace* y ubicaciones físicas únicas para ofrecer una nueva experiencia de descubrimiento y compra. «Nos asociamos con marcas nativas digitales (DNVB) y otras establecidas para crear experiencias únicas. El comercio conectado supone apostar por los ocho vectores, las ocho *C:* cliente, comunidad, contenidos, curaduría, customización, conveniencia, cultura y circularidad. La digitalización y el auge de las redes sociales han reinventado las comunidades personales y profesionales en línea. En el mundo físico tenemos que evolucionar en la forma en la que construimos, creamos y conectamos con los clientes, las comunidades en las que se integran, los contenidos y la selección que ofrezcamos, en la forma que quiera el cliente y atendiendo a factores que hoy son clave, como la cultura y la circularidad».

Para luchar contra esa idea de que el cliente está un poco cansado de las marcas en general y de su oferta en particular, Gimeno busca «que el *retail* vuelva a ser divertido», precisamente a base de experiencias, pero también escuchando al cliente «mediante el *small data* y el *big data*». Y pone un ejemplo que teóricamente es y será la tónica de actuación de los grandes *players* en este modelo de *c-commerce*: «Un cliente después de buscar en línea en algunas marcas de artículos deportivos y mirar en la plataforma *marketplace* WOW, entra en nuestra tienda física en busca de lo último en *running*. Un empleado del área de ACTIVEWEAR, tras interactuar con él y sabiendo sus preferencias, le recomienda unas zapatillas de una marca determinada. Al finalizar la compra, el empleado le entrega un enlace a una guía completa sobre *running* de la firma que ha adquirido y algunos descuentos personalizados para futuras compras por ser miembro de WOW. Sintiéndose bienvenido por el empleado y con el valor de la experiencia vivida, el cliente sigue entrando en el *marketplace* de WOW y, más adelante, regresa a la tienda para comprar más accesorios de *running,* recomendando a sus amigos que la visiten».

La gran tendencia parece apuntar a que las marcas de lujo abran sus «tiendas» en *marketplaces,* especialmente en Oriente. De hecho, el vicepresidente de Alibaba y director general del espacio de lujo de Tmall Luxury, Mike Hu, aspira a crear espacios prioritarios de marcas de lujo en Tmall con un crecimiento del 100 % y está convencido de lograrlo porque por un lado estamos ante la generación wifi y por otro en la era de los contenidos. Uniendo los dos vectores, trabajando con mayor especialización, usando vídeos cortos, el ya nombrado *livestreaming* le hace creer que serán capaces de atraer a más consumidores para los grandes grupos, como LVMH, Kering y Richemont, y desde la omnicanalidad.

Me pareció esclarecedor el diagnóstico de Gimeno sobre los centros comerciales: «A veces escucho debates sobre si deberían ser más grandes o pequeños o incluir pistas de esquí o parques temáticos o apostar por más restauración, pero se olvidan de lo esencial. El modelo de centro comercial no está acabado si evoluciona como proveedor de servicios a los *retailers,* integrándose digitalmente con ellos en una única plataforma, generando contenidos que atraigan a los clientes para vivir experiencias, programando eventos con marcas de manera que consideren el centro comercial como necesario en su estrategia *phygital*».

Semanas antes de aquellas respuestas, había publicado su libro *Retail Reset,* escrito junto con Luis Arias, *senior advisor* de Kapita y socio-director de Retalent. En él queda clara su previsión de que las tiendas físicas son la clave del futuro: «Creo que el comercio en línea por sí mismo tiene un hueco limitado en el mercado y menos capacidad de crecimiento que en el caso de plataformas *phygitals*. Las tiendas físicas cuentan con más futuro ahora que hace veinte años porque pueden ser plataformas muy efectivas para transmitir experiencias, sensaciones, etc., para captar clientes y vincularlos, como parte de una plataforma *phygital*. Es curioso ver cómo marcas que surgieron como digitales y sin voluntad de abrir tiendas físicas han tenido que hacerlo porque se han dado cuenta de que el coste de adquisición de clientes con marketing digital está por las nubes mientras que los alquileres de locales son más asequibles». En su imaginario el gran almacén del futuro «creará un ecosistema, verdadero lugar de encuentro para las comunidades, y los vendedores se convertirán en interlocutores, gestores de una cartera de clientes, lo que supondrá un esfuerzo de transformación tecnológica para que tengan toda esa información al alcance de su mano». Y si no que se lo digan al francés La Samaritaine, nacido en 1900, cerrado en 2005 debido a su deterioro y reabierto en el verano de 2021 a manos del grupo LVMH, tras una inversión de un billón de dólares, dedicado a la moda, por supuesto, pero también al ocio, a la restauración e incluso con un hotel anejo, obra del interiorista Peter Marino, con SPA Dior incluido. Por cierto, si cruzamos el Atlántico podemos ver otra tendencia que llegará seguro: la de aplicaciones que han surgido en los últimos años, implementadas en grandes almacenes como Nortdrom y Neiman Marcus, que sirven para que los dependientes se relacionen directamente con sus clientes, ofreciéndoles, contándoles sobre nuevas llegadas a tienda, etc., y todo esto tiene mucho que ver también con esa mayor tendencia al teletrabajo que también reclamarán los vendedores. Se abren las apuestas.

He hablado de Gimeno, pero si hay un gurú de las tendencias en moda, es el analista Luca Solca, con quien he tenido el placer de coincidir en un par de ocasiones y que siempre da respuestas certeras. En un artículo publicado en *The Business of Fashion* sobre las tiendas del futuro —y ya del presente—, enumeraba las características que conducen al éxito y ponía como ejemplo la *boutique* Dior de *Avenue Montaigne* ya nombrada. Solca hablaba de tamaño porque los clientes son y serán cada vez más receptivos a los grandes espacios, con gran cantidad de referencias, y también de la personalización de servicios, los espacios y la tecnología y sus usos. Si hay una necesidad es la de generar la sensación de que cada uno de nosotros somos VIC, es decir, *Very Important Client*. ¿Quién dijo *People*? Yo quiero ser distinto, no «gente». Y tanto es así, que otra de las características es la unión con la cultura. Cuando hablamos de generar experiencias se debe pensar obligatoriamente en los clientes de la generación Z, quienes significarán el 40 % de la masa crítica de compradores cuando estemos acercándonos a la mitad del siglo XXI. Asimismo lo he leído de Pinault, el todopoderoso presidente del grupo Kering —según la serie documental *El Reino de los sueños,* tiene una fortuna de 30 000 millones de dólares—: hay que estimular al cliente y crear una relación emocional entre él y las marcas.

Parece que esa provocación de emociones puede lograrse a través de otro cambio del *retail* a favor de las tiendas más pequeñas. Con el consejo y un buen comisariado, o sea, lo que toda la vida se ha entendido como hacer una buena selección de productos y una buena edición en el local. Volvemos a algo fundamental, a darle cada vez más importancia al producto, que con el cliente vuelve a estar en el centro, con un mejor y mayor relato, marcas como objeto de deseo, pero también como referencia de mercado, para vender, pero no menos para entretener, divertir e impresionar, como si de un espectáculo se tratara. Tan importante es, que incluso ya tiene nombre como fenómeno: *merchtainment*.

Recuerdo las semanas temáticas que El Corte Inglés dedicaba a diferentes países, sobre todo siendo consciente de cómo este gran almacén está mudando la piel y amputando algún miembro —por no decir muchos—, especialmente después de 2021 cuando empezó a cerrar los establecimientos menos rentables. Sin prejuicios. No en vano leí en alguna información que más de la mitad de los 21 puntos de venta que el grupo tenía en Andalucía habían registrado pérdidas operativas recurrentes desde 2020, lo que me hizo pensar que, si había un futuro de estos o de otros grandes almacenes, pasaba por reordenar, diversificar, racionalizar o cerrar. Sin piedad. Me pareció muy interesante la nueva estrategia a cuatro años del gran almacén descrita a grandes rasgos por su director de comunicación, José Luis González Besada, quien me dijo una frase que atribuyó a Isidoro Álvarez: «El gran almacén viaja mal», refiriéndose a la dificultad de abrir uno fuera de su territorio de origen. Describió El Corte Inglés como «la casa de las marcas». Ese hogar que factura más de 4000 millones quiere entre sus próximos pasos desarrollar las marcas propias: «Tenemos 34 y unas serán de desarrollo interno, otras *premium* y otras independientes. Estas dos últimas sí pueden internacionalizarse, pero ellas, no el centro que va a crecer en desarrollo web y en su concepto de omnicanalidad. Estamos abandonado el gran almacén que tenía de todo. Para eso ya está Amazon; competir con ellos es imposible por su gran inversión en tecnología». Y hace una gran definición: «Nosotros somos *curators,* seleccionamos marcas».

El cambio en los grandes almacenes repercute en otros fenómenos, como el de las rebajas, que no son ni serán lo que solían ser. De hecho, ahora hay precios reducidos permanentemente, de forma que pocas veces pocas personas compran a precio completo *(full price)*. Escuché hablar a Ignacio Sierra, director general corporativo del grupo Tendam, sobre la importancia del valor añadido y del valor percibido en la prenda rebajada, lo que incide positivamente en un control de los *stocks,* que disminuyen, puesto que se compra más. También explicaba que en su grupo se habían dado cuenta de que el producto sostenible les hacía crecer un 10 % cada año y de que el consumidor lo compraba a precio completo y se acababa antes de rebajas. Eso es realmente valor percibido.

Ahora voy a hablar de algo que, si ya lo conoces, significa que estás viviendo en el futuro: BNPL. Son las siglas de *Buy Now Pay Later,* es decir, «compra ahora, paga más tarde». Estos pagos a plazos serán cada vez más importantes para las compras más grandes y, por tanto, de mayor precio. Empresas especializadas en moda, como Klarna o Clearpay, e incluso Apple, llevan ya un tiempo ofreciendo este servicio en crecimiento. Mientras escribía este libro, fui invitada a moderar una mesa redonda organizada por Klarna, que con su manera divertida de nombrar las cosas llamaba *smooth session.* Se trataba de dar a conocer el lanzamiento y los éxitos de marcas emergentes como PDPAO-LA y Redondo Brand, que trabajan con Klarna, lo que permite a sus clientes fraccionar el pago. En aquella reunión fui consciente de la importancia de una buena experiencia de pago más allá de la de cliente o incluida en ella. Lo curioso es que, según su director general, Daniel Espejo, eso puede hacer que se vuelva o no con mayor asiduidad a la tienda. Gracias a él también y a un estudio realizado por la marca me enteré de que en las compras cada vez se usa menos la tarjeta de crédito debido al empleo de la digital.

Hay que cruzar estos datos con las nuevas tendencias de trabajo en casa, lo que nos une cada vez más al ordenador y nos acerca a estas ventas en vivo y directo y a otro tipo de publicidades. Según un artículo de la ya nombrada Saldaña, «este formato supone una cuota de mercado del 10 % con cuotas de conversión del 65 %». Aunque los datos dicen que es una fórmula que hoy funciona básicamente en el mercado oriental, Saldaña vaticina que nos llegará a todos gracias a Google y a YouTube. Y según el informe de McKinsey & Company de 2021 a tenor de lo ocurrido en China, las compras en vivo y directo podrían significar entre un 10 y un 20 % del negocio de comercio electrónico en 2026, atrayendo no solo a los típicos *millennials* y miembros de la generación Z, sino también a las personas de mediana edad, incluso a *seniors*. De hecho, según se vaticina en el informe *The State of Fashion 2022,* realizado por *The Business of Fashion* y McKinsey, se espera que en 2027, las ventas realizadas a través de las redes sociales en todo el mundo podrían alcanzar los 600 billones de dólares.

El futuro del diseño: escuelas de diseño y diseñadores

———

Nada de lo que estamos hablando puede ser ajeno a quienes crean nuestra moda. Por eso es tan importante asomarse a la mirilla de lo que ocurrirá con los constructores de marcas y los lugares donde se forman. Nada es lo que era, como me decía González Cristóbal: «Se acabó el mundo de certezas». Ella insistía en la necesidad de que artistas y creativos vivan y trabajen en libertad, pero también de conocer la influencia que tiene la IA a la hora de desarrollar el negocio. Las marcas han de ser conscientes de la necesidad de profundizar en la comunicación y, en palabras de la directora de la empresa No Solo Una Idea, Maripi Robles, «en un mar tan profundo y grande es fundamental la comunicación de terceros que hablen de tu marca, y para ello son necesario los medios, incluyendo a *influencers,* porque que otros hablen de ti te da autoridad. Los diseñadores han de entender que su objetivo es crear servicio y producto, con la idea de que mientras duermes estás haciendo dinero».

«La ventaja competitiva de la moda está en el diseño y cada vez esto va a ser más claro», me contó el ya nombrado López Navarrete. «Pero no me refiero solo al diseño del producto, sino también al que tiene que ver con el de la experiencia y la innovación». Evidentemente en ese desarrollo tecnológico incluye la tecnología *big data* para averiguar «quién soy yo y quién es mi cliente». Las dos ciencias grandes aliadas del diseño serán en su opinión la filosofía para entender ese ecosistema y la matemática para hacerlo efectivo.

Trazabilidad por normativa, según López Navarrete, y diversificación, según Pablo Erroz, serán básicas para los creadores. Este último además apuesta por una sola colección al año, «que yo creo que se va a imponer, sobre todo en marcas pequeñas. Si no, se está produciendo en masa, con fecha de caducidad y jugando a esa inmediatez y a ese consumismo excesivo que se está denunciando. Lo ideal es mezclar hombre y mujer y prendas diferentes para invierno y verano que sirven para todos los mercados. Es muy importante el *storytelling* de la marca, pero también el *storydoing*».

Moisés Nieto con su Fashion Maker Space apuesta por la misión de poner la tecnología al alcance de los estudiantes: «Queremos eliminar la barrera entre diseñador e industria, y para ello estamos creando un laboratorio donde tengan la lana y la máquina de tejer». Hablaba desde su puesto de *Proyect Manager Business Alliance* en IED Madrid, y de manera similar se expresaba Berz, quien apostaba por la innovación como protagonista en el modelo de negocio: «Más allá de la que se aplica a ropa técnica, a la deportiva... Y en esa unión entre innovación y moda hoy los diseñadores no están muy formados. Siguen recibiendo una enseñanza tradicional. Además, son procesos caros. Tenemos a muchos diseñadores independientes, *makers,* artesanos, y creo que habría que darles soporte para que se queden pequeños y puedan ser viables. Cada vez hay una mayor conciencia para producir bajo demanda. Es una costura más inteligente. Y eso se puede unir con la tecnología, porque ahora puedes escanear el cuerpo e imprimir en 3D, hoy hay telares digitales... Necesitamos mantener el sueño y al mismo tiempo reformar los currículos de las escuelas de moda».

En un intento de cambio, de gran cambio, a Guillermo García Badell, director del Centro Superior de Diseño de Moda de Madrid de la Universidad Politécnica de Madrid (CSDMM-UPM), se le ocurrió crear un doble grado universitario, Diseño de Moda y Comercio, en colaboración con la Universidad Complutense, a través de la Facultad de Comercio. Esta iniciativa se originó porque las principales empresas que lideran el sector *retail* en España están buscando perfiles técnicos que tengan conocimientos en moda y visión comercial. «Nuestros estudios de moda son muy buenos pero cada vez queremos llegar a perfiles más profesionales, y no somos especialistas». Esa combinación de diseño y negocio es crucial para que los propios diseñadores tengan una visión más global de la industria.

Rafael Pérez Arroyo, director del máster en Dirección de Marketing de Moda y Lujo en ESIC y profesor en la prestigiosa escuela Marangoni, ha sido un gran impulsor del cambio en la formación de la moda en España y ha visto cómo la relativa a diseño ha pasado de ser profesional a títulos superiores hasta llegar a grados universitarios. Me recordó lo relevante que fue la creación de ISEM Business Fashion School por parte de Covadonga O'Shea en 2001 poco después de dejar la dirección de la revista *Telva* en manos de Nieves Fontana. Actualmente es propiedad de la Universidad de Navarra y ofrece másteres oficiales, programas profesionales e internacionales y cursos intensivos. Coincido con Pérez Arroyo cuando dice que llevamos retraso en comparación con otros países, como Italia, donde se enseña moda desde hace 56 años, y también cuando asegura que «ahora hay una oferta más profesionalizada porque empieza a haber doctores y doctoras en moda». Defiende que «el futuro pasa por la especialización y por una formación de los diseñadores orientada a la industria, creativos que sepan de la necesidad de contar con un CEO, concienciados de la importancia de crear equipos y marcas, porque hoy son diseñadores, pero no marcas. Por otro lado, se requiere relación de universidad y escuelas de moda con la industria».

Otro ejemplo interesante es el de la británica Graduate Fashion Week, organizada por la Graduate Fashion Foundation, fundada en 1986 por Jeff Banks, Vanessa Denza y John Walford para unir los centros en los que se estudia moda con las empresas que podrían buscar a profesionales. Te animo a entrar en su web y a descubrir los nombres de muchos jóvenes que podrían ser de interés para las marcas. Como base de datos no está nada mal.

Otro profesional con quien siempre he contado, director para Europa de LCI Education y anterior CEO de IED Spain, Alessandro Manetti, también me insistía en la fortaleza de la especialización: «Cuanto más se especializa una escuela de moda, mejor posicionada puede estar, ser más competitiva y ofrecer una propuesta de valor única. El problema es tener la fuerza y la reputación para hacerlo porque en muchos casos eso significa reducir opciones de mercado y seleccionar talento». Y me aseguraba que en este capítulo la colaboración público-privada sería imprescindible. ¿Sus «recetas» para el futuro? Presencia experiencial, laboratorios que pongan en valor los procesos artesanales y manuales, comprensión de las nuevas dimensiones digitales y tecnológicas («por ejemplo, el fenómeno de los *digital twins,* copias gemelas de piezas únicas o en series limitadas de las grandes marcas del lujo») e integración de gestión y creatividad para preparar a una nueva generación de diseñadores más estratégicos y de gestores más creativos.

Manetti fue la primera persona que me contó que abriría IED en Bilbao. Y ahí está, junto con Madrid y Barcelona, formando a todo tipo de diseñadores. No obstante, el capítulo Bilbao es interesante en la medida en la que desde allí también se realiza el concurso bienal Bilbao International Arts and Fashion (BIAAF), en el que participan jóvenes diseñadores de las mejores escuelas del mundo. Los premios son 10 000 euros para la mejor colección de prendas de vestir, 10 000 para la de accesorios y 5000 para un diseñador local. Siendo esto importante, me pareció mucho más lo que me contó su creadora, Charo Álvarez, junto con otro grupo de mujeres en torno a un café en 2008, sobre la posterior tarea que realiza el laboratorio de emprendimiento, «donde ayudamos a bajar a comercial las colecciones y a los creadores a poner en marcha sus propias *startups.* El laboratorio comenzó hace tres años con cuatro o cinco proyectos que ya están empezando a navegar».

Falta otra pata de la industria, necesaria y que es un drama por escasa: los oficios. Como me decía Valentina Suárez-Zuloaga, de ES Fascinante: «Hay mucha mente creativa, las universidades están llenas, pero no hay patronistas, hay pocos talleres y quienes están dispuestos a trabajar en ellos no son españoles. Tenemos artesanía en España, pero hay que mantenerla». Y modernizarla para hacer de ella algo *cool*. Tenemos cordobanes, bordados de lagartera, un gran trabajo con el yute, como se demuestra cada año en la Feria de Caravaca de la Cruz, la lana de Ezcaraiz, etc., pero de nada sirve si se usa de modo antiguo.

Se precisan marcas industriales capaces de unirse con la moda de autor. Pero también pongo sobre la mesa la idea de alianza entre los diseñadores para trabajar en los mismos espacios, con los mismos patronistas, en los mismos talleres. Es complicado porque existen miedos y celos, pero lo veo muy claro. En cualquier caso, como escribía Lomba en el informe sobre la moda española de 2022, *El diseño español en cifras,* realizado por *modaes.es,* se trata de «regresar al origen, al trabajo más artesano, a las pequeñas producciones, y de apostar por el *made in Spain*». Escuché a Héctor Jareño, creador de la marca Reliquiae, decir en los Fashion Design Shot de *modaes.es* que al Gobierno se le puede pedir que haga cosas que no pasen por las subvenciones directas. Aplaudí sola en mi despacho. Me encantó su idea de valorar el diseño dentro de los concursos públicos. Y también la fuerza con la que negaba que el sector estuviera subvencionado en España. Si se compara con otras industrias culturales, es cierto que no.

Nos pongamos como nos pongamos y hablemos con quienes hablemos, es fundamental que, en escuelas de diseño, en el trabajo de diseñadores o de marcas, se enseñe, busque y consiga exactamente eso: la creación de la marca, que suele faltar en nuestro país. Para ello no hay que ser una gran enseña. De hecho, en España no es posible compararse con otras naciones, pues a finales de 2022 solo tres grandes empresas facturaban más de 1000 millones de euros: Inditex, Mango y Tendam, y no había más de 18 con más de 1000 millones. La marca es todo. Lo saben perfectamente franceses, italianos o estadounidenses. Aquí claro que ha habido marcas de diseñadores, pero se cuentan con los dedos. Hacer marca debería ser objetivo del modelo de negocio; marcas que hagan comprender al consumidor que una cosa es la industria de la confección, esa en la que somos tan potentes, y otra la de la moda, nuestra asignatura pendiente, seguramente porque aún esa cultura nuestra resulta reducida. Si yo pensara en pedir algo importante a ACME, sería que ayudara a sus asociados a crear marca y después una estrategia de comunicación.

En el futuro inmediato se impondrá la reivindicación de una moda *made by Spain,* con personalidad y diseños diferentes, trabajada seguramente en ediciones limitadas. Y también será interesante buscar la diferenciación dentro de los mismos creadores, porque no es comparable la situación de aquellos que desfilan y cuentan con su propio punto de venta que la de quienes carecen de él pero desfilan, o quienes venden en tiendas multimarca (las pocas que quedan) o simplemente lo hacen a través de sus webs, de plataformas multimarca o de las redes sociales. No son lo mismo los llamados *consagrados* que los *nuevos,* la mayoría desarrollando procesos muy cercanos a la sostenibilidad. Hablaba un día con Pilar Dalbat, la diseñadora granadina que desfila en Madrid y que tras sumar puntos de venta por toda España decidió volver a sus cuarteles y vender desde ellos, con poca producción y mucha medida y me decía: «Yo no miro a Ifema. Yo miro a París». Pocos días después se daba a conocer la diseñadora ganadora del premio más importante de la moda española, que otorga la revista *Vogue* y patrocina Inditex, el Vogue Fashion Fund (anteriormente Who's On Next). Paula Cánovas del Vas, una murciana de 31 años que había sido finalista de los prestigiosos premios LVMH ese mismo año, se hacía con los 100 000 euros del galardón. Recordé que esta joven que estudió en Central Saint Martins desfiló en el *show* que organiza la escuela y tuve la ocasión de presenciarlo, y también desfilaba su compañero Ernesto Naranjo, otro de los jóvenes que tiene y tendrá largo recorrido. Cuando supe del premio, busqué sus puntos de venta: tenía ya entonces dieciséis y me satisfizo comprobar que uno era Farfetch.

Todos los modelos son defendibles, todos. El de Cánovas del Vas o el de Naranjo, más a medida y en línea, y a quien escuché en una conferencia que todavía estaba pagando el préstamo que pidió para estudiar en Londres. Cada diseñador tiene su fórmula, pero todos han de mostrar «su alma, definir lo que quieren ser más que lo que quieren parecer o a quién se quieren parecer», me dijo un día la diseñadora Alma Aguilar. Y esa debería ser su búsqueda de futuro; eso y la generación de productos susceptibles de enganchar al consumidor. Pocos han logrado entrar en el terreno de la perfumería, y eso resulta esencial. Lo consiguieron Victorio & Lucchino y Jesús del Pozo —creo que uno de los errores de Perfumes y Diseño, que como ya hemos explicado se quedó con la marca a la muerte del creador, fue no elaborar inmediatamente un perfume Del Pozo para afianzar la nueva historia de la marca—. Tiene perfume de autor Teresa Helbig, pero es poco conocido. Tampoco están especialmente distribuidos el de Devota & Lomba ni los tres de Torretta. Ágatha Ruiz de la Prada y Adolfo Domínguez han contado con mejor distribución, o Schlesser, que en 2022 era prácticamente lo que quedaba de la enseña. En realidad, ninguno resulta de distribución masiva, más allá de lo que fueron los de Victorio & Lucchino. En cuanto a los accesorios, muchos los crean y comercializan, pero sin el éxito de las grandes marcas, salvando lo que ocurre con Adolfo Domínguez y algo menos con Pedro del Hierro o Verino. Y, volviendo a Cánovas del Vas, entre sus *best sellers* se nombran sus bolsos y zapatos. Claro que podría hablar de LOEWE, pero estamos ante una marca de origen español en manos de LVMH. Y, como diría Alejando Sanz, no es lo mismo, es distinto.

El futuro de los creadores españoles

Durante mucho tiempo me obcequé en que contábamos con ejemplos magníficos. Creía que Francia e Italia no tenían nada que envidiarnos en creatividad y podíamos seguir sus huellas. Negativo. En efecto, a creatividad puede que no nos gane nadie, pero a estructura empresarial nos pasan por la izquierda y por la derecha, por encima y bajo el suelo. De Francia, ya ha quedado claro que nos separan la experiencia de siglos y la creencia en la moda; de Italia, una manera comercial de verla que no hemos ni soñado en España y para la que allí se unieron ya en la década de 1960 mientras que aquí estábamos aún en plena dictadura. Así que no, nuestro modelo ha de ser distinto, no réplica del francés o del italiano, pero viable, lo que seguramente pasa por reivindicar fórmulas de encargo en las que las producciones no han lugar y que alejan esa moda de la gran distribución, del *retail,* lo que por otro lado siempre me ha parecido aberrante porque creo que las empresas deben producir. La moda de autor tiene que comunicar mejor para que el consumidor la conozca y compre. Aunque sean pequeños, deben esforzarse por alcanzar mayores y mejores digitalización y desarrollo, sin comparación con las grandes marcas internacionales, que son millonarias, si bien solo cinco venden por encima de 5000 millones: GUCCI, Louis Vuitton, Dior, Chanel y Hermès.

¿Hay o no futuro para los diseñadores independientes? Sí, pero mejor si están arropados. Escribo esto y recuerdo al genio Galliano (nacido Juan Carlos

Antonio Galliano-Guillén en Gibraltar el 28 de noviembre de 1960), quien a punto estuvo de tirar la toalla, y recuerdo también el socorro de su gran patrocinadora, Wintour, quien envió a Talley a buscar ayuda y encontró la de São Schlumberger, quien le dejó una gran mansión en París en 1993. Fue una locura estilística en la que colaboraron gratis modelos como Kate Moss, Linda Evangelista y Naomi Campbell que resultó el pistoletazo de salida de su gran carrera, en la que volvió a intervenir Wintour para que le contratara el grupo LVMH, primero en Givenchy y después en Dior. En cambio, nadie pudo detener su resbaladiza vida, que le llevó a su detención en 2011 y a su expulsión de la gran casa de costura. Y tampoco nadie pudo detener el terror emocional del otro grande, Alexander McQueen, quien tardó lo suyo en hacerse un gran sitio en Givenchy, pero que cuando lo tuvo no paró de dejarnos con la boca abierta.

¿Hay espacio para todos los diseñadores independientes? No, claro. Las alianzas con la industria deberían ser más habituales. Por ejemplo, el modelo de Pedro del Hierro realizado por dos grandes creadores como Nacho Aguayo y Alex Miralles funciona de maravilla. O las marcas CH y Purificación García unidas al grupo gallego Textil Lonia, empresa impulsada por Jesús Domínguez, hermano de Adolfo Domínguez e impulsor también de Bimba y Lola. También me lo decía Pablo Conde, director de Moda, Hábitat e Industrias Culturales del ICEX, quien para el futuro pedía «mayor colaboración e integración entre empresarios y diseñadores con el fin de contar con empresas más potentes generando productos novedosos y creativos. Este binomio es fundamental para incrementar las posibilidades de éxito. En este mismo sentido es necesario que en universidades y másteres de moda y diseño se dé más importancia a la parte empresarial integrando asignaturas de empresa, contabilidad, costes, etc., que capaciten de forma más realista a los diseñadores para emprender un negocio viable».

Me gusta mucho el trabajo unificador entre industria y diseño realizado por Jorge García Magariños, fundador y CEO de The Extreme Collection, creada con su hermano Mariano antes de que acabara el siglo XX y Premio Nacional a la Mejor Industria Textil y de la Confección 2020. Durante años su marca ha realizado diferentes colaboraciones con creadores españoles y en las últimas temporadas colecciones especiales firmadas por la modelo y empresaria Nieves Álvarez. Una de las alianzas más interesantes se realizó con otra de sus marcas, See Iou, de la que tiene varias tiendas en Madrid además de punto de venta en El Corte Inglés, y Juanjo Oliva, una manera de popularizar la moda de creador al producir más de tres mil prendas. Me encanta la definición de García Magariños de la evolución sufrida por la moda, de la que destaca una figura en la década de 1990, Pepe Barroso, con su Don Algodón, con la que creó concepto de marca y franquicia. En realidad, todos los que amamos la moda le estamos agradecidos. «Luego todo cambió. Un día era edén y la moda se comió una manzana y se convirtió en selva. Yo vivía del producto. Ahora tienes que vivir de todo, y por *todo* entiendo desfiles, licencias, etc., porque si no, no sobrevives. Los productores y los diseñadores tienen que saber dar al público lo que quiere y con un buen envoltorio. Hay que entender los dos mundos, el de la creación y el del mercado. Y la realidad es que la industria está alejada del marketing y de un producto que la gente quiere y los diseñadores lo están de ella, aunque algunos saben ser creadores, *influencers* y empresarios. Y esto hay que saber hacerlo teniendo en cuenta que todas las verdades que teníamos tatuadas ya no existen. Se venden camisetas en invierno, punto con pelo en verano y o te vuelves muy listo o estás muerto».

Si García Magariños fuera gallego, gritaría: «¡Bingo!». Lo digo porque otras uniones de industria y de creadores que llevan un tiempo funcionando y que no parecen peligrar poseen raíces gallegas. Por ejemplo, el *prêt-à-porter* de Pertegaz realizado por Jealfer, propiedad de la conservera Jealsa Rianxeira. Los conocí durante la feria MOMAD y su punto no me gustó nada. No lo dije tan duramente, pero lo dije, porque la realidad es que existía la pretensión de que Pertegaz volviera por la puerta grande a la pasarela MBFWMadrid, a lo que me negué, pues mucho más allá de la marca requería un contenido que aún no veía. Lo que sí aconsejé fue contratar a un diseñador fuerte, tipo Jorge Vázquez, sabiendo su procedencia gallega. Meses después, cuando se anunció que sería su director creativo, supe que había dado en la diana. Otro caso gallego es Creaciones Hortensia, que produce las colecciones de *prêt-à-porter* a Lomba con una calidad impresionante. En una de nuestras conversaciones bastante a calzón quitado, Lomba me confesó que su idea era presentar una vez al año en la pasarela, encuadrada en una especie de «concienciación al consumidor final en la responsabilidad de lo que se compra. En nuestra mano tenemos el poder de cambiar el mundo», me dijo. Y no hablo aquí de Verino; ya lo he hecho en otras partes del libro. Su futuro debería ser como en el caso de Adolfo Domínguez, también de los más consolidados, ellos mismos creación e industria. Como Ruiz de la Prada, que es —o ha sido— la reina de las licencias. Pero se trata de un negocio que no se improvisa y que en su caso puede presumir de maduro. De hecho, ya empezó con medias Glory en la década de 1990 y sábanas Burrito Blanco. Entonces también lanzó el primer perfume con Gal, que en la actualidad produce con Puig. Ha realizado vajillas con Bidasoa, azulejos con Pamesa, material de escritorio con Miquel Rius, zapatos infantiles con Garbalin, alfombras, camisería masculina, sillas, gafas, etc., aunque su *best seller* es la colección de moda infantil de El Corte Inglés.

Otro de los grandes, Torretta, me aseguraba que «la verdadera relación entre la industria y el diseñador son las licencias». Me hablaba desde su *showroom,* que es al mismo tiempo tienda y lugar en el que encarga ropa a medida una parte importante de la sociedad española que busca ir impecable especialmente cuando se trata de eventos y que además es bien atendida por quien más sabe de moda en España, su mujer, Carmen Echevarría. Torretta, aparte de contar con tres perfumes, creación y distribución de la empresa Dream Labo, también posee licencias de gafas, zapatos, trajes de primera comunión y *merchandising* de lujo. Se trata de uno de los creadores que producen colección, de venta en algunas buenas multimarca, además de en El Corte Inglés, aparte de trabajar a medida, pero que también tiene desde hace años una segunda línea, RT, sus iniciales. En su haber está el momento de cambio al que está contribuyendo sobremanera su hija María y en el que han entrado por un camino que les conduce a mayor sostenibilidad: «Estamos invirtiendo en digitalización para optimizar tejidos, de manera que haya menos desperdicio. También en formación de gente, porque no hay patronistas, costureras ni modistas». Está convencido de que hay que desglobalizar: «La pandemia nos ha enseñado que los chinos te suben el *container* de 1500 a 15 000; ahora están entre 8000 y 9000». Están ralentizando los procesos, trabajando cada vez más la cercanía. «Tenemos que profesionalizarnos. Nosotros hacíamos todo y hemos externalizado».

España desde mi punto de vista requiere un plan. Y luego, si se da el caso, improvisar, pero con una buena planificación. Precisa más industriales como García Magariños, más ideas, atrevimiento y riesgo. Carlo Capasa, presidente de la Camera Nazionale de la Moda de Italia, dijo en una visita a nuestro país en julio de 2022 que necesitábamos «un nuevo pacto de país y encontrar a un visionario». Yo me he hartado de decir que precisamos un Spanish Fashion Council; lo he tenido siempre claro. Es fundamental hallar una manera de unir fuerzas; ACME no basta. Se requiere un organismo a la manera internacional, un consejo de moda que agrupe al sector, un organismo del que incluso dependan las pasarelas y en el que estén representados desde el archiconocido grupo gallego —mejor dicho, los grupos pujantes gallegos o diseñadores clásicos— hasta la moda de autor. Eso significa un cambio de mentalidad y acción en la defensa de nuestra moda, equivale a contar con un organismo transversal que no dependa como hasta ahora de Madrid o de Barcelona, más estatal que local, con voces de los Ministerios de Cultura, de Industria, de Economía y, desde luego, de Exteriores.

Esto, que siempre lo he tenido muy claro y lo he dicho por tierra, mar y aire, lo vi meridiano cuando participé en la cumbre de la European Fashion Alliance, celebrada en la isla de Gran Canaria, auspiciada por el Cabildo de Gran Canaria y en especial por la consejera de Industria y Comercio, Minerva Alonso, quien lleva años trabajando con gran esfuerzo por relanzar su proyecto de Gran Canaria Moda Cálida junto a su directora, Araceli Díaz Santana. En octubre de 2022, coincidiendo con los desfiles de Gran Canaria Swim Week by Moda Cálida, se reunieron en la isla diversos representantes de las cámaras de moda más potentes del mundo, con la colaboración del Fashion Council Germany. En el encuentro participaron cincuenta especialistas del sector para entender su futuro especialmente desde el punto de vista de sostenibilidad, innovación, formación e incidencia política. Que yo estuviera invitada fue para mí todo un hito que agradeceré siempre, pues allí vi aún más clara la necesidad de un consejo de moda porque prácticamente todos los países que acudieron lo tenían.

España cuenta con los mimbres adecuados para triunfar. Tenemos que creérnoslo, creernos fuertes y valientes, para actuar como tales, trabajando la diferenciación, la unicidad. Y es ahí donde el diseño de autor tiene su fuerza. Necesitamos venderlo. Mucho se ha especulado con las mal llamadas *impresoras 3D* y su capacidad para crear prendas y tejidos, de igual manera que se consiguen ladrillos o paredes. Hasta que llegó un español con un espray y la lio. En el desfile de la marca Coperni en la semana de la moda de París en octubre de 2022, Manel Torres, fundador de la empresa Fabrican Límited, demostró que podía moldearse un vestido sobre el cuerpo directamente rociando fibras de algodón con un aerosol. Ese sí es un cambio real cuyo recorrido habrá que seguir. Pero no iba por ahí el tema, sino por la necesidad de contar al mundo quién estaba detrás de aquel vestido. Y no se hizo. O no se hizo bien. Pocos se enteraron de aquella raíz patria.

Siempre me ha interesado la mirada inteligente de Agueda Amiano, directora del Área de moda de la empresa de comunicación Pelonio, quien trabaja codo a codo y a diario con los jóvenes diseñadores; incluso realizaba la primera selección de los que participarían en los desfiles del certamen EGO, al menos en mi etapa de directora de la pasarela. Me pareció tremendo escucharle que «en los últimos diez años se repiten patrones en un contexto que ha cambiado. Siguen sin dinero. EGO fue lanzadera, ha identificado talento y creo que desde el lado de las marcas y de la industria hay un interés mayor por los jóvenes diseñadores. Pero en este país no hay una esperanza para ellos. No existen esas marcas de las que podrían ser directores creativos... Piensan en irse a París. Es una pena que el grupo Puig no busque en España. No están ni opcionados. Viven como en una ensoñación porque la prensa habla de ellos, ganan premios... y están frustrados porque ven que nada de eso les sirve y de repente en cinco minutos un tal JACQUEMUS tiene un imperio... Y se preguntan si es que están en el lugar equivocado... Nos hemos acostumbrado a pagar 15 euros por una camisa... y no lo vale. Los medios de comunicación no dicen ni mu. ¿Cómo es posible que estas cosas no se cuenten... que la gente se crea que una falda cuesta 60 euros?, ¿cómo va a competir cualquier consagrado con esos precios y con esa calidad?».

La artesanía como salida necesaria

———

Me gusta hablar de la estética y pensar en futuro y en la capacidad de todo buen diseñador de saber, querer o poder ser vanguardia. Y no me refiero a los NFT ni a la estética del videojuego; tampoco al chándal *cool* ni a trajes de inspiración militar como escenificación de la pacificación, a los acolchados para ir de fiesta o a las babuchas forradas de piel. No me refiero tampoco a lo que llamo *perversión de la estética* de unos Crocs, aunque sean de Balenciaga y compañía. Y digo «compañía» porque no es el único que ha convertido el feísmo en éxito popular. Hablo de estética y de algo que hace tiempo yo entendía como lo entienden aún muchos, como un jarrón o una vasija, y que han dejado de pertenecer (solo) al universo del *kitsch*. Me refiero a la artesanía, y lo hago con la conciencia clara de que es una de las grandes salidas y aliadas. Desde luego, pero no solo, en España. Me interesó la visión de Juan Carlos Santos, sociólogo experto en artesanía y lujo, quien en el prólogo del libro *Pilares del lujo latinoamericano,* de Lina Bustillo, dice que «la artesanía siempre resurge en los períodos de cambio social, como ya ocurrió al final del siglo XIX con el movimiento Arts & Craft y en la década de 1960 con la contracultura [...]. El nuevo lujo asociado a la artesanía contemporánea se configura como un laboratorio para la exploración de nuevos imaginarios».

Cito aquí a Moisés Nieto —a tenor de las veces nombrado, puedes imaginarse cuánto y cómo lo valoro— cuando asegura que «la moda española solo puede sobrevivir si los diseñadores nos unimos a la artesanía. Es la única forma de que tenga una proyección internacional. Hay mucha gente joven que quiere recuperarla, que está investigando en nuevas lanas, por ejemplo, más allá de la merina, transformando técnicas, innovando». La ya citada González-Cristóbal insistía en la necesidad de reforzar el apoyo a la artesanía y a los oficios clave para la producción de nuestra moda, entre otras cosas, a través del desarrollo y mejora de la formación profesional. Y no solo en España. Leí en *modaes.es* que el grupo LVMH tiene miles de vacantes relacionadas con la artesanía. Y según datos recogidos por Women's Wear Daily (WWD), el 65 % de los puestos de trabajo en la industria del lujo a escala global se encontraban vacantes en 2021.

La seriedad del asunto es tal, que las grandes enseñas han optado por crear sus propios programas educativos. Así, en 2014 LVMH puso en marcha el Institut des Métiers d'Excellence para asegurarse su aprovisionamiento y preservar el oficio de artesano, por ejemplo, comprando curtidurías, como la española Riba-Guixà. Hermès lleva desde 2010 creando talleres en Francia y formando a profesionales en el oficio del cuero, y para 2026 tendrá dos talleres más en el país que darán trabajo a quinientas personas. Chanel ha ido adquiriendo y aliándose con empresas especializadas en artesanías al tiempo que creaba y realizaba sus ya míticos desfiles Metiers d'Art. GUCCI abrió en 2018 una escuela de pomposo nombre, École de l'Amour, para formar a jóvenes en los trabajos artesanos de calzado y piel, al margen de que también posee la Accademia ArtLab e Fabbriche. En palabras de Marco Bizzarri, presidente y director general, fue creada para que «a la gente le encante trabajar, con valores especiales para difundir la felicidad». Lógico: el lujo no puede recurrir, por ejemplo, a China. En España la fundación de la Academia de la Moda quiere crear un aula de formación en oficios de la moda: «Es una necesidad y es un proyecto en el que llevamos trabajando desde 2015 para formar en la excelencia en el textil, aunque no consigamos una enseñanza reglada, sino que sea una formación vicaria, es decir, aquella que se aprende viendo cómo se trabaja», explica Pepa Bueno.

En España podemos presumir de Ubrique. Y lo hacemos poco, cuando es tan destacable que las grandes marcas internacionales fabriquen en este pueblo gaditano. Leí unas declaraciones de la alcaldesa a *modaes.es* en las que ponía de manifiesto la necesidad de crear una marca propia y conseguir más mano de obra, lo que podría lograrse con «el módulo de formación profesional en formación dual, que cuenta tanto con enseñanza teórica como práctica, especializado en la piel de Ubrique. Lo que tenemos claro es que el cuero ha sido el pasado y presente de este municipio y también será el futuro», aunque también están trabajando con las llamadas *pieles veganas*. Uno de los grandes logros será conseguir la Indicación Geográfica Protegida (IGP) de la UE. Pero más allá de esta localidad, el sector es relevante, si bien entre 2015 y 2019 dejó de producir en torno a 300 millones de euros, con una caída del 4.7 % de su volumen total. El informe realizado por KPMG y Círculo Fortuny *La artesanía en España, seña de identidad de la alta gama,* publicado en 2022, lo constata: aporta directamente a la economía del Estado 6000 millones de euros anuales, agrupa a 64 000 empresas y da trabajo directo aproximadamente a 213.000 personas. Al Círculo Fortuny hay que agradecerle su creación de los Premios Maestros Artesanos: Joven Promesa, Mejor Trayectoria Profesional y Mejor Artesano de Vanguardia, cada uno dotado con una beca de 3000 euros y mentorización y formación a la carta durante seis meses.

Necesitamos retomar el orgullo del buen hacer. Estamos en el camino. No es una casualidad que las mantas de Ezcaray sean un *must* ni que LOEWE instituyera en 2016 el premio LOEWE Craft Price. Y seguramente no lo es tampoco que eso ocurriera con la dirección artística de Jonathan W. Anderson, quien, como su propio nombre indica, no tiene ni 1 mL de sangre española ni trabaja en España (algunos bolsos de la marca se fabrican en Getafe). La artesanía es el nuevo lujo, en el que nuestro país tiene mucho argumento y sobre el que tendríamos mucho que contar al mundo y muchas posibilidades de crecimiento. Hablar de artesanía de moda es hacerlo también de alta costura, que no existiría sin el trabajo de los oficios. Hay muchos casos, como el de Teresa Helbig y el de Guillermo Román y Maite Bustamante. Estos dos últimos crearon la marca Candelas y Felipa, con producción local, en este caso en Castilla-La Mancha, procurando mantener más vivas algunas zonas de España bastante aletargadas. Tuvieron claro que querían «recuperar el legado» de la tradición de su tierra y de su familia. «Podemos exportar arte y cultura», me decía en una conversación Leandro Cano, quien lleva desde 2011 trabajando precisamente artesanalmente todas sus colecciones.

Es muy interesante lo que está ocurriendo con diseñadores españoles muy unidos a sus raíces. Es el caso de Cano, pero también de Palomo Spain, quien sigue trabajando desde sus talleres de Posadas, su pueblo cordobés. Otro ejemplo muy interesante emergido en los últimos años es el del mallorquín Sebastian Pons. Su nombre no es especialmente popular fuera del universo *fashion,* aunque si digo que fue mano derecha de Alexander McQueen igual volvemos la cabeza y decimos: «Ay, qué bueno». Este hombre todavía muy joven llegó con una beca a la meca de la enseñanza de la moda, St. Martins, en Londres, y desde ahí pasó a McQueen. En 2019 decidió que su pueblo S'Alqueria Blanca, en la zona oriental de la isla balear de Mallorca, tenía que ser su centro e inspiración, y dicho y hecho. La casa familiar del siglo XVII es testigo de cómo realizar moda del siglo XXI con algunos parámetros del pasado, como encajes o telas típicas, sin caer en el tipismo. Su lenguaje es absolutamente sostenible, en la medida en la que lo son sus tejidos, muchos reciclados y algunos que nunca habían encontrado destino final.

Ya en la península son muy potentes proyectos como la plataforma La Hacería, creada por Moisés Nieto, o la Tecnocreativa. La primera aspira a ser el Google de la artesanía, donde el diseñador ha reunido a diferentes artesanos del país para que no se pierda la memoria, pero igualmente para que resulte fácil que los creadores se pongan en contacto con ellos. En cuanto a la Tecnocreativa, como me contó orgullosa su presidenta y socia fundadora, Rocío Ortiz de Bethencourt (quien también fue socia fundadora de ISEM en 1999), «nació con una vocación digital, con la misión de dar rigor académico a la formación de los oficios tradicionales que además se estaban perdiendo por la deslocalización». Para patronistas y cortadores digitales y virtuales también han creado formación. «Los diseñadores industriales siempre han trabajado en dos o tres dimensiones porque los objetos no se mueven, pero la ropa sí. Los coreanos, que siempre van diez años por delante, ya tenían creado *software* específico para diseñar en una pantalla y resolver este problema, CLO 3D y Marvellous Design. La central del primero está en Múnich, Alemania, y nosotros mandamos allí a nuestros profesores a formarse, de manera que nos hemos convertido en la primera escuela española en formar en patronaje digital y virtual».

Frente a la elaboración convencional de patrones y sus correspondientes prototipos, cuenta Ortiz de Bethencourt que con este programa el diseñador gana en «libertad de creación y rapidez, el proceso es más sostenible porque no se usa tejido y es barato y rápido ya que son capaces de planchar las arrugas en la pantalla, pero también de ver cómo queda ese patrón proyectado en diferentes tejidos. Lo están incorporando firmas pequeñas y medianas. Vienen los diseñadores y patronistas tradicionales que quieren ponerse al día y jóvenes que han aprendido a patronear en 3D y se dan cuenta de que les falta la base tradicional. Esa simbiosis en la misma empresa, en el mismo equipo, es una gran riqueza porque hay transferencia de conocimiento automática». Junto a estos programas tan del siglo XXI, Ortiz de Bethencourt se enorgullece de contar con uno de alta costura que imparte Isabel Basaldúa, socia de la escuela, como también Alonso Becerril Oriol e Íñigo Becerril Oriol.

«Mi caballo ganador era y es la artesanía —me dijo el diseñador jienense Leandro Cano—, pero lo hice desde el principio». Me hizo recordar los trabajos divinos de unas monjas en Toledo para la diseñadora María Ke Fisherman. La artesanía forma parte de lo nuestro, y así se vive y ha vivido. Incluso hay que pensar que algunos proyectos podrían ser definitorios en el desarrollo de lugares más desfavorecidos o despoblados. De hecho, existen iniciativas como una de la Red Española de Desarrollo Rural (ReDR) impulsada por el Ministerio de Industria para potenciar el trabajo de alfareros, sombrereras, curtidores, bordadoras y otros artesanos. Comenzaron en 2022 por Extremadura, para continuar por otros lugares que adquirirán valor, se darán a conocer y serán atractivos para el turismo. La artesanía está en los detalles y permite pasar al lujo, que, como me explicaba el ya citado López Navarrete, es también un tema de materiales: «Hacer una porcelana le cuesta lo mismo a Hermès o a Zara. Te cuesta lo mismo hacer una corbata de Brioni que de Soloio».

La tecnología, motor también de la sostenibilidad

Es probable que algunas firmas sigan haciendo caso omiso a términos como *IA, blockchain, códigos QR, metaverso, NFT* u *omnicanalidad* en pleno siglo XXI. De hecho, estoy segura de ello. Lo sé porque ya sucedió en los primeros años de las redes sociales, cuando algunos se preguntaban si valía la pena subirse al carro. Sin embargo, los que descubrieron su potencial y sus capacidades de venta se sumaron a la tendencia. Esos términos son ahora aliados cruciales y es importante que las empresas no se queden atrás de nuevo.

Como señalé en el título de este apartado, la tecnología es y debe ser un gran motor de sostenibilidad. Por ejemplo, la impresión 3D no solo permite la personalización, sino también el uso eficiente del tejido, evitando el desperdicio del 20 % que suele perderse en el proceso de corte. El comisario jefe del Costume Institut del Metropolitan Museum of Art, Andrew Bolton, declaró que será «tan radical como lo fue la máquina de coser en términos de democratización».

Yo conocía a las diseñadoras españolas de ZER que desfilaron en la pasarela Samsung EGO en 2018 y que llevan años creando a través de archivos informáticos. Y luego están las consagradas, como Iris van Herpen, quien utiliza este tipo de impresión para sus diseños desde 2009 y ha manifestado que con ella consigue cualquier textura de cualquier complejidad y en cualquier forma. Asimismo asegura que se puede imprimir en 4D en una superficie plana y, una vez que se calienta o humedece, lograr que adquiera la forma deseada. Máquinas para generar un tejido tridimensional son las que utilizan en Sepiia, que presumen de ahorro energético. Según su página web, podrían llenar dos mil piscinas olímpicas de agua y dar treinta vueltas al mundo en coche con el CO_2 ahorrado desde 2017. Con su modelo de producción, sus camisas y camisetas ahorran un 98 % de agua y un 51 % de CO_2 respecto a cualquiera de algodón convencional. Por supuesto, su tejido es reciclado y reciclable.

Los diseñadores españoles deberían explorar más y mejor las posibilidades de las redes sociales y de la relación directa con el consumidor para trabajar la venta. No todo en las redes sociales es el paraíso digital ni es gratis; para hacerlo bien, hay que recurrir a especialistas y realizar inversiones, pero nada que ver con las terrenales. Aquí no hay paraíso más que en las Seychelles, pero hay billetes a otros. Gracias a las plataformas digitales y a la IA, resulta mucho más sencillo, por ejemplo, gestionar *stocks*. Y esto no solo afectará a las tiendas digitales, sino que marcará el futuro, ya presente en muchos casos, de las *brick & mort,* tal y como están demostrando algunas firmas. Por ejemplo, ha sido un éxito sonado la nueva macrotienda de Nike en Seúl, Corea del Sur, un espacio de 12 000 m² en el que pareces estar viviendo en un mundo supersónico. Al fin y al cabo, es lo que nos habían prometido para 2000... Llevamos un poquito de retraso.

En ese camino que conduce a las alianzas entre la tecnología y la sostenibilidad se encuentran los materiales y su consecución. Disfruté en el Basque BioDesign Center, en Gueñes, Bilbao, descubriendo sus experimentos para crear cuero vegano a partir de kombucha, o el procedente del kaki, así como tejidos a base de raíces, y sobre todo aprendiendo, pues es de los pocos lugares en el mundo en los que se puede estudiar un posgrado de biodiseño. Soy fan de ECOALF, que, según su directora creativa, Julie Shön, «gracias a la tecnología se puede transformar esas botellas de plástico del fondo del mar en hilo de alta calidad para nuestra línea de accesorios y abrigos. Cada calidad está escogida bajo la rigurosa supervisión del equipo especializado en innovación y tejidos». De hecho, en la primera *Memoria de sostenibilidad* de la compañía en la que se esbozaba el futuro a 2027, su directora de Innovación y Sostenibilidad, Carolina Blázquez, dejaba claro que para llevar adelante los planes de llegar a la circularidad desde el diseño del producto y cumplir con el *net zero* se requiere la integración de un «gran desarrollo de digitalización».

Me sorprendió gratamente el anuncio del grupo Inditex sobre su nuevo detergente generado con BASF, que reduce hasta en un 80 % la liberación de microfibras de la ropa y permite el uso de agua más fría, con lo que se producen «ahorros de energía, y lo más importante es que el acuerdo entre BASF e Inditex va a permitir que esta fórmula sea utilizada por otros fabricantes».

Además de estas ventajas de la aplicación de la IA y los datos a la moda, será fundamental utilizarla para calcular adecuadamente la producción. Si se maneja un dato realista de cuántas unidades es posible vender, la marca producirá lo adecuado y no lo soñado, evitando que se desperdicien recursos y generen residuos. Esto resulta especialmente importante teniendo en cuenta las nuevas regulaciones. Y no solo eso; los programas actuales de patronaje y diseño permiten evitar la creación física del patrón, la producción de la prenda en otro país y la necesidad de repetirla, lo que reduce el impacto ambiental y optimiza la eficiencia en el proceso de producción.

Si una empresa ha dado ejemplo de la aplicación de esta simbiosis «tecnososte» es Jeanología, ya nombrada. Vuelvo a ella porque su impulso es tal, que, con oficinas en Brasil, EE. UU., Hong Kong, Italia, Turquía, México y Bangladés (datos de finales de 2022), leí en un reportaje el 9 de noviembre de ese año en *modaes.es* que abrían un centro de desarrollo en Miami, pero también que un 10 % de su producción se destinaba a I + D. ¿Sus planes de futuro? Las *urban factories* en EE. UU. y Europa para devolver el 10 % de la producción mundial del textil a cercanía, concepto básico de la sostenibilidad y adaptado a sus tecnologías destinadas a eliminar la piedra pómez de la producción de tejido vaquero y el 80 % del agua.

El futuro de las pasarelas

En 2010, cuando dirigía la revista *Yo Dona,* en la segunda edición de los Encuentros con la moda internacional apunté una frase que pronunció Ignacio Sierra, director general corporativo de Tendam, entonces Cortefiel. Me pareció tan acertada, que la escribí, guardé, de vez en cuando recuerdo y muchas veces gloso: «La poesía de la creación es imposible sin la fórmula matemática de la ejecución». Lo pienso cada vez que he reflexionado sobre la necesidad y/o posibilidad de que las pasarelas sigan vivas, porque es la fórmula, no sé si matemática, de la ejecución, y especialmente de la exhibición.

Sin embargo, con la crisis sanitaria algunos diseñadores y marcas no solo dejaron de desfilar (los grandes ya lo habían hecho entre febrero y marzo de 2020) en julio y dejaron a un lado sus diversas pasarelas (alta costura y hombre), sino que prolongaron su ausencia en septiembre y octubre y algunos en 2021. Entonces el sistema se tambaleó y la pregunta fue unánime: ¿se acabarán los desfiles presenciales? El auge de los virtuales, algunos pregrabados y emitidos con transmisión en vivo desde una pasarela sin espectadores y otros en forma de *fashion films,* llevó a acuñar la expresión *phygital*. En un principio parecía que la respuesta era sí o posiblemente, pero más adelante se hizo evidente que los desfiles presenciales no desaparecerían. Aunque cada vez serán más digitales, continuarán siendo necesarios para las ciudades de la moda, que se benefician económicamente del flujo que generan en cuanto a compradores, comunicadores, taxis, coches de alquiler, hoteles, restaurantes e impuestos.

De hecho, la Federación de la Alta Costura y de la Moda de París estima en 250 millones de euros el impacto mediático de las semanas de la moda de hombre, mujer y alta costura. Nadie quiere tirar a la basura ese pastel, por mucha azúcar que lleve; demasiado negocio para cargárselo de un plumazo. Y todo vale: desde desfiles con venta de entradas, más populares, a esos otros más reducidos, más de venta para compradores y *comunicadores* (utilizo esta palabra intencionalmente para englobar la prensa convencional, que cada vez lo es menos, por supuesto la digital, las redes sociales y a los *influencers*), pasando por otros más pragmáticos, que, sin llegar a la feria, se acercan, en la medida en la que el objetivo es la venta y menos el marketing. Como sea, los desfiles continúan con esa su preponderancia que requiere la luz, la música, la belleza de las modelos, ese ambiente de espectáculo mágico, cada vez con más recursos digitales. Progresivamente irá a más la inmersión en realidad virtual y aumentada que ponga al servicio de muchos más consumidores la visión magnificente de este universo. Me recordaba Pepa Bueno que en el encuentro de la European Fashion Alliance los llamados *big four,* es decir, el presidente de la CFDA, Steve Kolb, la presidenta del British Fashion Council, Caroline Rush, el presidente de la Fédération de la Haute Couture et de la Mode, Morand, y el presidente de la Camera Nazionale de la Moda, Carlo Capasa, quienes controlan las pasarelas de Nueva York, Londres, París y Milán, defendían que no asistiríamos al «fin de las pasarelas, sino que habrá formatos mixtos, con creadores que en una edición se decanten por lo virtual, pero que vuelvan a la siguiente de manera presencial o que combinen ambas fórmulas. Y yo no vaticino que sea un modelo de enseñar la moda que se vaya a acabar muy rápido. Aunque ya ha cambiado, porque no pasa nada si no se desfila, o si se hace una vez al año, si te sales del calendario oficial, si desfilas en mitad de la calle o en lo alto del monte y luego lo retransmites... Pero lo que está claro es que se sigue necesitando ver de cerca el producto, la emoción de un desfile, su teatralidad».

Y cada vez se muestra ropa mucho más atemporal, signo de los tiempos en los que nos trasladamos, viajamos y pasamos del frío al calor; del cambio climático; de un momento en el que cada vez más diseñadores, algunos contándolo, otros sin comunicarlo, venden más rápidamente lo que han presentado, y de un cambio en el modelo de comunicación en el que no hay que esperar a que las publicaciones de moda cuenten las tendencias seis meses después del

Copenhagen Fashion Week (CPHFW), 2023.

desfile porque los compradores, los públicos más variados, están transmitiéndolo a través de las redes.

Cuando vi en Instagram el anuncio de que Saint Laurent no desfilaría en 2020, con una declaración de principios que era de independencia sobre los momentos, modos y maneras en los que volverían, se me rompió el corazón. Se me volvió a unir y a su director creativo Anthony Vaccarello se le rompió el amor de tanto usarlo... o eso proclamaba la voz de la cantante española Rocío Jurado mientras las modelos salían a la pasarela en septiembre de 2021 mostrando las tendencias de primavera-verano de 2022.

Ni que decir tiene que así han seguido: desfilando. La pasarela es un producto del siglo pasado y tendrá que transformarse en los próximos años. Creo que lo hará, y mucho, por la especialización. Ahí está el ejemplo de la Copenhagen Fashion Week (CPHFW), que me parece clarísimo: apostó por la sostenibilidad y da igual que una de sus ediciones se celebre en agosto. Recuerdo que en la cumbre de la European Fashion Alliance su estrella fue su CEO, Cecilie Thorsmark, a la que todos miraban, y no solamente por su belleza y simpatía; me sorprendieron la capacidad de esta pasarela y sus condiciones de sostenibilidad para participar en ella y cómo se producían alianzas con otras como posibles seguidoras de esa misma filosofía. De hecho, Thorsmark me explicó en conversaciones que fueron publicadas en el diario *El Español* que ya tenían «como socios confirmados a Copenhagen International Fashion Fair (CIFF), Norwegain Fashion Hub, el evento de moda noruego Oslo Runway y el Consejo de la Moda Islandés. En todos se implementarán los requisitos de sostenibilidad que en la edición de enero de 2023 ya aplicaron como imprescindibles para participar. No nombró Estocolmo, pero también en su desarrollo se está trabajando por tomar la senda sostenible, como incubadora para talentos emergentes. Y es loable que la pasarela canaria de baño, la Gran Canaria Swim Week, haya llegado a un acuerdo de colaboración con Dinamarca. Habrá que seguir su evolución para comprobar si más allá de que desfilen marcas canarias en CPHFW asumen algún criterio de sostenibilidad similar.

¿Qué ocurrirá con el resto, especialmente con las más consolidadas? A París le interesa continuar con un marketing que provoque la venta de productos de belleza o accesorios de las grandes marcas internacionales; en el caso de Milán, algo parecido, pero también como centro de firmas más comerciales; en el de Nueva York, se unirá cada vez más lo comercial con una moda más joven; Londres a finales de 2022 también exhibió un incipiente cambio de rumbo hacia la sostenibilidad, que igualmente ha esbozado París, que desde 2020 proporciona a sus visitantes autobuses eléctricos, o que en 2019 estableció un *venue* en el Palacio de Tokio para que, al compartirlo diversos diseñadores, se minimizaran el gasto y la huella de carbono de ir de un lugar a otro montando, desmontando, transportando, etc. Al mismo tiempo, la Fédération de la Haute Couture et de la Mode ha puesto una herramienta a disposición de las marcas para medir el impacto medioambiental, social y económico de desfiles y ferias de moda con 120 indicadores que van desde los montajes y transportes hasta lugares en los que se muestran los desfiles, la energía gastada, a los invitados, etc. El grupo LVMH lleva tiempo midiendo el impacto de sus pasarelas y reciclando los materiales usados para ellas. Kering a través de La Réserve des Arts ofrece materiales usados en sus desfiles a artistas a precios económicos. Y todas sus marcas deben suscribir la guía *Green Fashion* para sus desfiles, donde se incluyen gobierno corporativo, exigencias a los proveedores, uso de la energía, desechos o eliminación de plásticos de un solo uso.

El cambio de paradigma en la moda española

Que Madrid vendiera entradas para su cibelespacio y sus desfiles en la edición de febrero de 2023 fue juzgado como excéntrico por unos, poco profesional por otros y democrático por una mayoría. Tal vez esté abriendo un camino de negocio sin más. Desde ese punto de vista fue un éxito, completamente fuera de lugar con la mirada de pasarela típica, más cercano al modelo ferial que al glamur de un desfile. Un mes más tarde, Adolfo Domínguez realizaba en Madrid un desfile inmersivo los días 10, 11 y 12 de marzo con venta de entradas a 10 euros.

La pasarela española siempre ha sido especial, y no precisamente como el último bastión de Occidente, entre otras cosas porque ha tenido uno u otro tipo de subvención. En 1992, entrevistada por *El País,* Cuca Solana respondía con un sí rotundo a la pregunta de si seguiría subvencionando Cibeles (aún se llamaba así) el dinero público. «En esa época no pertenecía a IFEMA, la Comunidad de Madrid contribuía con 100 millones de pesetas con apoyo del Gobierno». En efecto, desde 1996 es IFEMA la encargada de administrar y organizar la pasarela, y en cierta medida su financiadora. Sus instalaciones se prestan a los diseñadores, quienes pagan una cuota que ha variado hasta llegar a 7000 euros.

Por ese dinero acceden a espacios, 18 modelos, maquillaje y peluquería, dirección de desfiles, iluminación, sonido y la maquinaria de comunicación que la institución pone a su servicio. Esta intenta compensar por la vía de los patrocinios el dinero que destina a la celebración de los desfiles. Cuenta con tres patrocinadores principales: Mercedes-Benz, que le da el *naming;* L'Oréal París y el grupo Inditex, aparte de otros colaboradores que contribuyen cada temporada a cuadrar las cuentas, si bien es como allí se conoce una *unidad de gasto,* en lugar de serlo de ingreso, y nunca ha alcanzado el punto de equilibrio. Sé de lo que hablo. Los diseñadores han ido obteniendo cantidades que les han facilitado el pago de su participación en la pasarela. En unas ocasiones ha sido la comunidad autónoma madrileña la que ha repartido el dinero, no directamente a ellos, sino a través de ACME; en otras, L'Oréal ha contribuido al pago de la inscripción. En los últimos años el propio Ayuntamiento de Madrid destinó una partida de un millón de euros para 2021 y 2022 para los creadores que participaran en MBFWM o en Madrid es Moda. Es decir, que, cuando se afirma que los diseñadores españoles están subvencionados, se está cometiendo un error semántico. Desde algunos ámbitos institucionales y comerciales se les apoya, como a otras industrias. Y hay que tener en cuenta que la moda lo es tanto a nivel cultural como económico. Pero, por ejemplo, un desfile en Nueva York no cuesta menos de 100 000 euros. Si eso tuvieran que pagarlo los nuestros, subsistirían pocos.

Si quiero proyectar lo que ocurrirá con la moda española a través de sus dos principales pasarelas, tengo que remitirme a lo vivido en la dirección de MBFWMadrid y lo que he sabido de 080 Barcelona Fashion. En ambos casos, IFEMA y la Generalitat son motores y maquinaria imbatibles, con equipos fundamentales con gran historial y especialización técnica y artística que preparan el evento seis meses antes. Entonces se empieza hablar con los responsables de la dirección artística y de los diseñadores y se realizan las primeras reuniones con el comité de moda para tomar decisiones que implican mejoras o cambios. También se llevan a cabo las primeras conversaciones con el departamento de patrocinios y con los creadores y las marcas para conocer quiénes están dispuestos a continuar, quiénes no y si en desfiles *on* u *off.* Ahí sí se está produciendo un cambio de firmas dispuestas a pagar por desfilar fuera o a encontrar a patrocinadores que lo sufraguen. Eso además de las presentaciones y los desfiles que tienen lugar en el seno de Madrid es Moda, certamen gestado por ACME dentro de las actividades de la Semana de la Moda y que han pasado de ser nimias a casi una *fashion week* paralela. Supongo que la tendencia será —o tal vez sea mi deseo, que en parte llevé a cabo durante mi mandato— a la integración, a un calendario común, donde se incluyan los desfiles en IFEMA, las actividades de Madrid es Moda y los llamados desfiles *off*. Eso es una semana de la moda. En el panorama nacional, creo que cada vez habrá más trasvase entre Madrid y Barcelona, pero especialmente un recambio de marcas presentes en la pasarela.

Otro cambio necesario será una mayor digitalización, que afecta a todo. Por ejemplo, a la publicidad exterior que en la actualidad es visible en carteles en las calles de Madrid, que lógicamente tendrá que pasar a digital o combinarse con ella. Si hasta en las ventanas del metro de la capital se visualizan campañas... ¿A qué están esperando? Lo maravilloso que sería poder ver en ellas los desfiles. ¡Solo una idea! Hay que explicar que desde las pasarelas se invierte en las publicaciones especializadas. No se paga, pero se intercambian publicidad en aquellas por estands en el cibelespacio, la zona que rodea las pasarelas en las que se exhiben patrocinadores y colaboradores.

He hablado de internacionalización. Pocos diseñadores españoles la consiguen. Alguno, como Teresa Helbig, lo procura con fuerza mediante presentaciones y *showrooms* en el extranjero, muy enfocada a la venta en Los Ángeles y Miami. La internacionalización es básica, y también que los diseñadores logren aparecer en las publicaciones internacionales. Dentro del plan que tuvimos en mi etapa, fue importante trabajar para que aparecieran en la gran ventana internacional de moda, *Vogue Runway*. Lo logramos de manera poco orgánica, invirtiendo en publicidad en su web a razón de 75 000 euros por temporada, una barbaridad. Pero fue la manera de empezar y de lograr que hablaran de al menos seis creadores cada seis meses. Fue una especie de catarsis con la ayuda de la empresa catalana XXL, con mi amigo Estil-les a la cabeza, quien conoce perfectamente la prensa internacional porque se ocupa de ella desde hace años para 080 Barcelona.

Allí tardaron más tiempo que en Madrid en volver a los desfiles físicos; la directora de 080, Marta Coca, ha defendido mucho los digitales. Estil-les me confesó cómo durante el tiempo en el que no habían sido presenciales habían usado el presupuesto internacional para pactar publicaciones con medios de fuera, «y hay marcas como Escorpión que estaban encantadas con el formato digital porque habían aparecido en prensa francesa e italiana».

En el presente ocurre, pero en el futuro las marcas cada vez tendrán más contacto cuerpo a cuerpo con los consumidores a través de la comunicación digital. Asimismo, esas presentaciones o ventas directas que se hacían antiguamente volverán a ser pujantes porque el directo funciona. El caso es no parar, comunicarse cada uno con su propia identidad y sus propios pasos y jugar con la estrategia que funcione a cada marca en función de sus características y valores. Hay que empezar a saltarse ciertas normas, pero siempre abriéndose a los consumidores. Antes comentaba sobre Teresa Helbig y ella misma me hablaba de su interés por los «*trunk shows* por pequeñas o grandes ciudades. La idea es citar a la clienta en lugares bonitos, encontrar a la persona adecuada que nos ayude y conseguir continuar con lo que nos gusta, los vestidos con alma». En el futuro ya no serán solo *trunk shows* presenciales sino... digitales. Y medios hay muchos. Y ya se están utilizando y se han usado, como cuando Burberry presentó por Twitch su colección primavera-verano 2021 filmada en un bosque, que acumuló 118 millones de visitas en las distintas plataformas en las que se emitió; o con Olivier Rousteing, director creativo de Balmain, y su exhibición de desfile en directo a través de TikTok.

Aquello eran situaciones especiales. Contra el desfile presencial pocas batallas pueden ganarse. Y, como dijo Morand, «si todo el mundo sale del sistema, todo el mundo pierde. En este contexto tiene que haber salvaguardias, elementos de credibilidad». Unas semanas después de acabados los desfiles de Madrid y Barcelona otoño-invierno 2021-2022, hablé con su directora de producción, Esther García, cofundadora de la empresa ESMA. Directamente le pregunté cómo pensaba que iban a desarrollarse las pasarelas pospandemia y no dudó un segundo en determinar que habría mezcla de presencial y digital, aunque «la luz, la relación con la moda, con el resto de los asistentes, la manera en la que se dialoga entre ellos, pero también con los que no están, a través de las redes sociales, es absolutamente irreemplazable... Es una magia distinta a la que se obtiene con los vídeos». Claro que yo aquí introduzco una contradicción para la reflexión, pues en la medida en la que los diseñadores jóvenes asalten la pasarela, teniendo en cuenta que ellos sí son nativos digitales, ¿seguirán estos criterios? Estoy convencida de que mezclarán y vivirán lo físico y lo digital en su trabajo como se hace —como hacen, como hacemos— en la vida corriente, entre otras cosas porque, como escuché una vez a Coca, la digitalización «nos permitirá llegar a acuerdos de colaboración con otros desfiles de cualquier parte del mundo, por ejemplo, compartir *fashion films* con el salón de Shanghai. La digitalización nos da flexibilidad, nos permite internacionalizarnos y competir de tú a tú con las más grandes; es una oportunidad única de crecer».

Presenciales o digitales, no cabe duda de que las pasarelas serán, tienen que ser, cada vez más sostenibles a todos los niveles. El propio Antoine Arnault, miembro del comité ejecutivo del grupo LVMH e hijo del presidente y consejero delegado del grupo, explicó en una ocasión que llevar a medio mundo de la moda a Río de Janeiro durante 48 h para asistir a la presentación de una colección Crucero era muy bonito pero tal vez demasiado. Lo dijo a *Bloomberg* en diciembre de 2020. No pasaron ni dos años antes de que Dior, parte del conglomerado, comunicase que su colección Crucero 2022 se mostraría en Sevilla. Fue un espaldarazo para la artesanía local y para algunas empresas, como la de Fernández y Roche, artífices de los sombreros para el desfile, pues allí tienen la fábrica, que, por cierto, surte de este accesorio a la comunidad judía internacional. Pero sostenible, lo que podemos llamar *sostenible* no lo fue. Y lo mismo ocurre con otros desfiles crucero de otras marcas. He destacado este de Dior porque pocas veces se elige España para estas manifestaciones internacionales. Es cierto que todo tiene una cara b, en este caso, los ingresos para la localidad donde se celebran, pero hay voces que lo afean y que ponen en duda su supervivencia en el futuro por estas maneras poco sostenibles de actuar. Las marcas siguen sorprendiendo: Dior volvió a hacerlo con su desfile masculino en Egipto en diciembre de 2022 unos días antes de que Chanel celebrara el suyo de Métiers d'Art en Dakar, Senegal.

Desfile Métiers d'art 2022/23 de Chanel con el majestuoso telón de fondo del antiguo Palacio de Justicia de Dakar.

Las pasarelas serán sostenibles o no serán. Es más, cada vez se seguirán más los ejemplos de las nórdicas y sus prácticas. Es importante que los patrocinadores también lo entiendan, como ocurre con Zalando y su apoyo a la CPHFW. Por cierto, en la última edición de 080 Barcelona Fashion se organizó un desfile de ropa de segunda mano para visibilizar la apuesta de la Generalitat por la moda circular.

En cuanto a la alta costura, Bernard Arnault la define como el *core* de su negocio. Funciona si lo hace esta, que es como el teatro, pues muchas veces se le ha atribuido la muerte, pero nunca muere; es más: cuando parece que podría hacerlo, resulta que resucita. Así ha ocurrido en los últimos años con una marca de lujo, Schiaparelli, un caso por estudiar desde esta especie de neosurrealismo en cuya estela ha metido un sistema de la moda que necesita huracanes de vez en cuando, y Daniel Roseberry parece serlo. Como poco, sus accesorios eran los más emulados en la segunda década del siglo XXI, y he asistido a discusiones sobre la accesibilidad —que ya digo yo que no— de sus colecciones *prêt-à-porter* como no había oído en tiempos. Pero volviendo al tema principal, y por mucho que se lleve al cine la figura de la costurera de alta costura (Sylvie Ohayon, 2021), en un afán loable de poner en valor su labor, como ya se ha comentado, el gran problema de la mayor manifestación de la moda es precisamente lo que la hace diferente, es decir, la artesanía y la falta de especialistas en los oficios que la convierten en arte mayor. Hoy solo quedan 2000 *petites mains,* como se conoce a las costureras que trabajan en este también *petit —Grand— monde* para generar prendas que oscilan entre los 9000 y el millón de euros. Y no muere, pero es cierto que hay que renovar al público consumidor; según informe de Bain & Company, los *millenials* constituirán el 45 % del mercado en 2025, y no parece que sean muy fans de la costura. Aunque hay esperanzas cuando sabemos que una —cómo no— china, Wendy Yu, es la hija de un fabricante de puertas de madera. En España no sé si podemos utilizar el término, pero haberla hayla en diversos creadores, como Lorenzo Caprile o Teresa Helbig, quien me deja con la boca abierta cuando leo que un traje suyo lleva bordados a mano nueve mil cristales, y hay una parte de alta costura en Devota & Lomba, según opinión de Ortiz de Bethencourt, y en Leandro Cano, pero no es la grandeza francesa.

El futuro de las modelos y de las revistas de moda

———

En la entrevista que hice a Cuca Solana para *El País Semanal* en febrero de 2106, de la que ya he hablado, recordamos los desfiles madrileños con *castings* de pandereta, esos de la década de 1990, con Elle Macpherson o Naomi Campbell: «Las traía Puig para los chicos [Victorio & Lucchino]... ¡Seamos honestos! Estamos restringiendo los presupuestos, hay más desfiles y es un buenísimo *casting*. Pero, indudablemente, flojea un poco». A calzón quitado aclaraba: «Que no te voy a dar gallo por lenguado, ¿queda claro?». En efecto, cuestión de presupuestos. Luego lo sufrí yo.

Me río mucho cuando rememoro aquellas declaraciones suyas y veo la evolución del negocio de las modelos. Y me pregunto: ¿qué harán en un mundo virtual? ¿Tendrán su avatar para las pasarelas en el metaverso? ¿Cómo se regulará legalmente su participación en el universo 3.0? ¿Cuáles serán sus negocios? Parece claro que los tiros van por los contenidos, como ocurre con toda la comunicación, pues al fin y al cabo las modelos comunican moda. Se dice que las y los nuevos modelos tendrán algo que contar, al menos para determinadas marcas; también activistas, sin restricciones, no como le ocurrió a Munroe Bergdorf, primera embajadora trans de L'Oréal, que prescindió de ella por sus protestas contra el racismo y que se volvió contra la compañía cuando esta apoyó el movimiento Black Lives Matter, pues directamente los tildó de hipócritas. Y digo que no creo que estos elementos sean un problema futuro teniendo en cuenta que tras tanta polémica la gran empresa cosmética no solo se disculpó con ella, sino que la incluyó en su consejo asesor de Diversidad e Inclusión.

Además del activismo, ¿qué harán las modelos cuando dejen de serlo? Seguramente lo mismo que hoy: dedicarse al mundo de la moda desde el otro lado, es decir, el de la creación. Casos hay multitud, como el de Gigi Hadid con su marca Guest in Residence o el de Kate Moss, que en 2022 realizó una colaboración con Zara. Y me atraen especialmente las españolas Nieves Álvarez y Marta Ortiz, ambas en activo, aunque cada vez menos y más ligadas a sus propias colecciones. El caso de Álvarez es paradigmático porque, además de sus colecciones ya comentadas, no se entiende un programa como el de *Flash Moda,* en Televisión Española, sin su presencia. En cuanto a Ortiz, su enseña, Matiz, sigue cosechando éxitos después de haber empezado a ponerse en contacto «con marcas pequeñitas y artesanía y lanzar una iniciativa en redes sociales, sin ánimo de lucro, para ayudar a su difusión». Su firma, que juega con la primera sílaba de su nombre y la última de su apellido, significa también otro matiz, ese que implica «montar un *marketplace,* con la misión de cambiar la manera de consumir. Queremos que se conozca la trazabilidad del producto, obramos con toda la transparencia posible. Mi objetivo es que se convierta en la plataforma de primera y segunda mano de referencia. Un híbrido entre *net-à-porter* y Amazon». Con un tique medio de 160 euros, en el futuro ve prendas básicas, basadas en la sostenibilidad, que «hoy es más cara, pero acabará regularizándose porque es economía pura y dura; el que no sea sostenible va a morir». Teniendo en cuenta estos mimbres y que la diseñadora británica Vivienne Westwood le «metió un poco la semilla, entre otras cosas porque fue una de las primeras para las que desfilé con 17 años», en un tiempo se imagina «activista divertida y *fashionable*». En cuanto al futuro de las modelos, reconoce tener «sentimientos encontrados: ha cambiado mucho fuera y los desfiles de las marcas no lo han hecho tanto. Eso sí, tenemos que aceptar que todos los cuerpos son diversos. El canon con el que yo me crie, que eran las modelos de la década de 1990, difiere del actual. Las redes sociales también han hecho un flaco favor».

Esto me ha recordado declaraciones del diseñador francés Poiret, quien en 1930 escribía en la publicación *Vistiendo la época* que había sido una mala elección la de la palabra *maniquí*: «El maniquí no es ese instrumento de madera, desprovisto de cabeza y de corazón, en el que cuelgan los vestidos como en una percha. El maniquí viviente, creado por el gran Worth, es una mujer que debe ser más mujer que todas las mujeres. Debe reaccionar bajo un modelo, adelantarse a la idea que nace con sus propias formas y ayudar por sus ademanes y actitudes, por la expresión de su cuerpo, a la génesis laboriosa del hallazgo».

Si cambian las modelos y la pasarela, y sobre todo si lo hace el modelo de la moda, tienen que cambiar a la fuerza sus publicaciones. Leí en un artículo de *The Business of Fashion* que en 2023 las inversiones publicitarias en publicaciones digitales superarían las impresas en un billón de dólares (11.3 frente a 0.3). No cabe duda de que las digitales crecerán y las impresas decrecerán. Lo he vivido en mis propias carnes. Ya he hablado de su evolución. Tienen que acometerla con toda la artillería, con la pesada que podría ser la impresa y con la ligera que, siendo líquida, serían la digital y la virtual. Como la moda, las revistas tienen que encontrar su público donde está. Han de dar con el modelo, que no lleva camiseta a rayas aunque parezca Wally. Pero considero que el estampado *print* no está muerto; solo ha de hallar la manera de atraer a un público que busca la información especialmente en las redes y a unas *celebs* que no necesitan ya las portadas de las revistas porque tienen sus propias maneras de llegar a su público a través de sus propias portadas, que son sus propias redes. Y como prueba de que el papel no ha muerto, me refiero, por ejemplo, a grandes lanzamientos, como el de *Black Fashion Fair Volume 0: Seen,* que agotó sus ejemplares en 2 h cuando se publicó en febrero de 2022. Se tratará cada vez más de revistas, casi libros, como la española *ClassPaper,* solo en papel, no digitalizada. ¿Estamos hablando de ejemplares de coleccionistas? Pues sí, pero no deja de ser papel, que «lo aguanta todo». Esta es una frase hecha que sirve para muchas cosas, pero no para los presupuestos actuales y, sin embargo, los grupos editoriales siguen apostando por él, al tiempo que a duras penas intentan crear comunidad digital. Puede que se precise una generación más que sea completamente nativa digital y que entienda las publicaciones digitales como en realidad son y no como se siguen haciendo en muchísimos casos, es decir, con el patrón *print,* como principio. Con la edición impresa tendrán prestigio, pero como esos viejos aristócratas que ven sus muros palaciegos caer y cómo a las cuberterías les quedan cada vez menos piezas. Desesperante.

Sobre el futuro de la comunicación de moda, el periodista Montes-Fernández me explicó que en España la veía «limitada por dos factores muy diferentes, pero extremadamente importantes. Por un lado, el intrusismo y la precariedad tras las reiteradas crisis de los grupos editoriales. Por otro, la publicidad y el marketing, que dejan poco margen de maniobra a los editores y directores de cabeceras para usar su creatividad e ingenio en las producciones y los contenidos de moda. Esta falta de libertad es antagónica con la profesión del periodismo. Afortunadamente, cada vez hay más altavoces donde plasmar la moda de manera fresca y directa. Es el caso del nuevo medio de comunicación del siglo XXI, Instagram, o la televisión de toda la vida, con *Flash Moda* como escaparate del apoyo al *made in Spain*», contaba orgulloso.

Los medios también han de acompañarse de transparencia y trazabilidad como fórmula certera de generar confianza y compromiso de lectores. Es de ida y vuelta. Y resulta muy difícil de alcanzar siguiendo por la misma senda de los contenidos pagados. Se supone que el futuro pasa por compartir las audiencias, por mezclar las que se han construido a través de la relación física con el cliente con los *leads,* es decir, los contactos, logrados a través de la relación digital. Pero más que tener esos datos, hay que saber usarlos. En realidad, en el futuro podrá haber prácticamente publicaciones personalizadas gracias a ellos. Hay que buscar a la audiencia en las redes y llevarla a las webs, a las publicaciones en papel, a los eventos que se realizan, sin olvidarse del buen periodismo y de trabajar también de manera casi personalizada con anunciantes, ofreciéndoles soluciones a medida, sin obviar la información, que seguirá mandando. Otra cosa son las relaciones comerciales, pues ya se sabe que se vive de la publicidad. Por eso hay que hacerlo bien. Más que nunca se requiere trabajar los contenidos con una visión comercial triple: en primer lugar, lograr atraer la compra de la audiencia, la física, la de usuario (toda vez que para las publicaciones es complicado cobrar por contenidos cuando muchos pueden encontrarse en las redes sociales), sus visualizaciones de las páginas, importantes teniendo en cuenta que la compra de publicidad por programática en las webs progresivamente es y será más común y que pide muchas páginas vistas; en segundo lugar, la compra del anunciante: ¿por qué mi revista y no otra?, ¿por qué mis redes y no otras?, ¿por qué mis webs y no otras?, etc., pues básicamente por el interés numérico que despierte la publicación, pero también por su capacidad de influencia, y, por último y cada vez más corriente, la compra que el medio media, la afiliación, es decir, las compras que se realizan en una marca o en una tienda por clic directo desde una web o una red social de una publicación determinada, generando beneficios porcentuales para la cabecera previamente pactados.

Las publicaciones tradicionales tendrán que pelear más contra una competencia que ya no es más la de su segmento, como antes, y antes es anteayer. Compiten con las plataformas de entretenimiento desde el punto de vista de audiencia y comercial y con agregadores de contenido, pero también con los creadores de contenido. Nunca he entendido cómo las revistas de estilo de vida se dejaron ganar la partida. Ha sido por desconocimiento y dejación —siento ser tan dura—, pues dejaron que profesionales ajenos a sus publicaciones les cogieran la delantera, escribiendo (al principio y generalmente con poca profesionalidad, pero cada vez mejor y con mayor especialización) y arrebatándoles un pedazo del pastel presupuestario. Podrían haber formado a sus profesionales de manera que fueran ellos con sus medios quienes lo hicieran. De hecho, lo que ocurre y progresivamente ocurrirá más es que periodistas salientes de algunos medios de referencia pacten con las marcas, que les seguirán pagando por escribir en sus redes, y a veces con mejores «sueldos». A su dictado, sí, pero al fin y al cabo muchos ya lo estaban haciendo así en publicaciones de mucho valor pero poco añadido. Y por si faltaba competencia, se encontrarán cada vez más con la de las propias marcas, que generan su comunicación más y más poderosa desde publicaciones digitales y algunas impresas.

¿Qué camino tomarán las nuevas publicaciones? ¿Cómo convivirán las convencionales con la web 3.0? ¿Están preparadas? Mi respuesta es no. No lo veo, no lo siento. No hay una estrategia. ¿Qué haría yo si estuviera trabajando en alguna? Habría comenzado ya a prepararme para el metaverso. Están perdiendo el tiempo no trabajándolo. Pero es que además cada vez que doy una clase me encuentro con la misma actitud: desinterés por el metaverso, por los NFT, en alumnos de los últimos cursos de una carrera o de posgrado que quieren trabajar en el mundo de la moda y la comunicación... El horror.

Mapamundi de equilibrios y fuerzas en el mundo de la moda

En 2021 me sorprendió la compra por parte de Fosun Fashion Group, el brazo del conglomerado Fosun Internacional, de la lujosa marca italiana de calzado Sergio Rossi. En realidad, había cambiado de nombre y pasó a llamarse Lanvin Group tras la adquisición de, seguramente, la enseña de costura más antigua de Francia, Lanvin (1889), y la austríaca Wolford. La empresa, presidida por Joan Cheng y que desde diciembre de 2022 cotiza en la bolsa de Nueva York, ha ido rápido, sabiendo que solo se había fundado en 2017, con la compra de la estadounidense St. John y de la italiana Caruso.

Viajé a Shanghái cuando era directora de *Yo Dona*. Fascinante, por muchos motivos. Era mi primera vez en Oriente, desde luego en China, y tuve la oportunidad de pasear y descubrir su actividad, su cambio, sus maneras de vender... y de copiar. «Liviton, liviton», gritaban por la calle. Rememoré aquel viaje leyendo una información sobre las repercusiones del vigésimo Congreso Nacional de China, en octubre de 2022. Aparecía una palabra —un palabro más bien—: *guochao*. ¿Su significado? Marea o tendencia nacional. Es decir, que los chinos, pandemia y encierros mediante, amaban su moda, la protegían, la compraban y se sentían orgullosos de ella. Estudié el tema y comprobé que diversos analistas ya prevenían del cambio de fuerzas que esto podría significar. En cierta medida, sentí celos y el deseo de *guochear* en España, entre otras cosas porque, según leí, el fenómeno más allá de conceptual equivalía en euros a casi 5000 millones.

De hecho, en China se han incorporado a la fuerza de trabajo un número importante de personas que antes vivían en la indigencia. Y no será solo el «peligro amarillo», sino que puede que sea uno de los rescates verdes, pues mientras una parte del país es reprobable e incluso responsable de los vetos a su industria por su maltrato a los trabajadores, entre otras cosas, en la otra se trabaja para encontrar soluciones sostenibles. Según declaraciones del grupo Inditex, en China ha habido momentos de «regulaciones de carácter medioambiental mucho más duras que en la mayoría de los países». Cuando allí empezaron a darse cuenta de que todo el planeta considera que sus productos son un problema medioambiental, su respuesta fue implementar una legislación más exigente que en la UE.

Esto se corrobora en un artículo de *The Business of Fashion* donde se proporcionaban datos del buen hacer de una buena China. Por ejemplo, Guangzhou se está especializando en accesorios con alternativas a la piel y al plástico. La *startup* Qingdao Amino Material Technology fue la primera empresa china ganadora del premio Global Change de la Fundación H & M y Recyctex se ha convertido en una estrella de ferias comerciales internacionales y de cumbres de moda sostenible gracias a sus fibras sintéticas a base de desechos plásticos y por su trabajo en alternativas biológicas al cuero. ¿Se requiere más transformación? Desde luego. Según Inditex, «la parte buena de esa industria, de trabajo digno, de salario digno, de condiciones de salud dignas, es la que provee a las grandes marcas internacionales..., que es una porción pequeña... porque el resto es producción destinada a otros mercados, con otros estándares, donde da igual lo que hagas, lo que pagues, lo que contamines». China sigue siendo el primer país exportador de moda en el mundo, seguido por la UE, Bangladés, Vietnam, Turquía, la India, Malasia, Indonesia, Hong Kong y Pakistán; entre los diez, según *modaes.es,* exportaron ropa por valor de 460 000 millones de dólares en 2021.

La pandemia nos enseñó mucho. Descubrimos la necesidad de la relocalización. Como me decía el presidente de la Cámara de Comercio de Madrid, Ángel Asensio, «la fábrica del mundo no puede ser un país. Es un tema estratégico.

Hay que contar con la garantía de suministro. Y no se trata de proteccionismo sino de equilibrio. La relocalización significa apuesta por la calidad, la durabilidad y la sostenibilidad. El problema es que no hay tejido industrial ni oficios. Pero es necesario que España apueste por ello, por la generación de empleo y riqueza». Con esta idea de globalización inversa han surgido proyectos como el Eco Challenge, que aglutina a 46 marcas, fundamentalmente de Elche, para recuperar la producción nacional del calzado deslocalizado en Asia. El proyecto pasa por llegar a 2026 fabricando 24 millones de pares anuales con una inversión estimada de 170 millones de euros.

Dicho esto, las firmas, las grandes, los conglomerados como Kering y LVMH, siguen «rezando» mirando a China y su contribución certera al negocio, en su caso no con la esperanza puesta en la producción, sino en el turismo, cuya recuperación se espera entre 2023 y 2024, según el informe *State of Fashion 2022,* realizado por *The Business of Fashion* y McKinsey. Asia significará más del 50 % del mercado global del lujo, según la consultora Bain & Company, con chinos y japoneses liderando la lista, especialmente gracias a la reapertura de China tras los confinamientos, lo que impulsará un crecimiento hasta del 8 % en 2023.

Problemas geopolíticos, alternativas virtuales, *digital first,* relocalización... el mantra será la mayor segmentación, la especialización localizada, sin olvidarse de la conexión en línea. Leí unas declaraciones de Luis Lara en *modaes.es* en las que hablaba de la mayor relevancia de EE. UU., siguiendo una tendencia de los últimos años: «Ha pasado de concentrar un 0.6 % de las exportaciones textiles españolas en 2010 a más de un 2.3 % en 2020, y todos los estudios apuntan a que seguirá siendo destino prioritario», decía, entre otras razones por ser cada vez un territorio más latino.

Otro lugar de mayor importancia y de cercanía a España que tomará posiciones cada vez mayores será África, que está desarrollando gran interés por la sostenibilidad, como dejó claro en octubre de 2022 la Lagos Fashion Week, que, tras lanzar su programa Green Access Initiative en 2018, salió de Nigeria al recibir para su incubadora de sostenibilidad más de quinientas solicitudes de todas partes del continente y con la novedad de que, de las diez marcas seleccionadas, cinco eran del Oeste africano, tres de Sudáfrica, una del África oriental y otra del Norte. Atención al dato: como mentora de esta iniciativa se encuentra Orsola de Castro, cofundadora de *Fashion Revolution,* quien declaró que, «sabiendo que gran parte de los desechos textiles acaban en África, es lógico que se desarrollen soluciones ahí donde está el problema». Ella ha trabajado con diseñadores especializados en *upcycling* en Ghana, Nigeria, Kenia y Zimbabue. La agencia de las Naciones Unidas para la salud sexual y reproductiva (UNFPA) y el Grupo Prada han lanzado el primer programa de formación en moda para 45 mujeres jóvenes de Ghana y Kenia para promover y guiarlas hacia el mundo de la moda de lujo.

Para los miembros de la UE, dispuesta a ser neutra en emisiones en 2050, se supone que habrá un pasaporte de productos digitales que contendrá información sobre los aspectos de la cadena de suministro y producción. Informará sobre la circularidad, la armonización de las normas de responsabilidad ampliada del productor y la prohibición de destrucción de los productos no vendidos o devueltos. Se supone que será un QR, pero en el momento de terminar de escribir este libro aún no estaba seguro su formato. Según Gema Gómez, fundadora y directora de Slow Fashion Next, consultora que durante años ha sido el oasis sostenible en un desierto con pocos atributos de sostenibilidad, «estará implementado para el 2026».

El futuro de la moda en España más allá de la gran distribución

Nuestro país tiene que buscar su salida más allá de ser la patria de la gran distribución. Y en esa salida hay que hallar la casilla que conduzca a sacar pecho como meca también de moda de autor, de gran creatividad, superando la frágil unión entre industria y diseñadores. Esta unión se vendió que se urdía en el otoño de 2021 con la creación del Observatorio del Textil y de Moda, firmado por el Consejo Intertextil Español y la Confederación Moda España, presidido por Adriana Domínguez y con la vicepresidencia de Pares, presidentes de Adolfo Domínguez y Textil Santanderina, respectivamente. Al frente de la dirección, aunque su posición se denomine *consejero ejecutivo,* pusieron a un valenciano bastante conocido por mí, Pepe Monzonís, quien era director general de la Federación de Industrias del Calzado Español (FICE) cuando dirigí las ferias de Moda y Estilo de Vida en IFEMA. Pepe, amigo, a caballo entre Valencia y Madrid, me contaba un día que el sector textil había dado tres saltos disruptivos: el primero económico, la deslocalización; el segundo, de innovación, la transformación digital, y el tercero, el legislativo, especialmente regulador de la circularidad y la sostenibilidad.

El Observatorio tiene un ambicioso plan para transformar el sector textil, del calzado y de la moda que movilizará 4000 millones de euros en fondos públicos para proyectos diversos, desde plantas de reciclaje hasta la digitalización, con el objetivo de lograr su implementación para 2029. El plan también incluye la creación del Sistema Colectivo de Responsabilidad Ampliada del Productor (SCRAP), que será necesario para cumplir la llamada Ley de Residuos a partir de 2025, ese que en 2022 con la nueva ley puso nervioso al sector al dejar como compartida la responsabilidad de reciclar en la práctica entre el productor y el consumidor, que corresponde en la teoría al productor. Según este organismo, España necesitará casi 30 000 contenedores para la recogida del textil usado, veinte plantas de selección y preparación, una de reciclaje químico y trece líneas de reciclaje mecánico hasta 2027.

Se espera que el Observatorio contribuya a la necesaria reindustrialización del sector textil creando empleos y productos de calidad e influyendo positivamente en la España vaciada. Aunque sería deseable una renovación de talleres, no parece haber una gran preocupación por esa transformación pendiente. Inditex podría impulsar ese crecimiento, pero faltan profesionales. Ellos mismos me comentaban que «lo que más sorprende de su área de patronaje es ver a decenas de personas trabajando como lo harían en un *atelier,* dibujando, haciendo prototipos, de la misma manera que cuando se ve el taller de costura con decenas de personas». ¿De dónde salen? Según me explicaron, dedican mucho tiempo y labor a la contratación y la formación. «El conocimiento sobre la industria también es un reto porque son necesarios centros de producción que cuenten con especialistas en los procesos de fabricación. Y ahora eso se encuentra en los países en los que se ha concentrado la producción, como Turquía, Marruecos o China y otros países asiáticos, donde tienen ingenieros y técnicos que conocen el proceso, las necesidades y las dificultades».

Ya he explicado anteriormente la interrelación entre los dos mantras de la era: la tecnología y la sostenibilidad. Las empresas tienen que saber que deben hacer un doble esfuerzo por salir de la zona de confort inconfortable, como dice Gema Gómez: «No se trata de ser perfectos, porque es una utopía, pero sí de que esa utopía nos haga dar pasos». Me contó una experiencia innovadora que solo puede crecer, la creación con la Asociación de Empresas por la Movilidad Sostenible del sello Entrega sostenible que promueve y promoverá que las compañías se sumen a buenas prácticas, por ejemplo, que en las compras en línea todas las mercancías de un distrito se entreguen en un solo punto y no casa a casa. España debe dar un paso al frente de la producción de productos de valor y preparar a la industria ante los nuevos retos regulatorios que se avecinan tanto nacionalmente como en el ámbito europeo. La industria textil pasará de estar muy poco regulada —por no decir desregulada— a tener una alta regulación. En declaraciones de Inditex, «el SCRAP nos obliga a saber dónde se ha cultivado el algodón, cómo se ha recolectado, el impacto ambiental de esa actividad agrícola, así como del transporte…, una trazabilidad perfecta de toda nuestra cadena de suministro. Además, vamos a estar obligados a vigilar el fin de ciclo de vida de nuestros productos y a ser posible circularizarlos. Los comercializadores nos vamos a tener que preocupar y financiar todos los procesos de reciclado. Y cada uno tenemos que asumir nuestro grado de responsabilidad».

Los desafíos son de calado. Se trata, por un lado, de conseguir la buena recogida de residuo textil, una de las claves para el reciclaje al llegar a un 20 % en 2024 y a un 30 % en 2027, junto a unos procesos productivos más limpios y dirigidos hacia la economía circular. Esto supondrá inversión en plantas de selección y preparación, en tecnología para automatizar procesos. En este sentido, España va bien, pero otros nos adelantan, al menos en intenciones, como el Reino Unido, que, según declaraciones de la presidenta del British Fashion Council (BFC), Caroline Rush, está dispuesto a ser líder en economía circular. De hecho, en su hoja de ruta pretende llegar a 2032 con un sistema de doble circularidad, empezando por ciudades piloto, Londres y Leeds, para escalarlo a otras.

España necesita —y no solo en la moda— crear una buena campaña de marketing. ¡O muchas! «Porque está claro que a través de la moda es posible conseguir que otros sectores se unan en el concepto de vender país», pretensión de la Fundación Academia de la Moda bajo la presidencia de Lomba. El Estado no hace campañas que tengan que ver con la moda, pero sí con los alimentos. «España es el país más rico» (por la alimentación). ¿Y por qué no «España es el país más de moda» (por su ídem)? «Hay mucho que cambiar», sentencia Valentina Suárez-Zuloaga, directora de ES Fascinante e hija de la cofundadora, Margarita Ruyra de Andrade.

La plataforma empezó a fraguarse en 2010 con portales diversos para temas tan diferentes como la gastronomía, el arte o el turismo, en español, francés y chino, desde la fundación Zuloaga. En el sector de la moda, madre e hija comenzaron en 2018 uniendo la experiencia en el mundo de la cultura de la segunda —y gran pasión por la moda— y en el del diseño y digital de la primera, quien había trabajado, por ejemplo, en Stella McCartney.

Lo que empezó con ocho creadores de «moda lenta» había llegado en el momento de completarse este libro a 120, uniendo además al portal una tienda física en Madrid. Ruyra de Andrade y Suárez-Zuloaga están haciendo una labor encomiable en la difusión de la moda de autor española, comprometidas con el producto patrio, «muchas veces pequeñas empresas que no llegan ni a pymes y con una venta que en un 20 % es internacional». Realizan labor de comisarias con los diseñadores, enfocando el producto capaz de funcionar: «Nos sentamos con ellos, a veces recuperamos juntos piezas de colecciones pasadas y telas sin usar y les encargamos reediciones». Pensando en el futuro de la moda en España, me sorprende Ruyra de Andrade con una frase que ya había escuchado en alguna ocasión y que aún resuena en mi cabeza: «Aquí no hay suficientes ricas. El futuro pasará por que los grandes se acerquen más a la calle. Por que hablen el lenguaje digital. Me gustaría que la moda española fuera esencial. Pasa por la vuelta a los valores de antes: producir menos y de forma consciente y apostar por la calidad frente a la cantidad». Estremece el tándem y su vocación de revalorizar la moda española; tanto, que a finales de 2022 se inventaron el *Spanish Friday* con la idea de que un día al año, el 9 de diciembre, se fomente el consumo de productos locales hechos en España.

Los objetivos de desarrollo de la moda

En resumen, me gustaría destacar las necesidades de la moda, especialmente en España, para enfocar el futuro. Dado que la Agenda 2030 aborda muchos aspectos importantes para nuestros presente y futuro, me permito presentar un juego que puede conducir a una mejor (r)evolución:

- **Objetivo n.º 1. Fomentar la creatividad sostenible.** En la moda, la creatividad se presupone, pero también se precisa la visión comercial y de negocio. Y no es algo solo oriundo. De hecho, Thom Browne, presidente de la CFDA estadounidense desde octubre de 2022, lanzó un mensaje similar a los creadores miembros de su cámara. La creatividad es sin ningún género de duda un factor diferenciador. En el *State of Fashion 2022* realizado por *The Business of Fashion* y McKinsey, leí con gusto las declaraciones de Stefan Larsson, director ejecutivo de PVH Corp, propietaria, entre otras, de Tommy Hilfiger o Calvin Klein: «La creatividad se convertirá en un diferenciador cada vez mayor (estilo, gusto y creatividad original) y la tecnología será un amplificador».

  Tiene un gran valor que la marca sea reconocible y vendible. Olé al pragmatismo de Paul García de Oteyza, quien decía en una entrevista publicada en *modaes.es:* «Puedes tener una gran idea, pero si nadie te la compra, todo queda en poesía; hay que bajar a la realidad y testar los productos desde el primer momento, venderlos desde el primer día». Me recordó a Jobs, de quien leí que había logrado el éxito sabiendo mezclar la ingeniería y la poesía. Pensé en Paul y en su mujer, Caterina, como ingenieros poetas.

- **Objetivo n.º 2. Diversificar porque la moda es estilo de vida.** Lo hacen Lomba o Ana Locking, quienes durante mucho tiempo han diversificado en el interiorismo; o la marca Lagerfeld, que está construyendo en la costa marbellí villas de lujo, o ECOALF, cada vez más enfocado hacia la ropa deportiva, con colecciones masculinas y femeninas, sin perder el foco de sus prendas exteriores y, desde luego, de la fundación que lleva su nombre.

  Hay otras maneras de diversificar, como la de la diseñadora catalana Teresa Helbig, quien aprovechó muy bien el período de pandemia para agrandar y enriquecer su negocio; de hecho, creó la colección Petite Helbig para niñas de entre ocho y doce años.

- **Objetivo n.º 3. Buscar al buen socio productor.** «La confección española necesita crear grandes empresas», escuché a Ángel Asensio, presidente de la marca Kif-Kif y de la Confederación de Moda España y de la Cámara de Comercio de Madrid. Es cierto, pero no lo es menos que en el caso de la moda de autor necesitan encontrar industriales. Ellos también deberían contratar a creadores como valor añadido, para lo que se requiere un ejercicio de confianza de ida y vuelta.

- **Objetivo n.º 4. Crear el Spanish Fashion Council.** Reitero lo que he dicho anteriormente: el Observatorio de la Moda y la Mesa de trabajo creada por la Comisión Sectorial de Asuntos Culturales no son suficientes para satisfacer las necesidades y demandas del sector. Aunque la Mesa de trabajo se creó en noviembre de 2021 con el objetivo de fortalecer, modernizar e internacionalizar la industria cultural y creativa de la moda de autor española y se planteaba mejorar la competitividad y la capacidad de generación de valor del sector, en la práctica ha resultado poco efectiva. A pesar de que la Mesa se reunió y publicitó, más de un año después de su creación no ha vuelto a reunirse. En teoría, defiende la moda de autor como un sector estratégico para el desarrollo productivo, la competitividad y el empleo de las industrias creativas y culturales, y su plan era alinear el modelo productivo del sector con los Objetivos de Desarrollo

Sostenible y fortalecerlo mediante sinergias con otros sectores. Si la Mesa funcionara, podría ser lo más parecido al Consejo de la Moda, pero no se limitaría solo al autor.

- **Objetivo n.º 5: Fomentar la especialización y tecnología.** Podría parecer contradictorio respecto al objetivo número dos, pero no tiene nada que ver: se trata de elegir fórmula y dar lo mejor de ella misma. Estoy hablando especialmente de las pequeñas marcas, porque lo ideal es que hagan pocas cosas, pero extremadamente bien. En esta especialización, lo necesario consiste en buscar un nicho de clientes, aprender a dirigirse a ellos y aplicar la escucha a grupos de interés, accionistas, si hay, y consumidores.

  Cuando hablamos de especialización, en el plano productivo vendrá dada por la que marque esta moda de autor, pero también por la que pueda llegar de la mano de la relocalización. En el plano industrial, la gran línea marcada en fosforito es la de la industria del reciclado, que en sí misma es un gran negocio, y fundamental para la recuperación del sector. Y como en 2025 será de obligado cumplimiento la recogida de residuos textiles, Bruselas tiene previstas plantas de recogida, clasificación y reciclaje para impulsar el mercado de textiles sostenibles y circulares hasta construir 250 centros de reciclaje y clasificación textil en Europa hasta 2030.

- **Objetivo n.º 6: Internacionalizar con nuevas fórmulas.** En un mundo globalizado y ensamblado digitalmente, se puede crear en Albacete y vender en Mauricio. Está comprobado. Que sea sencillo, no; que sea barato, tampoco; que sea más realista y accesible, sí. Pero hay que salir, y en lugares pequeños, como España, una gran diferencia la marca estar solo dentro o dentro y fuera. Y sin pensar que está todo dicho o hecho. Por ejemplo, las ferias parecía que languidecían, pero se ha creado una nueva en Nueva York, la FashionLAB Market, que ha pasado de ser un *showroom* con cinco firmas españolas a convocar a más de veinte, como Camper, Sita Murt o Chie Mihara, y a la que llegan grandes compradores multimarca estadounidenses, como Anthropologie, Neiman Marcus y Free People, y todo por obra y gracia de la española Anna Giralt. Las ferias también tienen la necesidad de adaptarse, pero como todo. Es muy probable que mantengan un formato híbrido que por fin deje claro a expositores y visitantes que la vía digital es una gran herramienta para mantener viva la relación. Siempre he dicho que la feria no se juega en cinco días, sino en los precedentes y en los posteriores; hay que prepararla, saber quién va, a quién interesa conocer, cómo acercarse, etc., y para eso el mundo digital es un mapa perfecto. Pero, igualmente, después del encuentro resulta útil para estrechar lazos, abrir puertas y mantenerlas abiertas, y eso no es solo un trabajo del expositor, sino también de la propia feria. Mantenerla en línea permite transitar entre convocatorias, conocer al otro, saber de actividades, ventas, etc.; genera otro tipo de relaciones. Eso no significa que se vaya a sustituir la necesidad de «tocar», pero facilita el contacto, el conocimiento y el enamoramiento. Y estoy segura también de que se generarán plataformas 100 % con formato digital y virtual.

- **Objetivo n.º 7: Impulsar la escucha activa.** Entender lo que ocurre en la sociedad es necesario para crecer. No se puede seguir enseñando e intentado vender zapatos de salón negros porque tenemos bastantes. Otro tema ligado a la escucha es la compra inmediata tras presentar los desfiles. Parecía imposible y realmente resulta complicado por un asunto nada menor, la producción, pero no lo es si se eligen productos de mayor y mejor y más rápida producción o si se abre la veda del *pre-order,* que resulta mucho más sencillo y no tiene por qué afectar a toda la producción. Esto no significa cambiar completamente el sistema ni cargarse de un plumazo esa excitación de toda la vida que conlleva la espera entre el momento del desfile y el de la llegada a los puntos de venta. Se trata de un guiño.

- **Objetivo n.º 8: Promover el activismo de marca. Marcas con causa.** Los consumidores comparten que las enseñas sean cómplices de causas sociales. Se comprobó con motivo del Black Lives Matter, pero también con otros temas, como los de género o diversidad. En los asuntos sanitarios, por ejemplo, el cáncer de mama, las marcas siempre entraban, pero hay otras causas que interesan, como el empoderamiento. Me llamó la atención que en 2022, con motivo del Día Internacional de la Eliminación de la Violencia contra la Mujer, una empresa joyera de prestigio como Pomellato se uniera en campaña. Lo nunca visto. En general estos acontecimientos no surgen por generación espontánea; siempre son fruto de personas. En el caso de esta marca, la artífice fue su CEO, Sabina Belli, quien incluso ha escrito un libro que deja muy clara su manera de pensar para después actuar, *D come Donna, C come CEO*.

- **Objetivo n.º 9: Ser (parte de) la solución a (parte de) los problemas.** Uno de los grandes actores de la *fast fashion* está dando un giro a su timón, no sé si por convicción o por reacción. Hablo de Inditex, que podría decirse que tiene su futuro totalmente marcado por lo que fue su pasado: la industria, la fabricación, que en el medio ha estado y sigue aún marcada por la distribución. En 2022 la empresa firmó un importante acuerdo con EURATEX, la patronal europea del textil y la confección, demostrando su intención de regresar a la industria y alejarse de la distribución. Esto está en línea con otros pasos que ha tomado la compañía, como la creación de una plataforma de innovación abierta que incluye la empresa LanzaTech para producir tejidos a partir de la captura de emisiones de CO_2. Inditex no hace y no hará más que avanzar en el camino hacia la sostenibilidad sujetado por la tecnología. De hecho, también en 2022 firmó un acuerdo con Infinited Fiber para comprar el 30 % de la producción de su fibra Infinna por 100 millones de euros.

En realidad, las marcas y las empresas de moda —y no solo aquí— tienen que explorar rápidamente los distintos caminos que les acercan a la sostenibilidad. La Comisión Europea quiere que en 2030 los productos textiles que se pongan a la venta tengan el sello de duraderos y reciclables y se realicen en la medida de lo posible con fibras recicladas. Habrá que vigilar también la evolución del Fashion Pact que se firmó en Biarritz durante la cumbre del G-7 en 2019 impulsado por el presidente de Kering, François Henry Pinault, que estuvo casi dormido hasta que se lanzó a finales de 2022 el Collective Virtual Power Purchase Agreement (CVPPA) para animar al uso de las energías renovables en las empresas europeas del textil. A este acuerdo se han unido empresas como Capri Holdings, Farfetch, Ferragamo, Kering, Prada, PVH Corp, Ralph Lauren, Bally, Tapestry, Under Armour, Zegna y Zimmermann con el objetivo de sumar más de 100 000 MWh anuales de energía eólica y solar a la red europea. Sin embargo, en mayo de 2023, otras marcas como Hermès y Selfridges han salido del Fashion Pact.

Habrá que trabajar la resiliencia, como dice el informe *The State of Fashion 2023,* realizado entre *The Business of Fashion* y McKinsey, ante los nuevos sustos que sufra el sector, como el que ha supuesto la invasión de Ucrania por parte de Putin. Que hay que hacer la transición es, más que un clamor, una realidad. Y para cumplirla la UE ha definido tres herramientas fundamentales: una clara dirección para la transformación, especialmente en lo relativo a la huella ambiental y la circularidad; mejora y capacitación de la mano de obra, y controles aduaneros para asegurarse de que se cumplen las prohibiciones de determinadas sustancias peligrosas.

- **Objetivo n.º 10: Potenciar las alianzas.** Me encanta acabar estos objetivos como los Objetivos de Desarrollo Sostenible 2030: con las alianzas. Creo en ellas, especialmente para el desarrollo, como la que firmaron la cámara de la moda italiana y su correspondiente en Alemania para la realización de un proyecto conjunto en el que mostrar y apoyar a los diseñadores emergentes de ambos países; o como las realizadas por algunas marcas, también muy llamativas en los últimos tiempos. GUCCI ha dado buena muestra de ello; en esto se distinguió para bien su aparentemente todo poderoso director creativo, Alessandro Michele (quien salió de la empresa en noviembre de 2022 seguramente porque las cuentas no acompañaban, aunque la imagen de marca fuera cada vez más potente, y fue sustituido por Sabato de Sarno a finales de enero de 2023). No paraba de sorprender, entre otras facetas con colaboraciones, como las que realizó con North Face, Adidas o Balenciaga.

Son míticas las permanentes colaboraciones de diferentes diseñadores con H & M, que empezó este proyecto sin duda marketiniano en 2004 con Lagerfeld. Nuestra marca española Desigual también es rica en estas apuestas: desde 2011 mantiene una alianza con el diseñador francés Christian Lacroix, y en los últimos años la ha reforzado con repetidas cápsulas con María Escoté.

A pesar de ello, me preocupa que algunas empresas vean las colaboraciones como una forma superficial de crear una nueva narrativa en lugar de abordar los problemas reales del sector de la moda. Si se abusa de las colaboraciones como una estrategia de marketing, estaríamos ante una nueva versión de la ecoimpostura *(greenwashing),* que hasta ahora se ha asociado únicamente a la sostenibilidad. En cambio, una verdadera colaboración no debería limitarse a la comunicación conjunta, sino ser una iniciativa transformadora con el objetivo de lograr cambios significativos en los sistemas, las actividades, las empresas y la visión social del sector. Solo de esta manera se puede lograr una auténtica (r)evolución en la moda.

Bibliografía

Libros y artículos

Alexandrowitch, S. S. (2022). *Antes de que os olvidéis.* Editorial Superflua.

Alvarado, A. (2022). *Baja costura.* S. G. Museos Estatales.

Bustillo, L. (2022). *Pilares del lujo latinoamericano.* Aureum.

Campuzano, S. (2016). *La fórmula del lujo.* Editorial LID.

Castro, O de (2021). *Loved clothes LAST: How the Joy of rewearing and repairing your clothes can be a revolutionary act.* Penguin Books.

Chávez, B. (2009). *El libro rojo del estilo.* Ediciones Martínez-Roca.

Chávez, B. (2017). *Tu consumo puede cambiar el mundo.* Editorial Península.

Chávez, B. (2019). *Al borde de un ataque de compras. 73 claves para un consumo consciente.* Editorial Debate.

Cline, E. L. (2014). *Moda desechable: el escandaloso costo de la ropa barata.* Editorial Paidós.

Coleridge, N. (1989). *La conspiración de la moda.* Ediciones B.

Cunningham, B. (2019). *Una carrera en la moda.* Editorial Superflua.

Delay, F. (2018). *Haute Couture*. Éditions Gallimard.

Delgado Luque, M. L. (2019). *Manual de moda sostenible*. Arcopress.

Didier, B.; Fouque, A. y Calle-Gruber, M. (2015). *Le Dictionnaire Universel des Créatrices*. Éditions des Femmes.

Ellen MacArthur Foundation (2021). *Circular Design for Fashion*. Ellen MacArthur Foundation.

Emilas, M. (2017) *Balenciaga: mi jefe*. Editorial Círculo Rojo.

Erner, G. (2005). *Víctimas de la moda*. GGModa.

Figueras, J. (2009). *Moda y valores: el desafío de lo nuevo*. Ediciones Internacionales Universitarias.

Ganzabal Learreta, M. (2006). Nacimiento, evolución y crisis de la prensa femenina contemporánea en España. *Ámbitos, 15*, 405-420.

Gavarrón, L. (2019). *Ana de Pombo*. Colección Mujeres en la Historia. El País.

Gimeno, D. (2022). *Retail Reset*. Editorial LID.

Girón, M. E. (2009). *Secretos de lujo*. Editorial LID.

Hernández, J. (2018). *Manuel Pertegaz: el hombre que rozó la perfección*. Gobierno de Aragón.

Jiménez Fierro.F. (2019) *Cómo ser un consumidor sostenible de moda*. Fernando Jiménez Fierro.

Kotler, Kartajaya y Setiawan (2018). *Marketing 4.0. transforma tu estrategia para atraer al consumidor digital*. Editorial LI0044.

Labarga Adán, I.; González-Díaz, L. y Pérez Cuadrado, P. (2019). Panorama de las revistas nativas digitales en España: antecedentes, desarrollo y situación actual. *Vulnerabilidad y cultura digital. Riesgos y oportunidades de la sociedad hiperconectada*. Editorial Dykinson.

Landaluce, E. *Jacobo Alba*. La Esfera de los Libros.

Lanzmann, J. y Ripert, P. (1992). *Cent Ans de Prêt-à-Porter*. Editions P. A. U.

Leal, S. (2022). *Y de repente, llegó el metaverso*. Editorial Plataforma.

Leon Talley, A. (2021). *En las trincheras de la moda*. Editorial Superflua.

Lipovetsky, G. (2006). *El imperio de lo efímero: la moda y su destino en las sociedades modernas*. Editorial Anagrama.

Lipovetsky, G. y Serroy. J. (2015). *La estetización del mundo*. Editorial Anagrama.

Little, T. (2018). *The future of fashion. Understanding Sustainability in the Fashion Industry*. New Degree Press.

Mair, M. (2018). *The psychology of fashion*. Routledge, 2018.

Martínez Caballero, E. y Vázquez Casco, A. I. (2006). *Marketing de la moda*. Pirámide y ESIC.

Morató, C. (2014). *Reinas malditas*. Penguin Random House.

O'Shea, C. (2008). *Así es Amancio Ortega*. La Esfera de los Libros.

Opazo, L. (2020). *Armario sostenible: aprende a comprar de manera consciente e inteligente*. Editorial Planeta.

Personal Style Blogs: Appearances that Fascinate. Rosie Findlay. Intelletc, 2017.

Plaza Orellana, R. (2009). *Historia de la moda en España: el vestido femenino entre 1750 y 1850*. Editorial Almuzara.

Poiret, P. (2017). *Vistiendo la época: recuerdos*. Editorial Renacimiento.

Prego de Lis, M.; Cabrera Lafuente, A. y Museo del Traje. (2019). ¡Extra, moda! El nacimiento de la prensa de moda en España. Museo del Traje.

Riezu, M. D. (2021). *La moda justa: una invitación a vestir con ética*. Editorial Anagrama.

Rodríguez Collado, M. (2019). *Chaqueta de encaje de Eugenia de Montijo*. Sala XVI (Alcoba femenina). Museo del Romanticismo. Ministerio de Cultura y Deporte.

Rovira, A. y Trías de Bes, F, (2020). *La buena suerte*. Editorial Planeta.

Sainderichin, G. (1995). *La mode* éplingée: *sous toutes les coutures*. Edition 1.

Sala, L. (2022). *Vestir es soñar. De Fortuny a Palomo*. Editorial Turner.

Sanllorente, J. (2014). *La costurera de Dacca: lo que se esconde detrás de la ropa que nos ponemos*. Editorial Espasa.

Shulman, A. (2016). *Inside Vogue: My Diary Of Vogue's 100th Year*. Penguin Books.

Thomas, D. (2018). *Dioses y reyes: ascenso y caída de Alexander McQueen y John Galliano*. Editorial Superflua.

Thomas, D. (2019). *Fashionopolis: el precio de la moda rápida y el futuro de la ropa*. Editorial Superflua.

Toussaint-Samat, M. (1990). *Historia técnica y moral del vestido*. Alianza Editorial.

Velasco Molpeceres, A. (2021). *Historia de la moda en España: de la mantilla al bikini*. Los Libros de la Catarata.

Vreeland, D. (2020). *D. V.* Editorial Superflua.

VV. AA. (2003). *España de moda*. Artcc.

VV. AA. (2012). *Moda. Historia y estilos*. Editorial DK.

VV. AA. (2017). *The House of Worth. The Birth Of Haute Couture*. Thames & Hudson.

Williams, R. (2022). Business of Fashion Case Study. Inside the $7 Billion Dior Phenomenon. BoF.

Zamora Meca, C. (2022). *Victorio & Lucchino. Arte y seducción*. Editorial Declara.

Informes

BOF (2021) The BoF Sustainability Index 2021.

BOF McKinsey & Company (2021). The State of Fashion.

BOF McKinsey & Company (2022). The State of Fashion.

BOF McKinsey & Company (2023). The State of Fashion.

Changing Markets Foundation (2021). Synthetics Anonymous.

D'Adamo, I. y Lupi, G. (2021). Informe Sustainability. MDPI.

D'Arpizio, C.; Verde Nieto, D.; Davis-Peccoud, J. y Capellini, M. (2021). LuxCo 2030: A vision of sustainable luxury. Bain&Company.

Euromonitor International (2023). Top 10 Global Consumer Trends 2023.

Greenpeace (2018). Timeout for fast fashion.

KPMG (2022). La artesanía en España, seña de identidad de la alta gama. Círculo Fortuny.

Lanfranchi, M. y Wicker, A. (2020). Ending unethical brand and retailer behavior: the denim supply chain speaks up. Transformer Foundation.

Lewis, M. (2021). Breaking Point. Clean Clothes Campaign.

Lizarbe, A. y Ebri, C. (2021). El residuo textil en el punto de mira. FYOO.

McKinsey & Company. (2020). The Global Fashion Agenda's Fashion On Climate report.

moda.es y Kantar (2021) Informe de la moda en línea en España 2021. Prodware.

moda.es y Kantar (2022). Moda en línea en España 2022. Prodware.

modaes.es (2022). El diseño de moda español, en cifras. ACME, Holistex, Comunidad de Madrid.

modaes.es y EY (2022). Informe Shaking Sustainability in the Fashion Business.

Textile Exchange (2022). Material Change Insights 2021.

VV. AA. (2021). Global Wealth and LifeStyle Report 2021. Julius Baer Group.

WAS y KPMG, (2021). La transformación sostenible en el sector textil.

WGSN (2021) El Consumidor del futuro 2023.

WGSN (2022). El Consumidor del futuro 2024.

Páginas web

Business Insider. https://www.businessinsider.es/.

Enclave ODS. *El Español.* https://www.elespanol.com/enclave-ods/.

Fahion Network. https://es.fashionnetwork.com/.

Fundación Ellen MacArthur. https://ellenmacarthurfoundation.org

modaes.es. moda.es/blog/.

The Business of Fashion. https://www.businessoffashion.com/.

Trendencias. https://www.trendencias.com/.

Vogue Business. https://business.vogue.es/.

Material audiovisual

Bernal, M. J. *Flash Moda*. RTVE.

Bonefont, A. (2019). *Olivier Rousteing, el huérfano prodigio*. Netflix.

Bonhôte, I. y Ettedgui, P. (2018). *McQueen*. Salon Pictures, Misfits Entertainment, Creativity Capital, The Electric Shadow Company y Moving Pictures Media.

Bovon, G. y Perrin, E. (2022). *El oscuro mundo de la moda barata*. DW Documental. YouTube.

De Bussièrre, Z. (2018). *El lado oculto del lujo*. Zoé de Bussière. Movistar y Amazon Prime.

Economou, M. (2022). *The Greek Bar Jackct*. Elektra Peppa.

Ford, T. (2016). *Animales nocturnos*. Focus Features, Fade to Black Production.

Galán, D. (2013). *Elio Berhanyer, maestro del diseño*. RTVE.

Green, N. y Hall, C. (2022. *Kingdom of Dreams*. Amazon Prime.

Kauth, A. (2021). *La verdad sobre la moda rápida*. DW Documental. YouTube.

Lacy, S. (2019). *Very Ralph*. HBO.

Minahan. D. (2021). *Halston*. Netf)lix.

Morgan, A. (2016). *The true cost. Andrew Morgan*. Netflix y Amazon Prime.

Mya, S. (2022). *Green or Greenwashing?* YouTube.

Ohayon, S. (2021). *Haute Couture*. Les Films Du Premier, Les Productions du Renard, Jouror Production, OCS, Cofimage 31, SofiTVciné 7 y Région Ile-de-France.

ONU (2014). *Bangladesh: The Rana Plaza Tragedy*. YouTube.

Paul, F. (2022). «Hemos transformado nuestra ciudad en el basurero del mundo»: el inmenso cementerio de ropa usada en el desierto de Atacama en Chile. *BBC News*.

Rossi, A.; Richman, R.; Warren, M. J. y Fried, A. (2018). *7 days out*. Boardwalk Pictures y Netflix

Scott, R. (2021). *House of GUCCI*. Universal Pictures, Metro-Goldwyn-Mayer, Scott Free Productions, Bron Studios.

Sotorra, A. (2023). *Fuerza, cuerpo, embrujo*. Alba Sotorra.

Yudin, V. (2015). *Jeremy Scott: The People's Designer*.